LIBIDO FÉMININE

FRANÇOISE DOLTO

LIBIDO FÉMININE

Édition établie par Eugène Simion

2e édition

CARRERE

Direction technique : 9 bis, rue de Montenotte, 75017 Paris
Siège social : 27, rue de Surène, 75008 Paris

ISBN 2-86804-452-2

Dialogue préliminaire

– *Vous avez conçu l'essentiel de ce travail sur la libido féminine, son développement et ses figures (normales et pathologiques), en 1960, à l'occasion d'un Congrès de psychanalyse qui a eu lieu à Amsterdam...*

– J'ai été, par notre société, qui était à ce moment-là la Société française de psychanalyse, *commise,* si je peux dire, à faire un rapport sur ce thème, que je ne me sentais pas, à l'époque, encore assez mûre pour rédiger. Et pourtant, en y travaillant, je me suis aperçue que j'avais pas mal d'expérience et des choses à dire.

Il se trouve qu'à ce Congrès d'Amsterdam, il y avait aussi d'autres rapporteurs sur ce sujet, et la tendance qu'ils avaient exprimée a paru plus intéressante à l'ensemble de notre société que celle que j'ai développée pour ma part.

– *Quel genre de propos ont tenu ces autres rapporteurs, quelles théories avançaient-ils?*

– Eh bien, en fait, ils étaient moins dans la clinique quotidienne et dans l'habitus des femmes qui n'étaient pas décompensées dans une névrose, tandis que, on le voit dans mon texte, je parle de l'évolution de la petite fille telle qu'elle est, future névrosée ou non, je m'occupe de sa sensibilité à l'autre sexe, de sa sensibilité sexuelle locale, je m'intéresse à l'être au féminin, qu'il soit pathologique ou qu'il ne le soit pas. Parce que je pense qu'il s'agit toujours, dans la pathologie, de décompensation, à certains moments qui peuvent survenir selon la constellation familiale, suivant les avatars de la vie relationnelle des êtres humains... Dans les travaux des autres rapporteurs, le domaine de la sexualité féminine était traité d'une manière plutôt théorique que clinique...

— *A partir des concepts freudiens classiques?*

— Oui, c'étaient Perrier et Granoff... Et puis, c'étaient tous des hommes...

— *Tous ou la plupart?*

— Tous. Et l'on n'était pas encore, en France, prêt à écouter un rapport qui était fait par une femme.

— *L'École freudienne n'existait pas encore...*

— Non, c'était en 1960, l'École freudienne a commencé en 63... C'était encore la Société française de psychanalyse. A la sortie du Congrès, après mon intervention, Lacan m'a dit : « Eh bien, pour parler comme tu parles, tu es culottée! » Je lui ai demandé : « Alors, tu t'inscris en faux sur tout ce que j'ai dit! » « Je n'ai pas dit ça, m'a-t-il répondu, j'ai dit que tu étais culottée. » Je n'ai pas pu en tirer autre chose...

En effet, ce que j'avais dit était très différent, comme manière d'approcher la sexualité féminine, de la manière des hommes qui étaient là, et qui continuaient dans une espèce d'esprit de psychiatre et de... philosophe.

— *Vous n'avez pas pensé à faire paraître, tout de suite après, ce travail, pour tester la réaction des lecteurs et surtout des lectrices!*

— C'est-à-dire qu'il devait être publié dans notre revue, *la Psychanalyse,* mais les rédacteurs de la revue, visiblement hostiles à ma démarche, ont pensé que certains chapitres n'avaient aucun intérêt, et qu'on le publierait en son temps (dans cent ans...?). Ce qu'ils en ont tiré a été publié en deux parties, à une année de distance...

— *Une façon de faire éclater, de disperser la cohérence de votre propos. A la lecture de votre travail, il semble cependant évident qu'il ne peut fonctionner que* comme une totalité *conséquente, comme une algèbre ou une géométrie analytique du développement de la libido féminine.*

– Peut-être. Pour moi, il s'agit plutôt de la compréhension d'une dynamique en marche, qui évolue suivant ce qu'elle rencontre comme interlocuteurs, non pas verbaux mais comportementaux, autour d'elle, et même selon les expériences qu'elle peut vivre du fait de la société, selon la manière dont elles sont ressenties subjectivement. Chaque interférence, chaque rencontre modifie la potentialité féminine qui existe dans chaque individu-femme.

– *Vos conclusions sur le développement de la libido féminine proviennent pour la plupart des psychanalyses d'enfants. Parce qu'il y a très peu de femmes qui viennent consulter un psychanalyste...*

– ... pour leurs difficultés sexuelles? Oui, c'est-à-dire, *pour cela* seulement, très peu... Et lorsqu'elles viennent « pour cela », très vite on s'aperçoit que ce n'est pas vraiment pour cela, mais pour leurs relations difficiles avec autrui. Seulement, elles avaient pensé que, pour intéresser un psychanalyste, il fallait parler surtout de difficultés sexuelles. C'est dire quelle est l'idée que l'on se fait de l'analyse! A la vérité, quand ces femmes viennent pour parler de leurs difficultés sexuelles, c'est toujours presque obsessionnel ; elles se sont obsédées sur ce type de difficultés. Mais, au fur et à mesure qu'elles parlent d'elles-mêmes et de leur histoire, cette obsession cède, pour qu'on s'aperçoive qu'il ne s'agit là que d'un épiphénomène par rapport à leurs difficultés de relation. Et je crois qu'il s'agit de la même chose dans le cas des difficultés sexuelles masculines...

– *Entre 1960 et 1982, plus de vingt ans de distance, vingt ans peut-être de psychanalyse appliquée, de propagation, tant bien que mal, de ce « savoir » dans le grand public... Et, bien que l'on ne puisse pas parler d'une véritable évolution de la femme ou de l'homme, il y a eu tout de même nombre d'événements idéologiques ou sociaux : le mouvement de libération des femmes, la contraception, la libéralisation de l'avortement... Tout cela a dû modifier, ne serait-ce que dans leurs manifestations, certaines données. Qu'en est-il de ce savoir analytique, ou peut-être de* votre *savoir sur la femme... ?*

– Très sincèrement, après la rédaction et la présentation de mon travail, j'avais eu, moi, l'impression que j'étais à côté de la plaque, que tout cela était finalement très subjectif et que ça ne répondait pas à ce que pouvait attendre comme témoignage d'un psychanalyste l'ensemble de la société qui m'entourait. Mais, à ma grande surprise, ce n'est pas du milieu psychanalytique que me sont venus les compliments et les encouragements, mais de praticiens, de gynécologues, de chirurgiens et de médecins généralistes. J'ai eu énormément de demandes de photocopies de mon texte, des lettres où l'on me demandait si j'avais l'intention de le publier, de longues lettres de médecins qui me disaient que la lecture de mon travail les avait aidés à comprendre mieux ce que les femmes leur disaient quand elles venaient les voir pour soigner leur corps. Cette nouvelle compréhension de leurs « patientes » avait, me disaient-ils, changé leurs relations de soin; ils se sont ainsi aperçu que beaucoup de troubles gynécologiques avaient surtout besoin de se parler, et que tout ce que les femmes disaient se situait dans le sens de mon propos théorique et clinique.

Si bien que cela m'a redonné confiance, ce qui a été très important pour que je puisse continuer à travailler, parce que, hormis ma thèse, je n'avais à l'époque encore rien publié...

– *Il y a eu, entre-temps, un autre processus dans le cheminement du « savoir » analytique – une consommation et un épuisement en milieu stérile des spéculations psy nourries uniquement de formules verbeuses, sans référence à la clinique, sans un contact permanent avec le vécu des sujets... Mais les faits, eux, restent, si tant est qu'on puisse les cerner. Vingt ans après, en deux mots, que diriez-vous de nouveau par rapport à ce travail? La* femme *n'a pas tellement changé depuis...*

– Oui, la femme n'a pas tellement changé. Ce que je dirais de nouveau c'est que plus les humains, la société, autorisent que la jouissance, dans les lieux physiques faits pour cela dans le corps, soit libérée et librement parlée, plus il me semble que les problèmes affectifs sont refoulés.

Je dis quelque part dans mon texte – et je crois que c'est surtout à cela que Lacan faisait allusion quand il m'a dit que j'avais du culot pour parler comme ça –, je dis combien j'ai connu de femmes parfaitement non frigides, parfaitement satisfaites dans leurs orgasmes, qui étaient raides folles, complètement dingues, dans l'éducation de leurs enfants, combien d'entre elles faisaient le malheur de tous ceux qui les entouraient. Alors que l'on croyait, à ce moment-là (Reich, n'est-ce pas, un homme...), que le fait d'avoir des orgasmes bien développés, etc., était obligatoirement un signe de bonne santé, la panacée de tous les maux...

Pour ma part, je me suis toujours dit que ce devait être aussi autre chose, que ce ne pouvait pas être que cela. Tant mieux si c'est ça, mais ça ne suffit pas...

Alors, depuis, c'est plutôt ça que j'ai compris pleinement, parce que maintenant on voit des femmes qui sont devenues des sexologues d'elles-mêmes, qui soignent méticuleusement leur jouissance et qui... sont de plus en plus désespérées, nombrilicentristes, de plus en plus sans relation avec le monde qui les entoure. A mon sens, cette nouvelle attitude de discours érotologique sur la jouissance, accompagnée de technique d'entraînement, est une voie de...

– *Une voie de garage?*

– Oui, pourquoi pas, une voie de garage où rouillent les vieilles locomotives, peut-être. C'est en tout cas une résistance à la compréhension de ce qu'est la relation entre les êtres humains, relation dans laquelle la sexualité joue sa part, la sexualité génitale j'entends, mais où la sexualité dans le sens d'une relation féconde entre les êtres n'est pas faite que de détente, de plaisir, de tumescence et d'orgasme. Ce n'est pas ça qui fait non seulement la *jouissance,* mais plus encore, la *joie...*

Plus je vais en psychanalyse, plus je m'aperçois que le plaisir conscient n'a rien à voir avec ce qui est *le principe de plaisir de l'inconscient.* C'est là qu'il y a eu erreur... Freud a parlé du principe de plaisir quant à l'inconscient, et tout le monde a voulu l'entendre comme le principe de plaisir pour en avoir conscience! Or, il ne s'agit pas de cela, ni dans la vie ni dans la recherche psychanalytique... Il ne faut pas quitter la terrain de l'inconscient pour exposer uniquement ses effets dans la conscience. Le principe de plaisir amené à la conscience se dessèche de tout ce qu'il contient de résonances créatrices dans les relations entre les êtres...

– Encore un avatar de l'homme-conquérant-de-la-nature-et-de-sa-nature : dompter, normaliser l'inconscient, le mettre en cage, le présentant au public comme serviteur de nos besoins discursifs, en formules toutes faites. Une façon d'exclure l'inconscient des relations ainsi normalisées, stéréotypées... Sans doute ne se trouve-t-il plus dans les formules des psychanalystes, mais bien ailleurs.

Mais revenons au sort de votre travail; vous m'aviez dit, une fois, que Jean Rostand, avait lu votre texte...

– Oui, vous savez que Jean Rostand a été quelqu'un qui a beaucoup compté pour moi. Huit jours après la parution de ma thèse *Psychanalyse et Pédiatrie,* il m'a écrit un petit mot, puis il m'a téléphoné pour me dire à peu près ceci : « Je voudrais vous connaître. Je lis tout ce qui paraît en psychanalyse, et je n'ai pas lu depuis longtemps quelque chose qui m'ait tant intéressé. » C'était en 1939. A cette époque-là, Rostand connaissait beaucoup de psychanalystes et s'étonnait de voir que les psychanalystes ne comprenaient pas du tout qu'il se soit intéressé à ma thèse. C'était de bon ton à l'époque de dire que la psychanalyse d'enfants n'avait aucun intérêt.

Oui, Jean Rostand a été quelqu'un de très important pour moi. Quand j'allais le voir – il recevait tous les dimanches ceux qui s'intéressaient à ses travaux –, au fur et à mesure que j'avançais dans mes recherches, que j'écrivais des textes que je ne publiais pas, il me demandait : « Où en êtes-vous de vos recherches? » Et il m'encourageait toujours à mieux expliciter les observations que j'avais faites, à les rapprocher de ce que j'avais élaboré comme théorie implicite... Il a été ainsi un énorme stimulant pour moi, alors que la plupart de mes confrères, les psychanalystes, m'auraient plutôt découragée, en me trouvant un peu zin-zin. A l'époque, c'était surtout Nacht, puis Parcheminey et d'autres, qui trouvaient ça bien bizarre, la psychanalyse d'enfants, bien étrange aussi ma façon de tirer des idées générales des observations quotidiennes, au lieu de potasser les textes de Freud.

Jean Rostand était biologiste. Très souvent, il m'interrompait : « Taisez-vous, taisez-vous, un biologiste ne comprend rien à ce que vous dites là. » Puis, se contredisant, il me racontait qu'il y avait en vérité bien des choses inexplicables pour un biologiste dans les relations entre les êtres humains. J'avais soigné un enfant qui avait vécu un moment traumatique lors duquel un autre enfant, qui se trouvait présent ailleurs, dans une autre ville, avait eu pour lui une grande importance. Eh bien, lui disais-je, cet enfant à distance du premier, sans communication visible avec lui, et aussi malade à cause du même choc qu'ils avaient vécu ensemble, cet enfant se mettait à guérir du seul fait que l'on soignait le premier. « Comment expliquez-vous cela? », lui ai-je demandé. Il me répondait que la seule biologie ne pouvait aucunement expliquer ces faits...

Il s'agissait proprement de relations d'inconscient qui étaient restées fixées à une époque déterminée, et qui avaient fait s'arrêter dans leurs développements les deux enfants : on s'occupe de l'un et l'autre bouge... Parce qu'en fait on s'occupe de cette relation d'inconscient qui les lie. Ça ressemble au cas où l'on s'occupe d'un jumeau qui est en difficulté d'évolution; il faut toujours faire très attention que l'autre jumeau, qui avait réussi jusque-là dans sa vie sociale, ne soit pas tout à fait ébranlé, qu'il ne tombe encore plus malade que le premier, qui est traité en psychanalyse pour ses difficultés de développement.

Toutes ces choses-là sont difficiles à intégrer dans un schéma d'explication biologique. Jean Rostand était un esprit très ouvert. Il me disait : « Je ne comprends pas, mais parce que vous le dites et parce que je sais que ce sont là des observations à vous, je vous crois. C'est tout de même dommage que nous ne trouvions pas d'explications à ces faits... » Je lui rétorquais qu'il fallait rechercher des explications dans le langage, dans l'inconscient, tandis que la science biologique ne s'occupe que de l'organicité.

Alors, quand j'ai fait ronéotyper mon travail sur la libido

féminine, Rostand l'a lu et relu. Je lui ai parlé de ce qui me préoccupait le plus à l'époque : la difficulté de mon texte, dont j'étais parfaitement consciente. Il m'a dit : « Je vais voir si je peux vous aider. » Mais il m'a retrourné le manuscrit quelque temps après : « C'est impossible. Si l'on modifie, si l'on tourne autrement, en trois phrases, une de vos propres phrases, elles sont tellement denses que, d'une part, on modifierait votre pensée, d'autre part, il n'y aurait plus toutes les associations qui se font lorsqu'on se débat avec votre écriture, ce qui fait se souvenir de quantité de choses vécues, d'expériences qu'on a eu dans la vie. Il faut que vous gardiez ce texte tel qu'il est. » Je lui ai répondu que je ne le publierais peut-être jamais...

Et c'est depuis ce temps que j'ai eu des lettres venant de gynécologues, de chirurgiens, d'accoucheurs, de médecins généralistes, qui s'étaient procuré mon texte par des amis communs et qui m'écrivaient en me le demandant. J'en ai d'ailleurs souvent envoyé des photocopies. Le chapitre sur la frigidité, je l'ai tiré à part pour l'envoyer à des gynécologues qui me le demandaient. Ce qui me prouvait que mon travail touchait plus les cliniciens et pas beaucoup les psychanalystes.

– *Peut-être parce que c'est un travail qui s'attaque de front à des difficultés réelles, à des observations et à la cure, tentant de suivre sans complaisance théorique aucune une trajectoire parfois déroutante, une dynamique souvent heurtée...*

– Oui, parce que *La Femme, La Fille* en soi, ça n'existe pas : il s'agit de libido au féminin. En fait, ce n'est jamais de la sexualité dont il s'agit, c'est de la libido en tant qu'inconscience... La sexualité, c'est conscient; quand on prononce le mot sexualité, on met le projecteur sur le conscient, alors que, dans la libido, il s'agit d'inconscient.

Actuellement, tous les media s'occupent de la sexualité, et jamais de la libido. On les comprend, c'est bien plus facile; et puis, ce n'est heureusement pas leur rôle... Enfin, il faut dire tout de même que c'est cette confusion entre sexualité (conscient) et libido (inconscient) qui nous entraîne vers cette voie de garage, de résistance, à cet enlisement dans l'abêtissement au lieu de l'humanisation. La sexualité peut être *femelle,* la libido, ça ne peut être que *féminin...*

– *Il y a une structuration de la sexualité par les figures obscures de la libido. C'est justement écartelé entre ces deux pôles que se trouve un acte aujourd'hui banalisé par l'existence d'une loi qui le légalise : l'avortement. Vous avez écrit le texte sur l'avortement bien avant la promulgation de cette loi, et il reste malgré tout extrêmement actuel. Peut-être parce qu'il ne suffit pas d'une loi pour prendre en compte l'inconscient... Parlons de l'avortement et de la contraception.*

– La contraception, je n'en ai pas beaucoup parlé, justement parce qu'il s'agissait de la libido, donc du fantasme inconscient, alors que la contraception est de l'ordre du réel – un obstacle fait à la communication biologique...

Pour ma part, je pense que la contraception est une découverte sensationnelle. Je suis désolée cependant de voir qu'on l'a libéralisée surtout pour les femmes déjà physiologiquement mûres (ou déjà mères de famille); alors que, à mon sens, ça devrait être d'abord un extraordinaire moyen de maîtrise de la sexualité mammifère chez les toutes jeunes filles, qui commencent leur vie relationnelle et qui ne sont pas encore en âge affectif d'être mères. C'est surtout à celles-là que les moyens anticonceptionnels devraient être pédagogiquement enseignés, quand elles sont encore très jeunes. Au contraire, à partir du moment où elles atteignent la maturité sexuelle et sociale, à partir de ce moment-là, ces moyens conctraceptifs revêtent moins d'importance.

Ce qui est terrible, c'est de voir, malheureusement, l'avortement faire partie des moyens anticonceptionnels actuels, pour une grande part de jeunes filles et jeunes femmes; et, même, dans les pays de l'Est, être le *seul* moyen anticonceptionnel accepté! Je trouve que c'est là un crime contre l'humanité. Et aussi un sadisme des mâles contre les femelles.

La contraception devrait être la maîtrise de la conception, un degré de liberté pour les êtres cultivés, arrivés à une notion de leur valeur. Mais comment est-elle le plus souvent comprise, cette liberté? Lorsqu'on voit des adultes (parents, éducateurs, médecins) faire avorter des fillettes authentiquement amoureuses, simplement parce que socialement elles ne sont pas capables d'assumer un enfant... Et pourtant, c'était la première fois qu'elles éprouvaient un sentiment juste avec quelqu'un : des filles élevées d'une manière épouvantable par leurs parents et qui, pour la première fois, rencontraient quelque chose d'authentique dans ce bonheur d'être enceintes de quelqu'un qu'elles aiment et qui les aime. Mais elles sont certes incapables d'assumer socialement l'enfant à venir. Alors, des adultes raisonnables assassinent ainsi leur promesse de bonheur. Elles demeurent alors irrécupérables pour l'avenir, d'avoir été mutilées de la sorte, dans quelque chose qui était attendu, par leurs loubards et par elles, comme le premier accomplissement de leur vie.

C'est une solution de facilité pour la société. Au lieu d'aider ces enfants à aller jusqu'à l'accouchement, puisque c'était là leur bonheur, puis ensuite, que la société invente quelque chose pour les aider à continuer leur chemin... Mais, de nos jours, sous prétexte que l'avortement est légal, les adultes se croient en droit de juger qui doit ou non avoir un enfant, en traitant ces filles comme des mineures. A partir du moment où un être humain est heureux d'une conception partagée avec un autre être, pour qui cela a aussi un sens, et qu'il fantasme avec un bonheur, peut-être irréel, la venue au monde de cet enfant (alors que ce sont souvent des gens qui n'ont pas connu le bonheur d'avoir été accueillis avec amour à leur naissance), je crois que, là, la société rate complètement quelque chose...

– *Et si l'on envisageait la réponse qui pourrait vous être faite, car ce que vous venez de dire est un peu romantique? On voit souvent le cas contraire – l'utilisation des moyens contraceptifs par de très jeunes filles, qui sont peut-être immatures pour une relation avec l'autre, ça existe aussi...*

– Oui, pour l'instant ça existe, mais justement parce que l'éducation à la façon d'entrer en relation avec l'autre et à la responsabilité affective, aussi bien pour les garçons que pour les filles, ne fait pas partie du souci des adultes « préposés » au développement des jeunes générations. C'est le cadet de leurs soucis... Et pour la bonne raison qu'eux-mêmes, les adultes, sont pour beaucoup restés encore des enfants sur nombre de points.

– *Quelle qu'en soit la cause, ça donne un autre phénomène – l'amour physique à la chaîne, qui ne veut plus rien dire, ou pas grand-chose. On prend son pied et chacun pour soi...*

– Oui, ça donne souvent ça, pour l'instant. Je crois que, dans l'avenir, la maîtrise de la conception apportera beaucoup, parce que ça permettra aux jeunes de voir pour quel genre d'*autre* leur nature est faite; je crois qu'ils arriveront ainsi réellement au désir vrai d'avoir un enfant l'un de l'autre, au lieu, comme cela se produit maintenant, d'avoir un enfant pour un enfant.

Vous dites que je suis romantique, mais je ne le suis pas dans tous les cas ; il y a des filles qui se sont faites engrosser à la suite d'une relation de fortune, qui ne se sentent pas davantage amoureuses du garçon qu'heureuses qu'il y ait un enfant qui vienne au monde. Alors, celles-là, qu'elles avortent, pourquoi pas? Elles ne sont en rien motivées pour soutenir cette autre nouvelle vie. Mais il faut toujours voir un peu plus loin que le cas « social », voir dans la profondeur de l'affectivité. Tout à l'heure, je parlais des filles qui, comme on peut le voir plus tard, seront démolies pour toute leur vie de ne pas avoir pu mettre au monde... Car il y a une sorte d'éclosion d'humanisation qui accompagne l'accouchement. C'est un problème d'humanisation. Il n'existe pas des panacées à des problèmes humains, à chaque fois, on a affaire à un cas particulier...

– *Pour vous, une institution, une juridiction qui légalise un acte, ne veulent rien dire dans leur lettre, n'existent vraiment que dans la façon d'être appliquées, d'être ressenties par celui ou celle qui s'y heurte ou qui s'en sert, dans la manière dont elles passent dans la langue vivante, la langue relationnelle.*

– Oui. Par exemple, on parle souvent aujourd'hui de la gratuité totale ou du remboursement d'une partie du paiement de l'acte d'avorter. Bien sûr, matériellement, cela est loin d'être dépourvu d'intérêt. Mais psychiquement, cela n'a pas une véritable importance. Ce qui serait important de ce point de vue, ce serait que (payant ou pas payant), toute femme ait une amende à payer parce qu'elle se fait avorter... Oui, une amende, qui serait peut-être de 5 francs, qu'elle aurait toujours à payer, même si elle est remboursée de l'acte chirurgical.

D'ailleurs, l'avortement ce n'est pas un acte chirurgical, cela n'a rien à voir. On comprend très bien que beaucoup de médecins ne veuillent pas faire avorter. Ils ne sont pas faits pour cela. Ce devrait être un autre corps de métier qui fasse ça, je ne sais pas lequel, peut-être n'existe-t-il pas. On peut faire avorter une femme pour la sauver de la folie, de la misère, ou sauver un couple de la destruction aussi; et ce sera toujours le cas particulier d'un médecin qui pense ça; je ne vois pas comment l'État peut dire : « C'est aux médecins d'avorter les femmes! »...

C'est sans doute parce que l'État ne voit que l'aspect biologique et démographique : s'il y avait autant d'enfants que ceux qui sont conçus, alors on irait à la misère, ou bien, on irait, je ne sais pas, au destin de l'humanité... Et peut-être ce serait beaucoup mieux d'en arriver là, plutôt que d'enseigner aux humains d'avoir comme seule éthique le principe qu'il ne faut jamais courir aucun risque. C'est ce que nous enseigne notre société moderne, éviter tous les risques. De sorte que l'on évite aussi les risques de bonheur.

Il y a aussi un autre aspect de la large utilisation des contraceptifs : la perte de responsabilité des hommes en face des conséquences des rapports sexuels : « C'est à toi de te débrouiller, ma vieille! », comme si pour eux l'acte sexuel n'était qu'une simple décharge. Il y en a, parmi ceux-là, beaucoup qui n'arriveront jamais à l'humanisation des relations entre les sexes...

D'un autre côté, il devient aujourd'hui de plus en plus difficile d'être père. Avant, c'était une charge qui vous tombait dessus, je veux dire aux hommes, et l'on avait l'habitude de dire : « Voilà ce que ces salopes de femmes font aux hommes. » Aujourd'hui, pour être père, c'est une tout autre histoire. Certaines femmes, même si elles veulent être mères, ne veulent pas laisser les hommes être pères. Ce qui entraîne des changements dans les relations entre hommes et femmes.

– *Toujours à propos de l'avortement, une autre question : vous êtes croyante, catholique, je peux dire cela?*

– Je sens peut-être le fagot pour les catholiques, mais enfin, je suis chrétienne...

– *Comment voyez-vous le fait que l'Église, par la voix et les écrits de son chef, le pape, s'oppose à l'avortement? N'est-ce pas là un souci qu'on pourrait qualifier de « biologiste », orienté vers l'être de chair et non pas vers l'être d'esprit?*

– Moi, je m'étonne qu'il soit contre l'avortement et qu'il ne soit pas contre la saccharine! La saccharine est un leurre, elle donne l'impression du sucre, mais elle ne porte pas le fruit dans l'organisme, tout en permettant le plaisir de s'alimenter à des gens qui, si ce n'était pas « sucré », ne pourraient pas prendre tel ou tel aliment de plaisir, comme le café par exemple, qui n'est pas indispensable : il y a des gens qui ne prendraient jamais de café pour le plaisir d'être tonifiés, s'ils ne pouvaient pas prendre de la saccharine avec... Et alors que c'est apparemment bien vu de prendre de la saccharine, prendre le plaisir génital sans courir le risque de mettre au monde un enfant que l'on n'est pas capable d'élever (moralement, matériellement, socialement) est condamnable. Pour moi, ces deux cas, apparemment si différents, relèvent de la même chose : si quelqu'un est en besoin ou en désir de relation sexuelles, et qu'il n'est pas capable de mettre un enfant au monde d'une façon qui serait « chrétienne » dans le sens de la responsabilité, alors son vrai devoir c'est de ne pas avoir d'enfants, son devoir c'est de ne pas rendre dingue son conjoint ni d'entrer soi-même en hystérie. Nous le savons maintenant, ceux qui ne sont pas capables de sublimation des désirs par le jeu de refoulement rentrent dans la névrose.

Il faut savoir qui l'on est, humblement. D'aucuns sont capables d'une continence qui fait que leur libido peut hausser de niveau, peut devenir une libido qui porte des fruits sociaux merveilleux, etc. Mais de ceux-là, il y en a très peu... Le reste des humains sera en proie à des chutes dans la névrose. Je ne trouve pas que ce soit charitable, au sens chrétien, de ne pas permettre que les moyens découverts par la science pour la maîtrise de la conception soient mis en œuvre. Et cela, bien sûr, tout en continuant l'éducation des êtres humains, car grâce à cette éducation, ce ne sera pas le frotti-frotta d'organes sexuels qui sera important dans la relation entre hommes et femmes. Ce n'est pas éviter l'enfant de chair qui est important, c'est porter des enfants de cœur et d'esprit. Ce « biologisme », qui consiste à faire une faute du fait des relations sexuelles en évitant la conception d'enfants de chair, ce ne devrait pas être l'affaire de l'Église.

L'amour ce n'est pas que la sexualité. Bien sûr, celle-ci en est une note fondamentale, mais les harmoniques de l'amour sont bien plus vastes. D'un autre côté, pour arriver aux harmoniques, il faut tout d'abord savoir jouer les notes fondamentales. Si l'on demande à ce qu'on supprime les notes pour ne jouer que les harmoniques, eh bien, il y a des gens qui sont faits pour être des héros, mais les autres vont tous devenir dingues. Le pouvoir éducatif est très important : on ne peut pas sublimer quelque chose qui est dépeint comme le mal : les rapports sexuels c'est coupable, donc vous en payerez le prix, qui est l'enfantement. L'enfantement devient ainsi la punition d'avoir joui de ce que la nature met à la disposition des humains.

— *Il me semble que jamais l'Église n'a rompu autant de bâtons pour combattre la pornographie...*

— De toute façon, la pornographie a toujours été en quelque sorte un truc de curés..., c'est-à-dire de refoulés de la génitalité. La pornographie, ce sont des plaisanteries touchant à l'anal et l'oral, et qui ne font pas intervenir un troisième terme, vivant. Ça s'arrête au jeu infantile de la découverte de la génitalité. C'est le sexe en tant qu'objet partiel. C'est pour cela que ceux qui ont été obligés à une chasteté non par renoncement dû à leur évolution, mais par culpabilité, sont nécessairement voués à la pornographie. Il s'agit là d'un signe d'arrêt de l'évolution du plaisir aux rencontres corps à corps à des zones partielles, de fixations fétichiques, de plaisirs bornés.

— *Et lorsque certaines avant-gardes se sont mises à la pornographie, en déclarant, pour la énième fois, que c'était là une révolution sexuelle...?*

— Une révolution dans la nursery peut-être, en brandissant la cuiller à bouillie... Ces histoires se passent justement entre des gens qui n'ont pas d'histoire, qui n'ont pas de langage, qui n'ont pas un champ relationnel enraciné dans le symbolique, qui voudraient magnifier ou, faute de mieux, institutionnaliser leur souffrance, au lieu de prendre conscience qu'ils ont été « mutilés » en étant enfants, trompés sur leur droit au désir, leurrés quant à l'amour.

— *Alors, pensez-vous que des textes analytiques, comme le vôtre, puissent jouer un certain rôle dans ces prises de conscience?*

— Oui et non. Cela dépend, encore une fois, de la manière dont cela est ressenti, compris, assimilé. Ce qui est toujours un peu ennuyeux dans la publication d'un travail qui est fait d'abord pour ceux qui en connaissent déjà quelque chose, c'est que cela peut, à la lecture des gens toujours curieux de lire un peu tout, éveiller ou secouer des individus qui ne sont pas malades, des femmes en l'occurrence qui ne sont pas malheureuses de leur sort; cela peut leur donner à penser qu'elles n'ont peut-être pas une vie réussie, parce qu'à tel chapitre on parle de degrés différents d'orgasme, alors qu'elle n'ont pas ça. Je serais désolée, si, à la lecture de mon livre, une femme heureuse, bonne mère, bonne amante ou épouse, se disait tout à coup : « Ah, mais, moi, je n'ai qu'un orgasme clitoridien, ce n'est pas bien, et encore pas à chaque fois; et puis, mon mari n'est pas toujours puissant. Alors, je ne suis peut-être pas une femme comme il faut. » Et puis, cette femme se mettrait peut-être à se dire qu'il faut qu'elle fasse une sorte de lifting orgasmique, comme elle se le dit après avoir lu des magazines, et que se regardant dans la glace, elle remarque que son visage a des rides et qu'il n'est sûrement pas aussi bien qu'il devait l'être.

Ces effets de toute œuvre de vulgarisation, de toute lecture, aujourd'hui démocratisée, sont des effets secondaires assez nocifs.

Je serais désolée de pouvoir moi-même parfois en être la cause. Je voudrais bien que ce ne soit pas le cas.

– *N'y a-t-il pas là une sorte de désir de perfection, de perfectionnement plutôt, fantasme auquel la propagation du langage psychanalytique a fortement contribué ? Alors que cette perfection, ce lifting sentimental n'existe pas...*

– Oui, cette perfection n'existe pas. Ce qui existe en revanche c'est une recherche permanente de mieux comprendre l'autre. La psychanalyse, elle, peut aider à cela, mais à condition de se faire dans un transfert, dans une situation de cure, et non pas en lisant des livres pour ensuite s'analyser soi-même. Il est vrai que la reprise dans les médias et dans le vocabulaire courant des bribes du langage psychanalytique a stimulé ce fantasme de perfectionnisme aigu.

Ce qui est dommage aussi, c'est qu'il s'agit surtout de fantasme de perfection de l'amour vu uniquement dans le sens physique et orgastique, alors que ce dont un être humain a le plus besoin c'est d'une évolution vers plus d'humanisation de ses rapports. Ce n'est pas dans la recherche du corps, surtout du sien propre, qu'il va la trouver, mais dans la relation d'amour avec l'autre. Cependant, tout est intriqué dès le départ avec les histoires de corps, et cela fait illusion...

La vie humaine est tout entière symbolique et je crois que l'important ce n'est pas d'abord la fécondité du corps, mais surtout la fécondité affective et spirituelle. Ce n'est pas la jouissance des seuls corps des deux amants, c'est leur jouissance de cœur et d'esprit ensemble. Et ce n'est pas parce que l'on va faire une gymnastique, un travail de perfectionnement sur les génitoires que, ipso facto, cela fera une meilleure compréhension amoureuse entre deux êtres...

Antibes,
août 1982

Françoise Dolto
Eugène Simion

Sigmund Freud
sur
la libido féminine

« Je ne peux m'empêcher de penser (quoique j'hésite à le dire) que, pour les femmes, le niveau de la norme morale est différent de ce qu'il est pour les hommes. Leur surmoi n'est jamais aussi inexorable, aussi impersonnel, aussi indépendant de ses origines émotionnelles que nous le voyons être chez les hommes. Leurs traits de caractère tels qu'ils ont été critiqués de tous temps, sont leur sens de la justice moins aigu que chez les hommes, leur difficulté à se soumettre aux grandes nécessités de la vie, leur facilité d'être plus souvent influencées dans leurs jugements, par leurs sentiments d'affection ou d'hostilité. Tout ceci serait à mettre au compte de la modification dans la formation de leur surmoi. »

Collected Papers, vol. V

« La psychanalyse nous apprend que le choix de l'objet sexuel se fait de deux manières différentes. Il peut s'inspirer de certains modèles dont les origines remontent à la première enfance ou bien présenter les caractères inhérents au narcissisme, où l'individu recherche son moi et le retrouve dans une autre personne. Ce dernier mode prend une importance toute particulière dans les cas pathologiques. »

Trois Essais

« Mon exposé est certes incomplet, fragmentaire et parfois peu réjouissant. N'oubliez pas cependant que nous n'avons étudié la femme qu'en tant qu'être déterminé par sa fonction sexuelle. Le rôle de cette fonction est vraiment considérable, mais, individuellement, la femme peut être considérée comme une créature humaine.

Si vous voulez apprendre davantage sur la féminité, interrogez votre propre expérience, adressez-vous aux poètes ou bien attendez que la science soit en état de vous donner des renseignements plus approfondis et plus coordonnés. »

Nouvelles Conférences

« Nous nous sommes arrêtés à une notion de *la libido* qui la considère comme *une force quantitativement variable nous permettant de mesurer les processus et les transformations dans le domaine de l'excitation sexuelle*... Quand nous distinguons l'énergie de la libido de toute autre énergie psychique, nous supposons que les processus sexuels de l'organisme se distinguent des fonctions de nutrition par un chimisme particulier...

Sa représentation psychique serait la libido du moi. Toutefois, la libido du moi ne devient accessible à l'analyse que lorsqu'elle s'est emparée d'objets sexuels, c'est-à-dire quand elle est devenue libido objective.

C'est alors que nous la voyons se concentrer sur des objets, s'y fixer ou les abandonner, les quitter pour se tourner vers d'autres objets et, des positions dont elle s'est emparée, commander l'activité sexuelle des individus, mener enfin à la satisfaction; nous arrivons à une extinction partielle et temporaire de la libido.

En ce qui concerne la libido objective, nous voyons que, détachée de ses objets, elle reste en suspens dans des conditions particulières de tension et que, finalement, *elle rentre dans le moi, de sorte qu'elle redevient la libido* subjective, en opposition à la libido objective.

La libido du moi ou narcissique nous apparaît comme formant la grande réserve d'où partent les déterminants objectifs et vers laquelle ils sont ensuite ramenés. Le narcissisme qui marque le retour vers le moi nous apparaît comme l'état originel réalisé dans l'enfance, état qui s'est trouvé masqué par les tentatives de conquêtes ultérieures mais qui, au fond, s'est conservé...

Les transformations de la libido du moi sont d'une importance majeure, surtout là où il s'agit d'expliciter les troubles profonds de nature psychopathique.

Si, jusqu'à présent, la psychanalyse nous renseigne d'une manière certaine sur les transformations de la libido objective, par contre, elle n'est pas encore à même de distinguer de manière nette la libido subjective des autres énergies qui agissent dans le moi. C'est pourquoi on ne peut actuellement poursuivre une théorie de la libido que par la méthode spéculative. »

(Freud insiste ensuite sur la nécessité de conserver à la notion de libido une origine énergétique strictement sexuelle, et non d'énergie psychique en général, et il s'appuie pour cela sur l'hypothèse d'un chimisme particulier de la fonction sexuelle.)

Trois Essais

« La disposition mâle et femelle se manifeste déjà durant l'âge infantile.

– Le développement des digues sexuelles : pudeur, dégoût, pitié, s'accomplit de bonne heure chez les petites filles et rencontre moins de résistance que chez les jeunes garçons.

– Le penchant au refoulement sexuel paraît jouer un plus grand rôle (que chez les garçons) et lorsque les tendances sexuelles de la puberté se manifestent, elles prennent de préférence la forme passive. Toutefois, l'activité érotique des zones érogènes est la même pour les deux sexes et ceci empêche que, dans l'âge infantile, la différence sexuelle soit aussi manifeste qu'elle le sera après la puberté. *Maintenant, si on prend en considération les manifestations auto-érotiques et masturbatoires, on peut émettre la thèse que la sexualité des petites filles a un caractère foncièrement mâle.* Bien plus, en attachant aux conceptions mâle et femelle des notions plus précises, on peut affirmer que la *libido est, de façon constante et régulière d'essence mâle, qu'elle apparaisse chez l'homme ou chez la femme et abstraction faite de son objet homme ou femme.* »

Trois Essais

« Depuis que j'ai eu connaissance de la *théorie de la bisexualité*, j'ai attaché une importance décisive à ces faits et je crois qu'on ne saurait interpréter les manifestations sexuelles de l'homme et de la femme sans en tenir compte...

Tout être humain présente, au point de vue biologique, un mélange des caractères génitaux propres à son sexe et des caractères propres au sexe opposé, de même qu'un mélange d'éléments actifs et passifs, que ces éléments d'ordre psychique dépendent ou non des caractères biologiques. »

Trois Essais

« Nous ne serions pas surpris qu'à toute sexualité correspondît une libido particulière, de telle sorte que l'un des genres de libido visât les buts de la sexualité virile et l'autre les buts de la sexualité féminine. Cependant, tel n'est pas le cas. Il n'est qu'une seule libido, laquelle se trouve au service de la fonction sexuelle tant mâle que femelle. Si, en nous fondant sur les rapprochements conventionnels faits entre virilité et activité, nous la qualifions de virile, nous nous garderons d'oublier qu'elle représente également des tendances à buts passifs. Quoi qu'il en soit, *l'accolement de ces deux mots, libido féminine, ne peut se justifier.* »

Nouvelles Conférences

En note, *les concepts « masculin » et « féminin ».*
Trois sens :
1. équivalent à actif et passif,
2. biologique,
3. sociologique.

« La psychanalyse ne peut tenir compte que du premier de ces sens. C'est ainsi que nous avons caractérisé tout à l'heure la libido comme masculine. *En effet, la tendance est toujours active même quand son but est passif.*

C'est pris dans le sens biologique que les termes masculin et féminin se prêtent mieux à des définitions claires et précises, indiquant la présence chez un individu de glandes spermatiques ou ovulaires avec les fonctions différentes qui en dérivent. L'élément actif et ses manifestations secondaires : développement musculaire accentué, attitude d'agression, libido plus intense sont d'ordinaire liés à l'élément masculin, pris dans le sens biologique. »

Trois Essais

A propos des zones érogènes en tant qu'organes de transmission, Freud pense :

« ... que le clitoris a une importance si exclusive spontanément, que la petite fille, même avant l'intervention d'un séducteur, n'arrive pas à autre chose qu'à la masturbation clitoridienne. »

Il parle ensuite de la puberté qui amène chez le jeune garçon la grande poussée de la libido et, chez la fille, une nouvelle vague de refoulement qui atteint la sexualité clitoridienne. Ce qui est alors refoulé, c'est un élément de sexualité mâle. Le renforcement des obstacles opposés à la sexualité qui apparaît lors du refoulement caractéristique de la puberté procure un élément excitant à la libido de l'homme et l'incite à une activité plus intense, proportionnée à l'augmentation de la libido qui atteint *son plein épanouissement en face de la femme qui se refuse et renie son caractère sexuel.*

Trois Essais

Freud dit qu'à la puberté il se produit chez la femme une « espèce de régression ».

« Le clitoris, lorsqu'il est excité lors de l'acte sexuel, garde son rôle qui consiste à transmettre l'excitation aux parties génitales contiguës, un peu à la façon du bois d'allumage qui sert à faire brûler du bois plus dur. Il se passe parfois un certain temps avant que cette transmission ait lieu, temps pendant lequel la jeune femme n'est pas sensibilisée au plaisir. Une telle insensibilité peut s'établir de façon durable, lorsque la zone du clitoris se refuse à transmettre son excitation, ce qui peut être dû principalement à son activité excessive pendant la période infantile. »

Trois Essais

Pour les zones érogènes sexuelles, la sexualité de la fille passe par deux phases, la première clitoridienne, la seconde vaginale. « Nous pensons que, pendant de nombreuses années, le vagin est virtuellement non existant et reste sans donner de sensation jusqu'à la puberté », malgré l'opinion récente contraire de nombreux auteurs.

1) Chez la fille « elle admet sa castration, dit Freud, son infériorité relativement à celle des mâles mais, en même temps, elle se rebelle devant ces faits ». Elle peut tourner le dos à toute sexualité et abandonner toute idée de sa virilité et, par là même, la majeure partie de ses activités.

2) Si elle persiste à espérer, elle reste dans l'envie du pénis avec périodes de fantasmes où elle est réellement un homme. Ce complexe de virilité peut aller vers l'homosexualité et choix d'objet homosexuel.

3) Troisième éventualité, elle va vers le père, objet d'amour, et arrive au processus œdipien beaucoup plus lentement que le garçon.

Les relations de la femme vis-à-vis du mari sont sur le modèle de ses relations avec sa mère et non avec son père.

Avec de nombreuses femmes, on a l'impression qu'à leur période de maturité, elles ne sont occupées que de leurs relations conflictuelles avec leur mari, exactement comme elles avaient passé leur jeunesse en disputes avec leur mère.

L'hostilité avec la mère ne viendrait donc pas de la période de rivalité œdipienne, mais proviendrait des phases antérieures et ne trouverait avec l'Œdipe qu'une occasion de renforcement.

Les raisons de déception provenant de la mère sont nombreuses : jalousie des autres enfants et même du père.

Découverte de la masturbation phallique avec ou sans séduction par les nurses et la mère qui veulent rendre les filles dépendantes, ou l'interdiction de la masturbation – la surveillance trop étroite.

La surprotection de la chasteté par la mère.

« Naturellement, dit Freud, la mère en fait autant pour le garçon. » La mère qui est privée du pénis envié est, à cause de cela aussi, discréditée.

Revendication :

– de l'avoir mal faite corporellement,

– de l'avoir insuffisamment nourrie au sein ou

– de lait.

Ambivalence caractérielle de la sexualité infantile, très forte chez la fille vis-à-vis de la mère.

Le rôle des lavements suivi de crises de haine.

La croyance des filles que leur mère les a séduites.

Collected Papers, vol. V

« On sait que l'insensibilité des femmes est le plus souvent apparente et simplement locale. Insensibles aux excitations de la région vaginale, elles ne le sont pas à une excitation partant du clitoris, ou même d'une autre zone. A ces causes érogènes d'insensibilité s'ajoutent d'autres causes, de caractère psychique qui, comme les premières, sont conditionnées par un refoulement.

Quand la transmission de l'excitation érogène s'est faite du clitoris à l'orifice du vagin, un changement de zone conductrice s'est opéré chez la femme dont dépendra, à l'avenir, sa vie sexuelle, tandis que l'homme, lui, a connu la même zone depuis l'enfance et s'y tient. Avec ce changement des zones érogènes comme organes de transmission, avec la poussée de refoulement dans la période de puberté qui semble, pour ainsi dire, vouloir supprimer le caractère de virilité sexuelle chez la petite fille, nous trouvons les conditions qui prédisposent la femme aux névroses et particulièrement à l'hystérie. Ces conditions dépendent étroitement de la nature féminine. »

Trois Essais

« L'homme seul représente une vie érotique accessible aux recherches, tandis que la vie érotique de la femme, en raison d'une atrophie provenant de la civilisation, en partie aussi à cause de réserves conventionnelles et d'un certain manque de sincérité, est encore entourée d'un voile épais. »

Trois Essais

Introduction

Le développement de la sexualité est sous-tendu, selon la psychanalyse, entièrement par l'existence et la structure de la libido. Suivant l'époque du développement psycho-physiologique de l'être humain, Freud a décrit différents stades de l'organisation libidinale. Au cours des stades précoces de la sexualité, celle-ci n'est pas encore au service de la fertilité de l'espèce, mais la prépare, par la structuration subjective, organique et caractérielle de l'être humain, monosexué génitalement quant à son appareil reproducteur encore immature.

Toutefois, pour ce qui est de ses émois et de ses désirs, l'être humain est fondamentalement bisexué. Habituellement, l'on donne, au terme féminin, le sens passif et de réception et, au terme masculin, le sens actif d'émission, significations qui leur sont échues de leur organisation biologique.

Mais, si les pulsions génitales sont toujours à dominantes actives ou passives, la libido, au sens psychanalytique, est toujours active.

La maturité gonadique, caractéristique de la puberté, apporte une poussée libidinale qui précise l'aspect corporel d'une sexualité soit masculine, soit féminine. L'apparition, localisée génitalement, du sperme chez le garçon, de la menstruation cyclique chez la fille, confirme à leurs propres yeux le rôle physiologique qui est dévolu à chacun dans la rencontre sexuelle.

A partir de l'adolescence, physiologiquement repérable, tout se passe comme si la libido, au service de la conservation de l'espèce, cherchait son accomplissement à travers des individus complémentairement sexués.

Le critère inconscient de l'approche et de la recherche de l'être élu semble être toujours la fertilité attendue : un fruit est toujours inconsciemment impliqué, sinon consciemment voulu, lors d'une rencontre entre hommes et femmes.

En se penchant sur les anomalies des comportements sexuels, corporels-érotiques et caractériels-émotionnels, de ses contemporains, Freud découvrit que toute anomalie de comportement génital organique (subjectivement justifiée ou pas), que tout comportement passionnel, pouvaient être compris à travers l'étude des soubassements inconscients; là se trouvaient des représentations contradictoires, dynamiquement agissantes, que recélaient les articulations mentales imaginaires du sujet, ses interdits à ses désirs, que l'étude par la méthode des associations libres montraient comme faisant partie de la structuration de la personne datant de la période prégénitale infantile. Il découvrit ainsi le rôle nodal du complexe d'Œdipe et de son corrolaire, l'angoisse de castration, carrefour énergétique spécifiquement humain de cette force impérative qu'il a nommée *libido*, concourant à la conservation de l'espèce, et des autres forces concourant à la préservation d'un être humain participant à la vie sociale du groupe.

Freud a désigné par le terme de *résolution œdipienne* la mutation organisatrice de la personne qui résulte du dépassement de ces conflits. Avant l'Œdipe, les étapes prégénitales de la libido, après l'Œdipe, le stade génital et son évolution sociale et culturelle. Freud a décrit le complexe d'Œdipe chez le garçon comme le carrefour énergétique conflictuel de la libido, contradictoirement liée à des représentations de corps-à-corps, successivement et diversement érotisés vis-à-vis des deux personnes parentales; par exemple, le garçon est tenu par le danger d'une désorganisation, qui menace de façon endogène sa personne ou son sexe, devant la réalisation, dans le corps-à-corps, des représentations de ses désirs génitaux à l'égard de sa mère, de renoncer à tout désir érotique pour elle et, par extension prudentielle, pour ses sœurs, qui lui sont associées imaginairement.

Avant l'Œdipe, lors des étapes prégénitales de la libido, celle-ci est orientée imaginairement vers les objets parentaux, vers leur personne et vers leur sexe.

Au moment de la résolution œdipienne, c'est le drame émotionnel de la castration menaçante qui, quoique endogène, est vécue comme venant du père, en accord avec la mère.

Après la résolution œdipienne, c'est le retour sur la personne du garçon de la *libido active*, détachée de son objet de convoitise pénienne (la mère), et de la *libido passive*, détachée de son objet de convoitise attractive anale (le père). Ce dernier y a symboliquement répondu par la marque de sa loi imposée à son fils, marque qui a valeur de castration symbolique, libératrice d'une angoisse insupportable, et d'accession mutante, hors des sortilèges imaginaires, aux pouvoirs de l'homme-en-société.

La libido retourne au sujet, dans ce qu'elle avait de génital, désaffecte le pénis et ses désirs incestueux, étant narcissiquement reportée sur la personne sociale, le développement culturel, les sublimations orales et anales du garçon, en vue du dégagement familial; s'identifiant à son propre père, mentor désérotisé de ses forces combatives et industrieuses, le garçon s'adapte aux lois du groupe qui régissent les comportements de sa classe d'âge.

Les poussées pubertaires, en réveillant le sexe désaffecté, provoquent la personne du garçon à utiliser ses forces érectiles, réveillées de façon endogène, vers des conquêtes à nouveau sexuelles, mais cette fois délibérément choisies hors du groupe familial, d'autant plus désirées qu'elles sont stimulantes de la fonction excitatoire mâle du *dépassement* hors de soi, de la *combativité* et du *risque érotique* stimulant de la fonction génitale. Le lieu d'appel à son désir est pour lui l'objet qui, hors de ses limites corporelles, lui présentifie son sexe par l'attraction érectile qu'il ressent pour cet objet.

L'extériorité fonctionnelle des organes génitaux masculins,

l'extériorité anatomique des organes génitaux, par rapport a la cavité abdominale, le lien entre l'érotisation de l'objet et l'excitabilité organique génitale qu'il suscite, tout ce « style » sexuel masculin, explique que ce soit à travers l'étude du développement du garçon que Freud a pu centrer le moment de l'organisation génitale à l'âge du conflit crucial entre les tendances endogènes mâles, agressives-combatives, et les tendances sexuelles mâles.

L'étude analytique de la sexualité masculine et de ses anomalies fut donc la première à être élucidée; la bisexualité observée chez les garçons, lors de l'étude de leur évolution, était partout rencontrée en biologie, en sociologie; elle était rendue responsable des anomalies des comportements mâle et femelle des animaux, donc aussi de l'homme, à l'âge de la maturité gonadique. Aussi, parti de l'étude des excitations nerveuses organiques, Freud présageait que les névroses étaient dues à des déterminants chimiques; cette bisexualité, hormonalement prouvée, était aussi retrouvée dans le développement des filles : la caractéristique non pénienne du sexe féminin, la déconvenance toujours manifestées par les filles à l'époque enfantine de la première découverte de la disparité désavantageuse des formes sexuelles, convenant à la fierté du garçon avantagé, avait fait penser que la sexualité des femmes s'était dépressivement construite sur cette déconvenue. Déconvenue encore vivante, sans doute, d'être représentée dans la société par des revendications sociales d'égalité entre les sexes, dans le contexte social de la fin du XIXe siècle.

Le rôle du père dans la sexualité, s'organisant au moment de l'Œdipe, avait fait penser que le père, en tant que personne réelle, avait pour l'individu humain, garçon et fille, une importance structurante exclusive ou presque; et puis, la poussée pubertaire des filles semblait amener un refoulement encore plus grand que le refoulement déjà observé et à peine surmonté de l'ambition pénienne de la 3e année. Cependant, cette notion d'intensité du refoulement cadrait mal avec une autre observation de Freud, concernant la moralité, disons « élastique », des femmes, qu'il estimait, à juste titre, dépendre du surmoi peu solide et, partant, d'une structure psychique labile.

De plus, les études de l'époque sur l'hystérie faisaient paraître réservée aux femmes cette anomalie d'abréaction exhibitionniste de l'angoisse sexuelle, parce que l'hystérie, chez les hommes, était utilisée socialement dans des excitations politiques verbales ou des héroïsmes combatifs à panache spectaculaire, et passait donc cliniquement inaperçue.

La pruderie, pour ne pas dire la pudibonderie du monde bourgeois de l'époque victorienne, marquait l'éducation des filles, au sortir du romantisme, d'un style où le beau sexe, chez les gens aisés, se devait d'avoir les yeux baissés. La chlorose des jeunes filles sévissait, les rendant émouvantes, alors que les mièvreries infantiles devaient les rendre séduisantes. Cette éducation, d'ailleurs, ne s'imposait qu'à partir de la séparation des nourrices campagnardes ou roturières, beaucoup plus libres dans leurs émois et stimulantes de la libido, à l'âge de la sexualité prégénitale.

Dans ces conditions sociales, la répression, à l'époque œdipienne, de la jeune fille bien élevée, n'en était que plus traumatisante : elle tombait sur un terrain déjà fragilisé par l'abandon du premier objet d'identification (la ou les nourrices), non couplé avec le père; l'introjection de ce premier objet destinait la fillette à devenir active, manuellement industrieuse et verbalement osée, dans les propos directs de la vie mixte, comme dans les propos de l'office, auxquels elle avait été mêlée. Mais son milieu de grande enfance, ses parents et les éducatrices, ne lui assuraient protection qu'au prix du renoncement total à cette première identification.

Ajoutons à cela des lectures stupides, où rien de sexuel ne devait transparaître, afin que la virginité fût soi-disant préservée, confondue avec le retard de maturité émotionnelle et l'ignorance, qui surchauffaient les émois de fantasmes angéliques irréalisables. La fausse mystique fleurissait.

Quoi d'étonnant alors, dans ce contexte social où les observations psychanalytiques furent d'abord faites, que la sexualité des femmes ait été observée comme étant " infantile et clitoridienne " et que le mariage, auquel la plupart d'entre elles allaient sans aucune préparation (elles n'avaient même pas été averties de leurs règles, survenues comme un cataclysme honteux), ne fasse que contresigner un désaveu de leur sexe, que père et mère avaient, d'un commun accord, à la fois pour des raisons éthiques et pour plus de commodité, voulu rendre muet?

Certaines, pour des raisons diverses, dont la principale était l'éducation par leur mari ou leur amant, se « démutisaient » fort bien, génitalement parlant; mais celles-là n'étaient pas étudiées par les psychanalystes. Et, d'ailleurs, elles faisaient rapidement « parler d'elles », si leur sexualité transparaissait, rayonnante et attirante dans le monde. Que l'on se rapporte, pour ne citer que cela, aux attendus du jugement d'immoralité qui condamnait Flaubert pour son livre *Madame Bovary*!

Si donc une femme était heureuse en amour, elle se devait de jouer la femme froide, pour paraître « comme il faut ». Si donc le sexe d'une femme était éloquent, elle se devait de rester muette sur ce qu'elle en ressentait.

Voilà, je pense, nombre de raisons tant biologiques que sociologiques, qui ont rendu plus difficile l'étude du comportement sexuel féminin.

Bien qu'après les deux dernières guerres, la société ait changé, que les femmes, aient, partout en Europe, obtenu des droits civiques égaux avec les hommes, que les enfants des classes aisées et moyennes soient nourris naturellement ou artificiellement par leur mère, et élevés par leurs géniteurs, que les connaissances littéraires et scientifiques soient ouvertes aux filles comme aux garçons, des difficultés dans cette étude demeurent.

Le concept freudien de libido signifie « *la force quantitativement variable permettant de mesurer les processus et les transformations dans le domaine de l'excitation sexuelle* ». N'oublions pas cette définition. Mais cette force, médiatisée par des pulsions (et nous savons qu'au niveau organique ces pulsions sont concomitantes de phénomènes chimiques), ne peut être étudiée que dans son objectivation, autrement dit par sa manifestation exprimée vis-à-vis de l'objet de cette pulsion, par le sujet, lieu-de-désir. Pour le psychanalyste, il s'agit d'une libido devenue cliniquement observable sinon par l'observation directe, du moins par l'étude des dynamismes inconscients.

Qui dit étude, dit en même temps *observateur* et *observé*; d'autre part, cette étude demande, pour se faire, à être médiatisée par un langage, comportement, mimique, verbalisations venus de l'observé; langage qui, pour être entendu, reçu et compris par l'observateur, doit trouver – nous le savons trop bien – un observateur, lui-même impliqué inconsciemment, et qui accepte aussi de s'impliquer consciemment dans ce qu'il perçoit.

Nous savons très bien, nous autres psychanalystes, combien cette condition rend notre témoignage difficile, combien d'erreurs dues à nos structures, à nos projections, à nos résistances, nuisent à notre disponibilité. La théorisation, qui est un moyen de communication après observation, est à bannir pendant l'observation, et ceci est une des plus difficiles résistances à vaincre, car la théorie protège des risques de l'observation.

Autre écueil : l'observé, pour un psychanalyste, peut être un objet au sens libidinal du terme, c'est-à-dire que ce dernier peut y chercher une représentation connue autrefois et, pour lui, complémentaire, ou bien il peut y reconnaître son propre narcissisme actuel et présentifié.

Lorsque l'objet étudié, une patiente en analyse ou une femme dans la vie, est observé par une femme – fût-elle psychanalyste, donc avertie de ces écueils –, il semble que les difficultés susdites soient encore plus grandes que pour un psychanalyste masculin. Et cela, à cause de ses composantes maternelles, qui peuvent induire de façon exogène une régression inter-transférentielle, entravant le travail endogène.

Que la thérapeutique psychanalytique soit, depuis longtemps déjà, appliquée efficacement par des femmes, n'infirme en rien ce que je viens de dire, car la personne du psychanalyste, si elle est douée de caractéristiques corporelles féminines, permet aux patients des deux sexes un style de transfert des positions régressives de la libido, que facilite la connotation " passive " et " maternelle " du psychanalyste. Autrement dit, le fait que la psychanalyse puisse être pratiquée avec succès par des femmes, est dû aux moindres résistances à l'association libre des patients.

Si nous sommes payés, c'est pour savoir que c'est le sujet, en psychanalyse, qui se soigne seul et que nous sommes là – personne sociale méthodologiquement engagée dans ce contact interhumain –, comme *présence* : soutien d'image ou compagnon narcissique ou objectal, leurre vivant et contractuel, dans le temps imparti aux séances de contact interhumain, dont le temps seul est rétribuable et rétribué. La présence du psychanalyste attentivement passif, et parfois verbalement actif, permet au psychanalysé une médiatisation destinée à l'élucidation de ses pulsions en vue de ce travail seulement, et non en vue d'un accomplissement au sens de correspondance organo-psychique entre lui et l'analyste.

Le psychanalysé, celui qui fait son analyse, est plus ou moins entravé dans le déroulement de son travail par la prégnance de la personne du psychanalyste, des attendus inconscients qu'il croit en percevoir, des projections différenciées que sa personne supporte plus ou moins facilement. C'est là souvent la raison du choix d'un psychanalyste femme et, comme il y a le jeu dans cette profession, comme dans toute autre, de l'offre et de la demande, c'est là aussi la raison de leur succès.

Le sujet décidé à faire une analyse se méfie parfois moins d'une femme. De même que, si nous avons à rencontrer un bovin dans un champ clos, nous préférons généralement rencontrer plutôt une vache qu'un taureau, de même l'analysé préfère que l'entité bizarre qui s'appelle « psychanalyste » et qui reste assise derrière lui, soit une femme plutôt qu'un homme. Sans compter avec le fait qu'il est plus facile en effet à une femme de rester des heures durant physiquement immobile, attentive et réceptrice...

Je souhaite, pour ma part, intéresser ici les lecteurs au témoignage d'une femme sur les femmes. Sous le thème général de « la libido féminine et son destin », je vais essayer, dépouillant le mot destin de ses résonances fatales, magiques ou déterministes, de témoigner en femme, en mère et en psychanalyste, des faits d'observation que j'ai pu glaner, concernant la sexualité dans son développement chez les filles, ne retenant ici que les traits que j'ai pu rencontrer chez le plus grand nombre.

Pour ce qui est des manifestations passionnelles et érotiques chez les femmes, la plupart de mes observations ne vient pas seulement des psychanalyses classiques de femmes, mais aussi d'une documentation clinique extrêmement abondante, qui est due au fait que je reçois beaucoup de parents, pour des enfants et des adolescents qui présentent des troubles du développement psycho-social. Dans ces occurrences, je reçois toujours les deux parents, ensemble d'abord et parfois séparément ensuite, ou accompagnés des grands-parents. Dans ma pratique, je conduis toujours une anamnèse aussi approfondie que possible et, souvent, lorsque plusieurs enfants présentent des troubles névrotiques dans une famille, je conseille une psychothérapie aux parents eux-mêmes. Et c'est ainsi que l'on découvre – a posteriori et parce que l'enfant détecteur de troubles est en voie de guérison –, que les parents vivaient avec des symptômes névrotiques jusque-là ignorés d'eux et l'on apprend, pour peu que l'on guide l'entretien, ce qui se passe dans la vie sexuelle des femmes, au su ou à l'insu des intéressés.

Je raconterai ici des faits vécus rassemblés au cours de vingt-deux ans de pratique et je ferai part au lecteur de quelques-unes de mes réflexions de femme, impliquée dans son travail et dans ses observations, qui confirment ou infirment les hypothèses théoriques.

Quant aux recherches théoriques par lesquelles je me laisse parfois tenter, j'engage le lecteur à ne les envisager que sous l'angle d'une sécurisation rationnelle et scientifique; elle peut m'aider, pour un temps, à circonscrire des processus de dégagement, au cours de conduites observées dans l'évolution difficile des psychanalyses, ou lors des difficultés critiques de certains enfants en cours de croissance et pour lesquels on me demande d'apprécier les dégâts en devenir et de tenter de les aider, par des psychothérapies, à mieux les résoudre. Lorsqu'une théorisation m'aide à la fois à comprendre un processus de déstructuration et à justifier en analyse une attitude contre-transférentielle (qui est suivie d'une réorganisation libidinale sur un narcissisme récupéré du sujet en traitement), je la prends comme valable jusqu'à son écueil, tout en sachant ce que ce critère de valabilité (plus que de valeur) a de discutable.

Pour ce qui est de la libido, concept théorique, j'essairai de l'étudier par ses objectivations, suivant en cela la méthode que nous a léguée Freud et que, à sa suite, les psychanalystes des deux sexes ont développée selon ses principes conceptuels. Et puisque je parle ici de libido génitale, il faudra bien qu'au-delà des faits, je tente de structurer la masse des données, à l'aide de la théorie économique de la libido objectale.

Depuis les débuts de la psychanalyse, beaucoup de recherches ont été faites qui conduisent à éclaircir les premières relations objectales. Des psychanalyses prolongées d'adultes ont permis de voir apparaître, dans le transfert, des modes de relations datant des relations duelles, cannibaliques et morcellantes, de l'enfant à sa mère. Mélanie Klein nous a beaucoup appris sur les relations d'objets précoces que l'on peut retrouver dans les psychoses, où la libido narcissique est repliée, avec la force des pulsions physiologiques génitales, au niveau d'expression érotique du nourrisson.

Il est certain que l'observation psychanalytique des adultes soumis à de très longues analyses confirme l'existence archaïque d'une libido interhumaine de style cannibalique – où l'éthique du bon et du mauvais objet joue un rôle indéniable. Pour ma part, l'observation des enfants traumatisés précocément et de ceux qui ont, dès la naissance, présenté des troubles interrelationnels, m'a apporté la preuve des stades précoces de la libido, par rapport auxquels les stades oral et anal sont déjà des stades très élaborés. Il nous a semblé depuis en retrouver les traces dans les rêves des adultes et plus particulièrement dans les symptômes psychosomatiques : névroses d'organes ou parfois psychoses de système d'organes.

Il n'est certainement pas étranger à notre étude de nous pencher sur ces recherches, car ce qu'on appelait souvent autrefois (et parfois maintenant encore) la « sphère sexuelle », dans les observations médicales, traduit bien tout le fonctionnel confus touchant à l'organicité déréglée du système génito-urinaire chez l'homme et, chez la femme, du système génito-urinaire-intestinal, auquel est lié aussi le fonctionnel mammaire, le fonctionnel vocal (bien connu des oto-rhino-laryngologistes) et la caractérologie des comportements passionnels, tant émotionnels que sexuels.

Les progrès actuels de la chimie et de la biologie permettent d'éclairer les notions de sexe chromosomique somatique et de sexe gonadique, confirmant aussi l'existence chimique de facteurs endogènes aux manifestations sexuelles. Mais ces notions ne peuvent nous renseigner sur les représentations mentales qui mènent le jeu des interrelations humaines – utilisant telles possibilités sexuelles, mâles ou femelles repérables par l'étude biologique ou chimique, dans des comportements psychologiques organisés, socialement féconds, à la recherche du partenaire complémentaire, ou bien dans des comportements dévoyés de leurs accomplissements érotiques ou sublimés dans des activités culturelles.

La science biologique n'explique pas l'absence d'appétit sexuel chez des femmes biologiquement « féminines », ni l'absence d'orgasme chez des femmes fonctionnellement normales, ni l'incapacité d'enfanter, avec des hommes féconds, des femmes saines dont aucune condition physiologique n'explique la stérilité, et qui peuvent être fécondes avec d'autres hommes.

De plus, dans toutes les homosexualités cliniques, les observations attestent l'absolue virilité de l'homme ou féminité de la femme, dans leurs caractères sexuels somatiques et gonadiques, tant chromosomiques que chimiques. Dans beaucoup d'hétérosexualités cliniques, au contraire, elle atteste de caractères sexuels peu différenciés.

Non, ce n'est pas maintenant ni demain que la chimie ou l'anatomie pathologique pourront éclairer la subjectivité des forces sexuelles d'attraction, malgré les progrès de la science, de laquelle Freud lui-même attendait la clef des problèmes qu'il étudiait...

1

Développement de la libido de la naissance à la vieillesse

GESTATION.

Pour commencer, il eût été nécessaire de faire une étude des relations humaines préobjectales de la fille « dans le sein » et « au sein de sa mère ». Cependant, cette étude du narcissisme en stade de structuration eût fortement allongé ce travail. J'ai fait néanmoins, à de nombreuses reprises, allusion à ce soubassement imaginaire, dû aux fondations préverbales de la personne, ainsi qu'aux fondations pré-sadiques, orales et anales, de la relation à soi-même et à l'autre.

A l'observation, la libido se montre à l'œuvre dès l'origine de la vie de l'être humain, dans la dialectique narcissique. Dès la période dite passive de la libido prégénitale (lorsque la zone érogène génitale n'est pas encore prédominante), la libido paraît animer la fonction symbolique; ceci apparaît clairement pour ce qui est de l'individu adulte et de la trame dialectique narcissique et interrelationnelle, dans ce qu'elle a d'intersubjectif.

C'est sans doute cette indissociabilité de la vie consciente et inconsciente qui bouleverse les lois de ce que nous avons cru être la science – observation par un témoin neutre, qui n'influe pas sur l'observé; ce bouleversement du statut scientifique s'est produit à l'intérieur d'une technique, par ailleurs rigoureuse, de non-intervention – la technique psychanalytique. C'est également la libido génitale qui est à l'œuvre dans les processus de l'intelligence humaine moïïque, dont l'immense domaine demeure cependant dans le registre narcissique, c'est-à-dire personnel.

La libido génitale observable dans ce registre conduit le chercheur à l'intelligence de l'impersonnel. Là, la symbolique, délestée du poids de l'imaginaire, semble encore jouer son rôle créateur, preuve incontestable de la libido échappant au contrôle limitatif imposé par l'observation des existences personnelles. Au-delà des contacts corporels, la libido est créative, par les fruits symboliques de ses manifestations émanant de l'intelligence humaine. En deçà des contacts perceptibles, elle est créative par l'observation directe et par la conscience des personnes qui en sont les médiatrices, à travers des immanences symboliques, structurantes ou déstructurantes.

Après sa conception qui, pour la première fois, a fait participer le sujet en germe au sens symbolique du couple libidinal de ses parents, l'enfant – en l'occurrence, le fœtus féminin –, grossit et se forme à l'insu de tous et pourtant déjà très marqué par l'influence, sécurisante ou anxiogène, des affects libidinaux de la mère. Ses affects peuvent concerner, d'une part, la gestation et le futur humain qui s'y prépare, d'autre part, le géniteur qu'il soit ou non celui qui, dans sa vie émotionnelle, occupe la place d'objet élu de son désir. Dans le cas où le géniteur n'est pas cet objet du désir, les émois correspondant au phallisme symbolique de la mère sont dichotomisés.

Les psychanalystes d'adultes ont souventes fois remarqué que cette étape fœtale de la vie est toujours agissante, car on aperçoit ses traces vitalisantes ou dévitalisantes lors des épreuves vécues ultérieurement dans le corps-à-corps des humains. Les psychanalystes d'enfants voient constamment des enfants psychotiques dont la maladie mentale semble due à un handicap, vital ou sexuel, causé par un traumatisme émotionnel et symbolique très grave, durant leur vie intra-utérine.

On peut dire que les vrais traumatismes psychogènes sont ceux qui atteignent la mère du fait de l'objet de son désir : soit un désir dérobé, soit le rejet de la personne, consécutivement à sa gestation. Il ne s'agit toutefois pas toujours de traumatismes venant du géniteur de l'enfant; ils peuvent résulter aussi de tout autre objet du désir sexuel de la mère : passionnel, œdipien, rémanent ou transféré. Il faut souligner toutefois que les traumatismes qui viennent du géniteur, ou des représentants des deux lignées ascendantes, désavouant la fertilité de la mère, sont particulièrement blessants pour l'enfant en gestation. *Le refus le plus grave étant sans conteste celui du géniteur qui ne veut pas reconnaître, symboliquement et légalement, l'enfant; c'est là un refus symbolique de son humanisation sociale.*

Un enfant non reconnu par son père devient symbole d'inceste clandestin de sa mère; un enfant non reconnu par sa mère – symbole de l'inceste clandestin de son père. Quant à l'enfant abandonné par pur rejet de sa valeur émotionnelle, considérée insuffisante pour retenir l'intérêt affectif de sa mère, il peut se sentir symbole d'excrément pour ses deux géniteurs.

Il est d'autre part des enfants qui sont légitimés à l'état civil, mais qui ne sont pas désirés consciemment et ne sont pas acceptés avec amour. Ce type d'amour est cliniquement décelable par les fantasmes des parents, pendant la période de gestation; un amour anticipé pour sa future personne, pour laquelle ils projettent, quel que soit son sexe, une réussite organique et sociale à venir, comme prolongation de la double lignée, maternelle et paternelle, dont il est issu. Quand cet amour manque, sa vitalité, subie sans joie, fait de l'enfant un symbole d'intrus toléré comme une animalité parasite. Les investissements ultérieurs, destinés à le domestiquer, pourront ensuite masquer ce trait, qui ne sera retrouvé que par l'analyse.

Le processus d'identification, en tant que dialectique structurante, ne s'effectue pas selon les critères de valeur de l'individu humain. La clinique psychanalytique concernant les névroses précocissimes d'enfants d'apparence organique saine à la naissance nous enseigne qu'il s'agit presque toujours de troubles dans leur structuration de l'image du corps, symbolique du je, à l'époque du narcissisme primaire en cours d'organisation fœtale. Il s'agit là d'une libido préobjectale et cependant déjà d'une libido au sens freudien, sexuel, du terme. C'est, en effet, une fonction symbolique de fertilité des rapports inter-émotionnels et organiques, fonction encore exclusivement autochtone, mais préparant déjà les sources subjectives de la libido objectale – orale, anale, génitale. Ses traces de fixation rémanentes sont décelables dans toutes les psychanalyses suffisamment profondes.

C'est à la suite de traumatismes libidinaux de cette époque, où l'organisme de l'enfant est symbiotique à celui de la mère, que des épreuves narcissiques survenant au cours de l'évolution aux stades ultérieurs (avec refoulement consécutif à la perte de l'objet élu ou à l'atteinte organique de la zone de primauté érogène) peuvent entraîner des psychoses émotionnelles, des aliénations mentales ou des psychoses d'organes, véritables aliénations physiques accompagnées de blessures narcissiques profondes.

Tout se passe comme si les échanges corporels organiques du fœtus, corollaires de manifestations vitales émotionnelles dites instinctuelles, modelaient les tendances du Ça. Tout se passe comme si la gestation était une incarnation affective autant qu'organique, comme si le fœtus se construisait suivant un registre organo-émotif, allant du bien-être de la tumescence, à la souffrance archaïque, au mal-être. Ce mal-être préforme le style des angoisses de viol ou de castration, selon la prégnance des deux perceptions extrêmes.

Dans les cas qui laissent des traces vulnérables, présentifiées organiquement, il ne s'agit pas de perturbations banales; pour le père et la mère, ces perturbations sont dues à une contestation éthique avec résonance de culpabilité. Cette culpabilité concerne le fait de leur fertilité symbolique, présente à leur conscience grâce à l'existence du fœtus. Il semble y avoir plusieurs occurrences : soit leurs désirs ont été d'un niveau d'organisation libidinal œdipien ou préœdipien (culpabilité endogène narcissique); soit les circonstances de leur réalité sont telles que la légitimité de leur fertilité est contestée par leur incapacité d'en assumer la responsabilité matérielle et morale (culpabilité moiïque, pragamatico-sociale) ; soit leurs lignées ascendantes ou descendantes s'opposent symboliquement à leur fertilité, fantasmée comme étant en opposition éthique avec elles (culpabilité surmoiïque génétique).

Tout nous porte à comprendre l'investissement narcissique de la sexualité de l'enfant, en l'occurrence de la fille promue à devenir phallique passive, comme un héritage de la surabondance énergétique et émotionnelle (l'amour en tant que jaillissement de don réciproque) de la rencontre symbolique de deux personnes qui, oublieuses de leurs investissements narcissiques, échangent une libido dans la conjugaison génitale, à la conception de l'enfant. La surabondance ou le manque de don émotionnel du côté d'un des partenaires, ou des deux, procrée symboliquement un être capable ou non de mener son destin, dont le germe se trouve dans sa prépersonne archaïque : avènement phallique du fœtus à la naissance, organiquement et libidinalement entier et riche, ou mutilé et appauvri, du capital instinctuel nécessaire à supporter la moyenne des épreuves incombant à l'espèce humaine.

LA NAISSANCE.

Dès l'abord, il faut dire que les angoisses de mort de l'être humain sont associées aux risques encourus par chacun, pour la première fois, au moment de sa naissance – cette mutation de la vie de symbiose interne avec le corps de la mère, à la vie aérienne, de relation et de dépendance externe, dans la dyade mère-enfant.

Cette mutation, avec l'ensemble de ses sensations de surtension, puis de délivrance, est la préfiguration de toutes les angoisses qui naîtront lors des processus critiques de développement. Mais si la naissance est le triomphe certain d'un risque organique plus ou moins prégnant, elle est aussi l'avènement du risque émotionnel; supposons, par exemple, que l'enfant, au sortir d'un milieu aquatique amniotique, trouve un monde qui lui refuse ou « oublie » de lui donner la chaleur d'un berceau préparé, la sécurité de deux têtes penchées sur lui, unies dans la joie de le regarder et de prendre connaissance de sa première apparition au monde. La coupure sera alors trop brutale, traumatisante.

Tout nous porte à croire que le nourrisson sain, du point de vue libidinal et organique, ressent son mode d'être au monde en parfaite résonance avec les affects de ses deux parents à sa naissance, avec leur réaction émotionnelle à sa première différence, son sexe, masculin ou féminin. On peut dire que le nourrisson fille, reconnue bonne, belle et plaisante, triomphe déjà d'un risque, si elle trouve une mère comblée par sa maternité, aimée par son conjoint, heureuse de retrouver dans son enfant les traits de son union avec celui-ci.

La petite fille qui vient de naître encourt aussi le risque du jeu des convoitises archaïques, rémanentes ou régressives-sexuelles, des adultes et de leur entourage. Il s'agit là surtout de sa propre mère qui, plus que tout autre personne, du fait de sensations corporelles de satisfaction et de frustration, infirmera ou non son pouvoir libidinal de développement, par le pouvoir de ses pulsions érogènes, liées à des variations de ses sensations cœnesthésiques et sensori-motrices.

Ainsi, à l'âge de l'organisation du stade oral, les *mères dévorantes* ont plus besoin de leur enfant que celui-ci n'a besoin d'elles. Elles ont plus besoin de la masse phallique de leur enfant dans leurs bras, prétextant des soins à lui donner, que de leur conjoint adulte, dans les bras de qui elles éprouvent des joies moins intenses. Ces femmes n'éprouvent pas d'orgasme dans le commerce sexuel, alors que le contact du corps de leur nourrisson le leur procure parfois : mères pédérastes, conscientes ou inconscientes.

PREMIÈRE ENFANCE ORALE-ANALE.

Admettons pour l'heure qu'un nourrisson fille, né en bon état physique, d'une mère en bon état physique aussi, et au moins œdipienne précoce, c'est-à-dire positive dans les relations de transfert objectal, est un nourrisson sain et capable d'une relation libidinale structurante à la mère. La relation du nourrisson à sa mère marquera l'enfant d'une façon indélébile dans ses modalités émotionnelles et sexuelles ultérieures.

A ce stade, toutes ses satisfactions dérivent des satisfactions auditives, olfactives, visuelles, puis orales, qui ont trait à la présence de la mère. La mère est le premier objet ressenti phallique et invigorant d'amour et de volupté, non seulement orale, mais se rapportant au corps entier et à tous ses rythmes biologiques.

Ceci étant dit, si la mère est ressentie comme dévigorante, alors sa présence provoque chez le nourrisson des comportements et des réactions péristatilques inversées ou perturbées : anorexie, troubles digestifs et végétatifs, toxicoses.

Les voluptés orales, de succion, des mordillements, les bruitages, s'accompagnent de sensations érotiques de préhension; celles-ci sont du type passif ou actif, orales ou généralisées, parmi lesquelles des sensations utéro-vulvaires et mammaires ne sont pas exclues. La relation mère-enfant est un rapport de dépendance réciproque, plus indispensable vitalement du côté de l'enfant que du côté de la mère. C'est pourquoi toute souffrance, à cette époque, est ressentie comme séparante de la mère, ou comme menace d'éclatement de la dyade.

On n'a pas assez dit que, si le rôle de la mère est absolument dominant, et pendant longtemps, dans le développement de la fille, ce rôle ne peut être entièrement joué que par une mère dont la personne physique et symbolique est valorisée par le père. Dans le cas contraire, l'enfant sera engagée dans une situation duelle, de corps et de cœur, qui l'empêchera de s'identifier à sa mère, en introjectant son sexe, après avoir, avant la phase phallique, introjecté son corps.

Au stade oral et anal passif, toute la surface cutanée du corps est érogène et sensible à toute variation de sensation douce, caressante. Les caresses, accompagnées de perceptions sensorielles harmonieuses aux issues du corps, qui sont réceptrices à distances (les yeux, les oreilles, les narines), présentifient à l'enfant un bien-être associé à la satisfaction euphorisante de ses besoins. Les sensations brusques et disharmoniques, en revanche, heurtent son bien-être et réveillent sans doute des souvenirs de sensations trop violemment bruitantes, dans la solitude du post-partum. Un lieu sécurisant est alors recherché, auprès de la mère-provende et pourvoyeuse de bien – son sein, ses bras nidants, toujours associés, chez l'enfant sain, à la paix retrouvée.

Les zones d'échange nutritionnel sont des régions de type *additif* et *expulsif*. Additif : la bouche orbiculairement fermée, attractive, tétante, avec la langue capable de préhension et de protusion expulsive du mamelon. La vulve et l'anus sont des zones d'échanges nutritifs expulsifs.

Ces zones d'échange nutritionnel donnent le style du mode symbolique de relation émotionnelle : de l'incorporation découle l'introjection; de la décorporation découle le rejet – don primaire à la mère, alternativement additive et soustractive, en complémentarité aux fonctionnements de l'enfant.

La libido relationnelle mère-enfant, dans la phase digestive passive (orale et anale), lie dans la masse phallique passive du corps de la petite fille – douée de pouvoirs lytiques et absorbats muqueux dans son tube digestif, érotiquement multiorbiculé –, des associations représentatives avec l'objet libidinal élu à cette époque digestive. La mère nourrice est ressentie formellement comme étant multipalpée, protusive et jaillissante de liquide chaud, bon à absorber, image formelle, visuelle et olfactive.

C'est cette mère mamellaire qui est la représentation sonore et tactile de son désir. La petite fille, comme le garçon, a pour premier objet sa mère.

PREMIÈRES ATTRACTIONS HÉTÉROSEXUELLES.

Cependant, et cela très précocement, dès les premières tétées, une fois les soins corporels reçus et la tétée (la mère liquide) en voie de digestion, le nourrisson-fille détourne son visage de la mère, à l'approche du père ou d'un autre homme, pour orienter son attention vers celui-ci. Elle est frappée, semble-t-il, par un attrait d'ordre olfactif ou auditif, car celui-ci précède l'accès à la vision et peut être remarqué même chez les fillettes aveugles ou sourdes.

L'attraction de la petite fille pour les hommes, dans la situation où elle n'a plus besoin, momentanément, des soins et de nourriture, peut nous faire penser que la « féminité » est diffuse dans tout le corps de la fillette, réagissant à la masculinité complémentaire qui se dégage du corps des hommes.

Plus tard, dès qu'elle pourra tendre les bras, vers 4-5 mois, nous assisterons au même spectacle : si le père, vu comme attribut de la mère, se présente à un moment où la petite fille a besoin de nourriture ou de soin – ou bien de régression, si elle est déprimée –, celui-ci est négligé, car, à ce moment-là, c'est la mère qui est l'objet électif du désir de l'enfant. Mais, dès que les soins sont donnés, dès que la faim et le besoin d'expulsion bien satisfaits, si un homme se présente dans le champ d'attention de la fillette, celle-ci se détourne de sa mère pour lui tendre les bras, même si elle ne le connaît pas. Si une femme autre que sa mère se livre à une semblable invite, l'enfant la regarde négligemment et se détourne d'elle, pour tendre les bras à sa mère, qu'elle connaît.

La même expérience de la négligence vis-à-vis des représentants de leur propre sexe et d'accueil positif fait aux représentants de l'autre sexe est observable chez les petits garçons. Pour ceux-ci, la mère est non seulement l'objet de la libido passive et active, orale et anale, comme pour la fille, mais elle est encore – et surtout à défaut d'autres femmes dans leur entourage –, objet d'attraction sexuelle diffuse. Lors des rares observations où la fille, au stade de dépendance corporelle à la mère, de soins et de provende, n'accueille pas avec enthousiasme les avances amicales d'un représentant du sexe masculin de son entourage, c'est que la mère est affectivement fermée à cet homme. Lorsque la mère y est positive, alors la fille sera immanquablement attirée par celui-ci. Tandis que, même si la mère est positive à l'égard d'un certain homme, son fils est toujours au moins réticent à son endroit; cependant, il l'est moins vis-à-vis de son père, ressenti comme attribut de la mère. En même temps, il sera toujours positif, enthousiaste, à l'égard d'une femme, à moins que sa mère ne soit en état flagrant d'hostilité avec celle-ci.

Cette positivité sexuelle provoque, chez le petit garçon, des érections visibles, suivies d'un jet heureux d'urine; chez le petit garçon, l'émission d'urine en érection dure jusqu'à l'âge de 14 ou 18 mois. Il est probable que la petite fille, au contact ou en présence des hommes, perçoit sa turgescence orbiculaire vaginale et son érectilité clitoridienne. Le plaisir la fait aussi se tortiller axialement, en mouvement de *rooting* (enracinement), avant qu'il ne provoque des excitations reptantes attractives de tout son corps, tête en avant, hors des bras de sa mère, en déflexion, comme lors de la naissance; ce mouvement est un processus connu de dégagement d'une entrave et, sans doute, est associé au *rooting* de la tête du nouveau-né au sein, décrit par Spitz.

Ce mode de comportement corporel, accompagnant les pulsions d'attraction de la fille pour les hommes, a certainement des relations associatives avec les attitudes de déflexion fréquentes dans les émois de jouissance sexuelle, et surtout dans l'opisthotonos [1] des crises hystériques.

Toutes les pulsions génitales sont de type phallique et, dans la mesure où elles investissent le corps de la petite fille, elles se traduisent par des mimiques de turgescence et de rotation, lors du simple passage hors de l'utérus centrifuge; ceci en prolongation de l'époque où le corps, masse tout entière phallique dans sa forme émergeant de l'utérus, fonctionnait aussi phalliquement, par rapport à un passage passif, à la recherche d'un dégagement de la cavité qui l'emprisonnait.

De ces attractions hétérosexuelles précoces, certains auteurs ont conclu à l'apparition très précoce de l'Œdipe. Ce n'est pas mon opinion, car je réserve, pour ma part, la notion de situation

1. État de contraction, le corps arqué en arrière.

œdipienne au moment conflictuel critique de désir consciemment sexuel, verbalisé même comme tel : l'envie de la fille d'être l'objet sexuel du père, d'en recevoir un enfant et de supplanter la mère, au prix de sa disgrâce ou de son " meurtre " projeté.

L'Œdipe, pour être ce qu'il est – le carrefour structurant décisif de la personne sociale –, est vécu par l'enfant qui, non encore mûre physiologiquement, mais se sachant future femme, veut déjà jouir des pouvoirs d'une femme reconnue socialement telle, possessive d'un enfant vivant, don de son père, dont elle désire porter un fruit symbolique visible de sa féminité, reconnue par lui, et par lui rendue fertile.

Les pulsions précoces pour le père, non conflictuelles avec l'attraction émotionnelle pour la mère, ne sont que les premiers jalons d'une des composantes représentatives du complexe d'Œdipe, en cours d'organisation, de la petite fille.

Si l'on retrouve ensemble, chez l'adulte en analyse, des émois hétérosexuels conflictuels et des émois de la période œdipienne, c'est à cause de la résonance de toutes les frustrations réelles auxquelles sont soumises, par la situation analytique, les individus en analyse; également, parce que la régression à un stade archaïque est une régression à une relation duelle apparente, comme l'est la situation de transfert. La mère, qui apparemment est une *seule* personne, est, en fait, *élément indissoluble du couple* qu'elle forme avec le monde social, dont le père est un échantillon spécifique. C'est cette régression en situation duelle qui permet la reviviscence d'émois de la période orale, émois qui plaident en la faveur de l'Œdipe précoce. Mais en déduire l'apparition précoce de l'Œdipe, ce serait commettre une erreur d'appréciation semblable à celle d'archéologues qui, trouvant un objet de date récente dans un terrain ancien, le considéreraient comme ancien.

Revenons au développement de la fillette. Elle est le siège des pulsions libidinales pré-objectales, en voie d'organisation, et surtout des pulsions narcissiques primaires, qui paraissent érotiquement centrées sur les zones de protusion et d'ouvertures muqueuses, se manifestant par la turgescence phallique des mamelons et du clitoris, ainsi que par la turgescence orbiculaire de la bouche et de la vulve.

La sthénie musculaire active permet des préhensions. Elles sont modalement associées à l'articulé maxillaire, une partie mobile sur une partie fixe; la main du petit enfant referme les quatre doigts, mais ne se sert pas de l'opposant. Ceci se reproduit dans la relation motrice de l'enfant à sa mère, la masse fixe par rapport à sa propre masse mobile, qui va et vient. C'est à partir du jeu d'appel par des cris, associés à la manifestation de ses besoins, que l'enfant découvre la médiation active de son désir par des mimiques – origine du langage, où l'un des pôles de la dyade est actif et l'autre passif, tout en étant tous deux phalliques : mettre en bouche, prendre, déféquer et jeter avec les mains, promues au rôle d'issue de relation substantielle.

Le jeu « Coucou – Ah, le voilà! », impliquant disparition et réapparition maîtrisées, signe l'accès à la maîtrise allégorique de la relation objectale, émanant de la phase orale et anale. Le geste bien connu des bébés, dont la main mime la préhension et le lâchage, haussé au rang de langage socialisé de bonjour et d'au revoir, en est un autre.

L'absence ressentie de la personne maternelle provoque une tension qui peut être calmée par des sensations aux zones érogènes, associées imaginairement à sa présence : bercement, sonorités vocales, succion de tétine ou d'un objet protusif, de main ou de doigt.

D'autre part, les jeux de toucher aux zones érogènes sexuelles sont très précoces chez le nourrisson, plus affirmés chez le garçon, qui trouve un pénis à agripper, que chez la fille, qui mettra un certain temps pour trouver une « prise » possible à sa vulve.

Toute séparation trop longue de la mère est ressentie comme un rejet castrateur et oblige l'enfant à se consommer ou à se rejeter lui-même oralement, pour se réunifier imaginairement (comme avec sa mère) : cris expulsifs, suçage de pouce, jets de choses, morcellement d'objets.

Dès cet âge, les échanges médiatisés par des objets pris, tripotés, déchirés, puis emboîtés selon le style manducant-incorporant, permettent à l'enfant un transfert au vrai sens du terme, de son corps sur le monde. Chez tous les enfants, les activités ludiques sont accompagnées de sons expulsifs sthéniques du larynx, scandés par des mouvements de bouche syllabisants; ces sons seront modulés chez les entendants seulement – ce qui témoigne de l'esthétique intrarelationnelle des sons, activement émis et passivement reçus –, imités des sons que sa mère émet et module à son intention.

La phase anale, par l'intérêt qu'elle éveille pour la zone excrémentielle, amène l'enfant à valoriser ses mouvements péristaltiques, ses émissions soustractives fécales et urinaires, selon les affects maternels et les gratifications qui en découlent ou non pour son climat émotionnel. La satisfaction endogène de ses tensions est valorisé ou non, libidinalement, par l'acquiescement de sa mère.

La phase anale est celle de la prédominance des sensations émissives-soustractives, voluptueusement libératoires, surtout par l'expérimentation ludique de l'expulsion. La phase active – qui est sadiquement orale (dentale) et anale – avec la motricité à quatre pattes, après la phase de propulsion du siège, elle-même après celle de reptation, laissent des traces dans de nombreux comportements de jeux érogènes adultes, associés au coït.

Au moment où l'enfant prend plaisir *à faire* ou *ne pas faire*, il est à même d'apprendre de sa mère ou de son éducatrice (substitut de la mère), des séquences de gestes pragmatiques, qui médiatisent son début d'organisation et d'idéation. Qui plus est, l'intérêt porté par sa mère à son accès à ces performances décuple pour lui la joie de les atteindre.

Chez l'enfant, dans cette phase, il y a le sens de l'accord de deux sujets par rapport à un troisième terme indépendant d'eux, un intérêt commun qui les unit émotionnellement. Il s'agit d'un début d'une situation à trois, dont il est un des pôles : pôle actif libidinal, en identification phallique à un second, la mère, et tous deux unis relativement à un troisième (la chose), qui est passif, lorsque l'enfant est actif.

Le développement musculaire de l'enfant et la sthénie de sa colonne vertébrale lui permettent, à cette époque, la station assise, ressentie comme phallique et autonome, par rapport à la région du bassin, plus passif que le tronc et la tête. La dialectique de la phallisation de l'image corporelle du sujet se poursuit, amenant visiblement, au moment de son obtention, une exaltation émotionnelle expansive, synonyme d'identification valorisante. Un jour, sa réussite dans la station debout va définitivement signer pour lui la maîtrise de la passivité de relation à l'autre, la mère ou le plancher (le sol), qui étaient jusque-là son lot, lorsqu'il n'était pas porté.

De même que tout mouvement péristaltique de son tube digestif transporte d'un pôle à l'autre un contenu nutritif, de même l'enfant qui commence à marcher ne peut le faire qu'en transportant un objet matériel, promu au rôle de fétiche de sa puissance. Ainsi, il apporte ou il emmène, en tout cas, il « déplace » des choses qu'il valorise libidinalement, de la même façon que, lui, il a été convoyé par l'adulte; il découvre le sens de ses mouvements et déplacements d'après les réactions de son entourage.

L'enfant obéissant s'identifie aux comportements attendus par l'adulte qui, par le langage, est son maître, ainsi que celui de tout l'environnement. Tout déplacement de son corps non motivé par un acte concerté avec lui-même n'a pas, pour l'enfant, de sens humanisant. A la même époque où il atteint à la liberté de ses déplacements par rapport à la mère, il rétablit son rôle de dyade fissurée et constamment changeante avec n'importe quel objet qu'il s'attribue, afin de se sentir exister. Il découvre ainsi la possibilité, pour lui, du déplacement dans l'espace plan et dans l'espace dénivellé (grimper, descendre). C'est avec cette maîtrise qu'il accède également à la possibilité interne de maîtrise sphinctérienne, ainsi qu'à celle de l'acquisition et de l'usage du langage véhiculaire; ce dernier semble, au début, magique, parce que certains groupes de sons s'associent à la maîtrise de l'apparition des objets; ou à leur obéissance, s'il s'agit des animaux ou des humains.

Pour qu'un acte soit effectivement concerté pleinement avec lui-même, il faut qu'il ne soit pas concerté avec la mère. *C'est par un « non », dit au moi contaminé du moi de la mère, que l'enfant se crée un « oui »*; lorsqu'il sait qu'il peut refuser d'obéir en dépendance absolue, comme un objet passif à un objet actif, qu'il se sent plus libre en obéissant, par articulation concertée, aux mouvements de sa mère, puis aux mouvements d'autrui.

Ce mode d'obéissance correspond à une dialectique pragmatique. C'est par les déboires qui lui arrivent, en se conduisant comme il voit l'adulte se conduire, sans en avoir cependant encore acquis les transitions d'adaptation pragmatique, qu'il accède à une conduite d'identification à l'adulte.

Tout ce qu'il a expérimenté sans déboires le fait s'égaler à l'adulte et se situer par rapport à lui. Ce qui est associé pour lui à un souvenir d'échec douloureux le met en position de soumission dépendante de l'adulte : sujet, au sens où le serf l'est face au seigneur, morceau possédé ou rejeté de l'environnement-roi, morceau associé au passif oral ou au passif anal.

L'environnement de l'enfant étant pour lui attribut de la puissance parentale, toute épreuve qui lui vient du contact au monde est, pour lui, voulue par la mère et le sépare d'elle, castrativement, de façon anale. Le besoin qu'il a de sa mère, afin de ne pas se sentir objet d'élimination fécale, est si grand en cas de douleur corporelle, que l'absence de la mère, concomitante de l'épreuve du sentiment de rejet, lui fait espérer le retour d'une mère orale, qui le réinvestisse de sa bouche et de ses caresses, pour lui rendre la sensation rénovante d'être oralement « bon pour elle ».

De la sorte, il se sentira à nouveau participant à sa puissance fonctionnelle régnante sur les éléments : mère, tour à tour sorcière, fée et reine.

Tout le langage de la tendresse et de la haine humaines est fait de ces modes de rapport nés dans les mois de la vie enfantine, allant de la marche à la perception de la différence sexuelle.

A l'époque de la libido digestive, orale et anale, l'enfant découvre la dialectique interrelationnelle de la valeur d'objet oral, beau et bon, de l'objet anal, bien fait mais pas beau, ni bon à manger ou à convoiter par autrui. Donner additivement, contenir conservativement, si l'objet est associé à la mère connue, c'est l'aimer; et s'il est aimé, il se sent aimé, il aime lui-même celui qui l'aime.

En cas d'une épreuve dévitalisante de détumescence, de faim ou de soif, ou d'absence prolongée de sa mère-provende, la perte est, pour son psychisme, l'image de sa souffrance superposable à « non-mère là », l'abandon mutilant associé à « quand-elle-part-de-lui », et la mère dévorante associée à « quand-quelque-chose-de-consommé-a-disparu ». Quelles que soient les épreuves somatiques de cet âge, elles sont, pour l'enfant, la preuve magique d'une puissance dévorante de sa mère.

L'image de la puissance magique gavante date aussi de cette époque, accompagnée des fantasmes de viol – lorsque le fantasme se déplace de l'orifice oral, qui l'a expérimenté, à l'orifice vaginal, qui est là, dans son corps, mais ne demandant encore rien de substantiel.

C'est de cette dialectique, orale-anale, passive-active, que naîtront, associés aux épreuves somato-psychiques, les fantasmes de mère phallique dévorante orale, castratrice dentale ou rejetante par dégoût, expulsante (boudant) ou gavante violeuse; fantasmes qui sont tous, mais de façons différentes, dénarcissisants.

Les fantasmes de père phallique obéissent aux mêmes caractéristiques, similaires à celles que l'enfant-fille prête à la mère avec, en plus, la fonction reptrice, qui lui vient de sa séduction génitale; la petite fille ressent le père comme olfactivement attractif, depuis l'âge oral, quand ses besoins sont satisfaits. Une fonction gavante violeuse peut lui être octroyée, si la fillette assiste précocement à des coïts entre adultes, qu'elle interprète selon sa propre expérience vécue avec la mère.

A cette époque de la discrimination de l'objet valorisé – d'après des fonctionnements interrelationnels de moi, de corps intègre ou non, réintégrable ou non, dans sa valeur primitive, par le toucher, le regard, le dire – se constitue subtilement l'éthique de la libido du désir de l'objet valorisant ressenti centralisé au cœur (lieu d'aisance et tendresse) et l'éthique de la libido du désir centralisé aux zones érogènes (tentation érotique).

DEUXIÈME ENFANCE.

Avec le développement musculaire et neurologique, l'enfant se redresse, se tient debout et marche, c'est-à-dire déplace sa masse, qu'il peut identifier à *son nom, sonorité qui signifie sa personne dans sa relation à autrui, pour autrui, par autrui*; par l'observation de plus en plus exercée, surtout en ce qui concerne les fonctionnements de son corps et du corps des autres, il s'aperçoit de la différence de la caractéristique pénienne reliée, à ses yeux, d'abord au fonctionnement urinaire.

Il l'a, si c'est un garçon, il ne l'a pas si c'est une fille.

Cette découverte amène une déconvenue narcissique indiscutable chez la fille, ainsi que l'envie de posséder un *pénis centrifuge* comme les garçons; cela, accompagné de recherches, de fouilles investigatrices, seule ou aidée par des garçons, motivées par son inquiétude par rapport à ce manque apparent, manque qui les réunit dans la recherche de ce morceau pénien, peut-être caché, peut-être détaché. La fille tire sur ses lèvres et sur son « bouton », le clitoris; par l'excitation de celui-ci, elle en découvre la voluptueuse érectilité qui, pendant un temps, lui laisse espérer que c'est là un pénis centrifuge en devenir.

A cette époque, la mère est tout à fait introjectée, en tant que mère phallique, dans la masse principale neutre de l'enfant, supposé toujours turgescent en rythmique : mère perfusante orale, par ses paroles apaisantes, réparatrices, suggestives d'aventures (les histoires qu'elle raconte, du monde dont elle livre les secrets), sorte de *lait culturel* associé à celui qu'elle donnait à sa bouche avant le servrage, avec sa poitrine gémelle, tour à tour pleine et vide (mamelonnée), pendant que l'enfant, lui, de vide devient plein.

La fille se fait d'elle-même une image de forme phallique pleine et turgescente, selon le ressenti qu'elle éprouve du contact communicatif envigorant qu'est sa mère pour elle. La mère émotionnelle est ressentie nidante et enveloppante, protectrice. Le père est ressenti formellement comme la mère, mais en plus haut et en plus fort; parfois, émotionnellement, il est ressenti comme utilitaire, plus phallique et pragmatique vis-à-vis des objets que la mère. La grosse voix du père, ses relations de corps plus brusques, la peau de ses joues plus rugueuse aux caresses et baisers, jouent un rôle évident dans les représentations de force.

L'enfant bien portant se veut, à l'envie des formes parentales à l'image desquelles il se construit, devenir grand, fort, agile, comme le parent de son sexe : « grand et fort » comme papa, « grande et belle » comme maman, comme les grands, comme une dame – mots magiques, constitutifs de fierté, équivalant à « bien fait », au stade phallique anal et urétral; de même que « beau » et « bon » sont, au stade oral, constitutifs de plénitude agréable à voir.

L'enfant, s'articulant de façon mobile au groupe familial, découvre dans les caractéristiques de son corps les membres qu'il ne semblait pas se représenter jusque-là; un enfant de moins de trente mois, à qui on met des gants, ne sent plus ses doigts et croit en fait qu'il n'en a plus, s'il ne les palpe pas avec son autre main ou si sa mère ne les lui fait pas sentir par son propre toucher. Lorsqu'il est caché dans son lit, il semble évident qu'il n'est pas conscient des formes de son corps, car il ne le devient que de façon endogène, sensori-motrice.

Le contenant l'assumait, le portait; à présent, il sait qu'il a des membres articulés et il les dénombre : les membres squeletto-musculaires, articulés et érectiles, et ce troisième membre, pelvien, à éclipse d'érectilité, dépourvu pour l'enfant de tout autre attribution que l'expulsion urinaire. C'est cette fonction qui donne son premier nom au pénis, à moins que, par identification animale de l'enfant, ce prolongement porte le nom de « petite queue », ou par identification animale du pénis seul, il porte le nom de « bébête », « petite bête »; dans ce dernier cas, l'enfant se voit comme une petite personne qui possède cet animal.

La déconvenue narcissique due à cette découverte est toujours manifeste; la fillette y réagit en réclamant à sa mère, à son père ou à leurs substituts, un membre pénien comme celui que possèdent les garçons. Le comportement maternel ou paternel, ou celui de leurs substituts plus valorisés qu'eux-mêmes, à ce stade, peut changer complètement le sens narcissique de cette surprise pénible, si elle est transformée en pure occasion pour un éclaircissement sur la sexualité, et non d'un rejet émotionnel de la part de l'adulte appelé en expert.

La fille, en effet, désire un pénis centrifuge à ce lieu érogène électif, parce qu'elle ressent, depuis qu'elle existe et éprouve des sensations, qu'elle a une sensibilité localisée à l'endroit du sexe. Et voilà que tel garçon la *signalise,* cette sensibilité qu'elle sent exister et qui, chez elle, n'a pas de signalisation extérieure. De nombreuses observations attestent que, pour peu que la fille, qui se sait porter le nom du père accolé à son prénom, reçoive une certitude qu'elle a été désirée fille par son père – et, comme telle, à l'image de sa mère, *sans pénis* – alors elle accepte très rapidement sa caractéristique sexuelle, sa forme vulvaire, « bouton avec un trou », comme une gratification paternelle et une promotion maternelle.

Ce qu'il faut dire, cependant, c'est que ce sont plutôt les petits garçons qui sont parfois plus traumatisés que les filles par le manque de pénis chez celles-ci; par conséquent, ils réagissent souvent selon la description de Freud, en méprisant le sexe féminin, par crainte d'une identification dangereuse. La rencontre, à l'école et au jeu, de tels garçons, peut augmenter la déconvenue des fillettes. Il arrive aussi que le garçon, promu au rôle d'aide explorateur, tente une exploration manuelle à la recherche de l'organe enfoui; ces jeux font découvrir aux deux partenaires les émois contagieux du plaisir, étape nécessaire à l'acquisition, plus tard, des sublimations.

Il est fréquent de nos jours, dans les écoles mixtes, que les garçons de 3 à 6 ans (à la maternelle), déclarent aux filles que, c'est parce qu'elles sont ainsi faites qu'ils les aiment et leur octroient même le privilège de les regarder uriner, en guise de consolation; en échange de quoi, elles seront nommées leur amie élue ou leur fiancée.

Parfois ce type d'offres généreuses est décliné, et la fillette évite pendant quelque temps les contacts, parfois même émotionnels, avec les garçons trop gratifiés : elles intériorisent leur déconvenue, leur « non-pénis » d'aujourd'hui, et espèrent en secret qu'un miracle viendra et que la possession d'un pénis centrifuge leur sera donnée en grandissant. Avec cet espoir, elles entourent de soins palpeurs leur clitoris et leurs lèvres vulvaires. Elles peuvent ainsi s'adonner à la masturbation clitoridienne, la masturbation étant le fait non seulement de manipulations physiques, mais aussi d'attitudes auto-amoureuses, et développer même un type de complexe de virilité, décrit par Freud comme un refus d'accéder à la réalité de leur sexe vaginal. Il s'agit presque toujours de fillettes que les parents surinfantilisent, en les obligeant à rester des objets passifs, cantonnées dans la nursery.

Contrairement à ce que pensait Freud, les observations extrêmement nombreuses que j'ai pu faire me font dire que, dans tous les cas où la mère n'a pas refusé des réponses conformes à la vérité aux questions de la fillette, le dépit du pénis centrifuge est vite dépassé.

L'existence, expérimentée par la fillette, des sensations vulvaires voluptueuses et d'un trou qu'elle confond parfois, au début, avec le méat urinaire, demande à être confirmée par les dires de la mère; mais surtout demande à être écoutée sans blâme, ainsi que les propos que l'enfant relate de ses échanges d'expériences sociales avec autrui, surtout avec les enfants de son âge, propos dont on cherche confirmation par le savoir expérimenté de la mère.

Dans tous les cas de santé affective, l'honneur d'avoir une vulve, avec au sexe « un trou et un bouton », est pour les fillettes indiscutable. La petite fille se dit qu'elle est faite comme les femmes, comme est faite sa mère; donc, elle deviendra, elle aussi, mère, et sa mère sera sa fille, alors que son père de maintenant sera son mari à elle. A ce stade, nous n'en sommes pas encore à l'Œdipe : le mari est un attribut phallisant valorisant pour la femme, l'enfant est un autre attribut, signalisant la puissance, donc valorisant.

La découverte qu'elle fait de son sexe particulier valorise d'autant plus à ses yeux sa forme corporelle, turgescente et phallique, et rend encore plus intéressants les seins enviés des femmes, que l'enfant associe au pénis qu'elle a pu observer chez les hommes.

Une petite fille me disait : « Il faut pas y toucher au(x) bouton(s). On nous les coupe, non... si on y touche y seront pas comme les garçons... on n'aura pas de poitrines. »

Il arrive même que des filles instruites par les garçons pensent que leur mère a trois seins ou trois pénis; j'ai pu voir cela en modelage, chez une enfant de 4 ans qui disait : « Mon père, lui, il en a qu'un pour faire pipi. » Et une autre fois, la même fille : « Mais, lui aussi, il gagne l'argent! maman, elle a de beaux soutiens-gorge, mais il faut pas y toucher. »

Une autre petite fille, en conversation entendue au jardin public, avec une camarade de son âge, toutes deux d'environ de 4 à 5 ans : « Et pis, si la maman meurt quand il y a un bébé, c'est le papa qui lui donne à téter... pas avec un biberon, mais de vrai avec son truc qui fait aussi du lait... je l'ai vu et pis il me l'a dit. »

Il ne s'agissait là que des fantasmes et pas de voyeurisme d'éjaculation; mais le « il », dont l'autre n'a pas demandé qui c'était, car elle le savait bien et acquiesçait – ce « il » était le père substitutif de la mère phallique.

A partir de cette seconde étape vulvo-clitoridienne, qui survient après l'acquisition de la propreté sphinctérienne et de la parole (de 25 à 30 mois), le rôle du valorisé implicite ou explicite dans les initiatives verbales, sensorielles, corporelles et sensuelles, actives et passives, le rôle de ce qui est permis par la mère phallique, symbole de tout pouvoir et de tout savoir, et par le père, symbole, lui, de toute autorité, est absolument capital pour l'avenir de la sexualité et de la personnalité de la future femme. Si l'enfant est éduquée par une femme qui n'est pas frigide, qui est maternelle et satisfaite sexuellement par un homme au comportement paternel avec l'enfant (même s'il n'en est pas le père génétique), alors tout est en place pour la constitution chez la fillette d'un comportement émotionnel féminin puissant et d'un comportement sexuel futur non frigide.

Chez la fillette de 27 mois ou plus, son corps entier, ressenti par elle comme phallique, polypalpé et polyorificé, est érogène aux caresses sur toute la surface cutanée externe; il est plus apte encore à la volupté des caresses à l'endroit des muqueuses, aux limites qui séparent le corps externe, visible par autrui, palpable par elle-même, et le corps interne, inconnu d'autrui et d'elle-même, lieu de sensations importantes, mais qui restent confuses et diffuses.

La curiosité et les découvertes de sensations autonomes, que la fillette se donne à elle-même, ne doivent, lorsqu'elles sont verbalisées à la mère ou à son substitut, être ni blâmées ni stimulées avec concupiscence.

L'apprentissage de son corps ne se fera jamais uniquement du fait des caresses exogènes; la fillette doit continuer son entreprise d'apprentissage de vie autonome, apprentissage qui, à chaque conquête, la rend, selon l'éthique de son âge, plus humanisée, parce que « plus comme les femmes ».

C'est de la sorte que – et nombre d'observations le confirment – les zones érogènes se précisent en son corps en tant que telles, comme lieu de plaisir, en rapport avec les pensées de contact avec l'être choisi et aimé. Cet être-là sera de plus en plus le père, qui sera bientôt nettement différencié de la mère, ainsi que des autres hommes, au fur et à mesure que l'acquisition de son autonomie corporelle lui permet de pourvoir seule à son entretien et à son habillement, à ses contacts sociaux quotidiens : école, magasins, voisins, famille.

L'exploration du corps, qui amène la masturbation, ne concerne pas uniquement la zone clitorido-vulvaire; il existe une masturbaton nasale, orale, anale et ombilicale, cette dernière étant moins connue chez les adultes, et qui éveille des sensations ventrales internes en liaison au méat urinaire et à la vulve; enfin, la masturbation, plus rare, du mamelon, qui calme les très grandes épreuves douloureuses, ressenties comme castrantes.

LA SITUATION À DEUX : DIALECTIQUE SUBLIMÉE DE LA DYADE.

Il ne faut pas oublier, à cet âge, au pôle oral, le rôle de la langue – qui permet de parler dans l'organe creux de la bouche avec son articulé dentaire –, aussi bien chez le garçon que chez la fille. Cependant, les filles se mettent à parler plus tôt et mieux que les garçons. Elles ont la langue « bien pendue », en compensation du pénis « atrophié ».

Les petites filles tirent aussi beaucoup plus souvent la langue, mimique qui affirme qu'elles ont le droit de taire ce qu'elles pensent, sans pour cela avoir la bouche châtrée, donc d'assumer librement leur sexe. Ce n'est pas simplement un jeu de pénis centrifuge personnel, comme on pourrait le croire, par le seul fait associatif de la forme de la langue [1].

Il faut insister ici sur l'importance du *dire* et du *faire,* deux activités culturelles transférées de l'oral et de l'anal. Pour le « dire », la zone érogène émissive est la bouche, grâce au souffle maîtrisé, à la langue et à l'articulé dentaire (sthénique différencié). Pour le « faire », ce sont les extrémités des membres à doigts multiples.

Les deux activités, le dire et le faire, sont phalliques, et les paroles dites et entendues, comme les actes posés et regardés,

1. La langue est un organe médiateur de la puissance symbolique orale sublimée et des options sexuelles dérivées des pulsions actives et passives de la libido orale, anale, clitoridienne et vulvo-vaginale. Les taire c'est encore triompher d'elles, par dénégation. C'est la liberté du non-parler, signifiant l'intégrité de sa personne narcissique que signifie la langue tirée, en guise de toute réponse à l'autre ou de parole provoquant la réponse de l'autre.

peuvent être, hors du sujet, des représentants phalliques de sa personne non morcelée. Si ces dires et ces faires sont puissants, au point de provoquer des réactions chez les adultes, l'enfant éprouve le sentiment de confiance en son être, en ses options : elle est reçue, reconnue, donc justifiée, en son pouvoir, d'autant plus valable que les réactions de l'adulte prouvent que ses dires sont des réalités tangibles, puisqu'elles ont, par le truchement du subjectif de l'autre, des effets visibles et parfois tangibles : récompenses – punitions.

La mythomanie et le caractère intrigant sont directement articulés à une fixation érotique se rapportant à la dialectique orale et au narcissisme découlant des rapports interhumains qui s'établissent à ce stade. L'enfant développe une éthique culturelle orale spécifique de son sexe, c'est-à-dire mêlée de l'identification au comportement de sa mère vis-à-vis d'elle-même et de son père (naturel ou électif). L'enfant, la fille comme le garçon, se ressent lui-même dans un rôle d'axe fixe central, par rapport au périphérique mouvant, constitué par les parents.

Ce qui est à l'œuvre, c'est aussi l'éthique du « beau à voir », donnant désir de toucher et de prendre. Le défendu de regarder et le défendu de toucher est, pour l'enfant de cet âge, le « pas touche » mis entre l'envié et le désirant, c'est-à-dire entre le sein, la mère qui s'éloigne de lui contre son gré, et lui-même. Il se ressent comme une masse fixe, existence esseulée, du fait de ce « pas avoir ce voir », désiré et intouchable, deuxième terme, grâce à la vue et au désir insatisfait duquel il *s'a,* réduit à ça, cette masse centrée par son désir.

Le lieu où commence le ressenti du désir non satisfait est la zone érogène; le lieu d'où procède la satisfaction est la zone érogène complémentaire. Il n'apparaît de zone érogène chez l'enfant que par la création de l'espace, du hiatus qui sépare les deux masses corporelles du nourrisson et de la mère, dont le pôle fixe *enfant* est passif, par rapport au pôle mobile *mère*. La mère ayant le monde entier comme attribut, allant et revenant à lui, le nourrisson, l'enfant (fille comme garçon) se sent le centre du monde, dont la périphérie va pour lui aussi loin qu'il *entend* sa mère venir, aussi loin qu'il *voit* sa mère s'éloigner.

Tout son « avoir » est le lieu où veille en lui le désir de sa mère, son « pouvoir passif » est mesuré par la durée de sa présence sthénique en lui. Son pouvoir actif est mesuré par la distance où sa demande, avec ou sans expression du cri, maîtrise sa mère, en la faisant apparaître. Cependant, il ne reconnaît son pouvoir passif qu'à la souffrance de son insuffisance de pouvoir actif : elle, que son odeur et les modulations de voix présentifient à lui, elle dont les appels et les mots font apparaître à ses côtés tous ses attributs et, en particulier, les autres personnes et son père; elle, sa mère, la « grande personne », détient toute la puissance. La perdre, c'est pour l'enfant perdre le monde. Parler comme elle, c'est participer à sa puissance.

A ce stade, par les limitations sévères au dire et au faire de l'enfant, l'adulte peut atteindre à la fois la personne et le sexe de celui-ci, bien avant le stade œdipien. Ceci peut avoir comme effet de mutiler ou de guider ses options et ses expériences, par le biais du plaisir lié à la contamination imagière, contenue dans un dire de lui à l'interlocuteur, atteinte aussi par les paroles de l'adulte se rapportant à la justification et à la validité des dires de l'enfant.

Avant l'âge de cinq ans, la plus grande joie des enfants, quand ils se retrouvent entre eux, est de jargonner pour leur plaisir des propos excrémentiels ou, plus rarement, alimentaires; ces derniers sont toujours liés à des jeux sociaux, comme celui de « la marchande ».

Quant aux propos excrémentiels, ils sont tenus toujours avec sérieux, comme des propos mimés de conversations de gens importants. Les propos excrémentiels sont considérablement plus étendus et plus fréquents chez les garçons que chez les filles. Ce fait plaide en faveur de l'idée de la valeur de substitut représentatif d'excrément, qu'ont pour les filles les poupées : celles-ci servent de médiation imagière, dans le jargonnage des relations érotiques duelles phalliques, auxquelles, différentes en cela des garçons, elles aiment s'amuser.

LES POUPÉES.

Le jeu de la poupée, si important dans l'espèce humaine, est plus réservé aux filles qu'aux garçons, surtout lorsqu'il s'agit de poupées en tant qu'objets passifs de leurs soins et de leur intérêt soutenu. La poupée animale cependant, substitut de l'enfant lui-même, en tant qu'objet passif, joue le rôle d'enfant vis-à-vis de lui-même qui se pose ainsi dans le rôle actif, materno-paternant. Pour les garçons, comme pour les filles, la masse symbolique ou la dyade jumelle est représentée par des poupées animales – fétiches subjectivement humanisés.

Les poupées substituts d'objet oral ou anal, qui contentent l'enfant dans le rôle de soins et de corrections qu'il joue à leur égard, servent aux transferts d'émois interrelationnels, phalliques-narcissiques. Ces jeux sont fortement érogènes; ils sont donc transfert de fonction masturbatoire, puisqu'il n'y a pas, en l'occurrence, de rencontre émotionnelle expérimentée, mais seulement subjective. Tout comme la masturbation, ces jeux se déroulent à l'abri du regard des adultes. La présence d'un observateur en diminue toujours la valeur érogène narcissique.

S'il se trouve que, lors de notre observation, la fille se comporte en identification à sa mère, c'est parce qu'elle suppose que sa mère jouit à son égard de satisfactions érogènes orales, anales et clitorido-vulvaires, sur le mode masturbatoire. Il ne s'agit là nullement de sublimations après refoulement, mais de satisfactions érotiques (libidinales) fétichistes. La preuve en est que, si un malheur ou un bonheur est fabulé comme survenant à ces *choses*, l'enfant en éprouvera une émotion castrante ou invigorante. Mais n'y a-t-il pas encore de traces de ce mode narcissique d'amour chez beaucoup de parents vis-à-vis de leur progeniture fétichique?!

Pour ce qui est de la masturbation vulvo-vaginale chez la fille – fière de se sentir fille, donc manquant de pénis centrifuge –, elle est accompagnée de fantasmes d'attraction à distance d'un pénis centripète, celui du père; elle verbalise des fantasmes comme celui « d'avoir tiré dessus », expression fabulée (narcissisante) de préhension manuelle, pour « jouer tous les deux » et « après, il me donnera une poupée ». Or, en français, « tirer dessus » est un jeu de mots, car les garçons « tirent dessus » les filles avec leur fusil centrifuge, alors que les filles parlent de « tirer dessus » de façon centripète.

De toute façon, si les garçons, à l'âge de trois ans, fantasment et fabulent qu'ils tirent dessus les femmes (et surtout leur mère), c'est pour se rendre maîtres de la vie et de la personne de l'autre. « Tu es morte! », qui est souvent dit « mour » : « je t'as mour ». Quant à la fille, c'est pour être maîtresse du sexe : « donne-moi une poupée rien qu'à moi ». Autrement dit : prouve-moi que je t'ai pris, que tu es épris, amoureux.

C'est bien cette poupée fétiche du « laisser prendre » ou d' « avoir maîtrise » ludique sur le pénis du père qui, pour la fille, prend la grande place émotionnelle que nous savons, et vis-à-vis de laquelle elle se comporte en petite mère. C'est elle la poupée du fantasme sexuel de contact au père, poupée pour elle « sacrée », sa « fille » élue telle.

Les deux exemples suivants prouvent que les poupées sont bien signifiantes de zones érogènes.

Premier exemple.

Une fillette, enfant unique de deux ans et demi, voit pour la première fois un garçon uriner. Elle s'éloigne en courant, va vers sa marraine, non loin de là (ni la mère ni le père n'étaient présents) : « Marraine, je veux que tu me donnes un robinet pour faire pipi comme Paul. » La marraine, gênée, lui dit : « Mais je n'en ai pas. » « Tu es méchante, tout le monde est méchant, et nous les filles on n'a rien... » Le petit garçon, qui l'a suivie, la console en l'entourant de son bras : « Pleure pas, tu pourras le regarder et le toucher quand tu voudras, je te permets. »

Deuxième exemple.

Une fillette, seconde de deux filles, qui n'a pas encore remarqué la différence sexuelle (bien qu'ayant des cousins d'âge voisin, avec lesquels elle ne vit pas), à l'occasion des vacances, à cinq ans et demi, est baignée en même temps que ses cousins. Elle s'écrie brusquement : « C'est à moi, ça », et se saisit en même temps, d'un mouvement rapace, du pénis d'un des garçons au bain qui en étouffe de rire. Ces rires irritent et déçoivent la fille, qui lâche le pénis du garçon et hurle : « Je veux plus rien, je veux plus me laver, pas m'habiller, pas dîner, pas me coucher » et s'effondre en larmes. « Je suis malheureuse et tout le monde se moque de nous. Pourquoi on est fille?... » Et, de nouveau, grande désolation, que sa maman console. Les jours suivants, elle serre le plus possible contre elle ses poupées fétiches et déclare sans cesse à ce cousin, qui n'y fait même pas attention : « Je te les donnerai pas, elles sont à moi toute seule; et si tu les veux je les cacherai. » Il répond : « Mais je ne les veux pas, garde-les, tes poupées! » Elle n'écoute pas et continue, dépitée, d'éviter le contact avec les garçons; le lendemain, elle refuse le bain avec les cousins; le surlendemain aussi, alors que sa sœur aînée continue à prendre son bain avec eux.

Au bout de trois jours, cependant, tout semble calmé, les bons échanges émotionnels et les jeux de concert recommencent.

STRUCTURATION DE LA PERSONNE.

C'est au cours de la période de l'acquisition de l'autonomie corporelle pour tout ce qui concerne l'entretien de son corps que la fillette construit sa personne. Et c'est également à cette époque de leur vie, que les mères castratrices, ô combien souvent, les en empêchent, par leurs soucis hypermaternels, surprotecteurs!

La structuration se fait par le processus d'identification phallique aux comportements actifs ou passifs de la mère ou de ses substituts et par le processus connexe d'introjection de la mère; ce dernier permet que les désirs ressentis par la mère ou par les femmes éducatrices deviennent aussi les désirs de la fillette. Ces deux processus sont fonctions de la rencontre dialectique complémentaire de la vitalité de l'enfant et de celle du milieu, rencontre souvent compliquée par les interférences des circonstances extérieures.

L'enfant interprète toujours les événements selon qu'ils sont pour elle des additifs ou des soustractifs de vitalité. L'harmonie émotionnelle imaginaire de sa personne avec celles des deux parents est ressentie comme provoquée par une magie faste ou néfaste; cette magie joue à son égard le rôle d'un « pseudo-fruit » imaginaire de ses sensations, de plaisir érotique masturbatoire ou de ses émois érogènes.

Tout « porte », au sens où les arbres portent des feuilles, des fleurs et des fruits, tout porte le bonheur ou le malheur. Ce mode d'intelligence magique des relations pseudogénitales de l'être humain au monde peut demeurer (et demeure, en effet) proportionnel à la non-recherche de relations de contact personnel et de leurs effets corporels. L'impression subjective émotionnelle anticipée porte magiquement des fruits homologues.

L'intensité sexuelle érogène est tellement riche de présentification imagière de la personne élue, que tout acte érogène subjectif est un acte créateur imaginaire. Son corrolaire veut que tout acte créateur de son image subjective, reliée à son père, identifiée à la mère ou l'introjectant, apporte une délivrance de tension.

C'est cette même magie, encore en activité dans leur mode de fertilité recherchée, qui remplace, chez les obsédés, la notion de complémentarité corporelle fonctionnelle; grâce à elle – et c'est pourquoi ils y restent fixés – leur moi demeure au stade de non-renonciation œdipienne, sans que jamais soit posée l'imminence de la distinction entre sujet et objet.

« Ne parle pas de la mort » – c'est le vestige de ce mode de penser oral, par lequel on nous fait redouter la mort ou le vœu de la mort (affect de séparation et de rejet), sous prétexte que la mort est désagréable et que le désagrément infligé à l'objet rejoint le mythe. Alors que nous ne savons rien expérimentalement de la mort et que nous avons l'habitude de nous réjouir d'une naissance, bien que le nouveau-né, lui, n'ait presque jamais l'air heureux!

Ce sont les émois magiques de l'additif et du soustractif qui sont subjectivement en jeu pour les êtres vivants : dans cette logique, souhaiter la mort à quelqu'un, c'est lui faire du mal, pour se sentir soi-même libre de l'avoir rejeté, à cause de l'état de possession aliénante ou de dépossession mutilante que nous éprouvons de ce fait : il s'agit de rompre avec lui le pacte d'identification, de le réduire à l'état d'excrément.

Dans la dialectique du processus d'identification, d'introjection et de rejet, joueront les éléments suivants, que l'on retrouvera toujours dans la psychanalyse : la nature de l'enfant; ses possibilités spontanées typologiques de réussir cette identification et cette introjection des conduites, des attractions et des rejets de la personne élue; les possibilités qui lui sont laissées par la personne éducatrice. Joueront aussi les options authentiquement maternelles ou non de l'éducatrice et les caractéristiques culturelles du milieu social dont le père est le représentant – dans les directives implicites ou explicites qu'il fournit, et dans le style de complémentarité émotionnelle, culturelle et sexuelle qu'il impose à sa femme et à ses enfants, explicitement ou implicitement, à travers la modalité patriarcale induite par son nom, donné aux membres de la famille.

Tout ce qui est dangereux dans ses initiatives ou ses désirs, tout ce qui est indésirable ou nuisible pour un ou plusieurs membres du groupe, doit être rejeté et est ressenti comme devant séparer l'enfant des adultes dont il est dépendant, par une sorte de canal symbolique exprimant des émotions verbalisées. Le langage est représentatif de ce lien émotionnel de communication.

Ce lien symbolique est porteur de sens d'*aimance* ou de *désaimance* entre les personnes; si les propos entendus de la personne aimée, en réactions au dire et au faire de la fillette, sont blâmants ou rejetants, l'enfant dépendante sent ce lien symbolique se rétrécir. Le courant émotionnel peut également s'arrêter (angoisse de castration) complètement ou partiellement; dans ce dernier cas, il y a séparation entre la masse émotionnelle de son corps investi et une partie distale trop érogène et soumise à une trop grande tension. Cette séparation s'effectue selon le mode de la striction dentale, sphinctérienne ou d'extirpation manuelle, de type sadique oral rapace.

Cette rupture traumatique précoce, à l'inverse du complexe de castration, mutile l'image du corps et rend impossible la structuration du moi. Il s'ensuit les plus graves perturbations caractérielles ou mentales et fonctionnelles de la grande enfance, chez des sujets qui avaient pourtant sainement passé le cap de trois ans. Les perturbations ne peuvent pas s'amender en l'absence d'un traitement psychanalytique, en l'absence du transfert, puis d'un travail d'autonomie, par l'analyse des souffrances dues à la frustration de l'amour attendu; sans traitement, on verra apparaître les anomalies de la relation d'objet, au plus tard au moment de la génitalisation assumée : à savoir au moment de la légalisation des rapports interhumains, pour l'homme, et au moment de l'épreuve que représente une gestation en situation de légalité, pour la femme.

En cas d'évolution libidinale favorable, le comportement structurant de l'enfant continue son image du corps kynétique, au service de son corps végétatif, et se fortifie à la suite de ses expériences effectives de corps et de cœur (émotionnelles), à la rencontre des objets sexuels de son entourage et principalement de ses deux parents.

Tout ce qui est désirable et favorable, à la maintenance de l'être et à son développement sans nuisance à autrui, peut être absorbé, aspiré; de là aussi l'angoisse de viol, devant des émois attractifs et absorptifs, oraux et vaginaux, dans le cas où l'objet est très volumineux en masse ou en intensité valorielle. C'est probablement à cause de cette dialectique du « corps à corps » additif et soustractif, dans le rapport entre masse corporelle et issues digestives, que les enfants, après l'âge de trois ans, se sentent menacés par trop de tension sexuelle; celle-ci est éprouvée lors de la castration (symbolique) ou de l'expulsion par la mère, du viol par le père ou, parfois, par la mère, lors de soins corporels et de manifestations de tendresse intempestive.

A cause de cette logique des formes, apprise lors du

fonctionnement digestif, l'enfant craint le contact du corps à corps avec l'adulte, en quelque partie que ce soit, lorsque son propre corps est le lieu d'émois érogènes attractifs génitaux : émois centrifuges phalliques (la verge érigée), pour le garçon, et centripètes phalliques (sa vulve et son vagin orbiculairement turgescents), pour la fille. Il est nécessaire (et toutes les observations d'enfants entre trois ans et six ans, filles et garçons, en font foi) que l'enfant médiatise ses pulsions, accompagnées de mimiques séductrices à distance, par des truchements symboliques, par un langage ou à travers une autre personne médiatrice, réelle ou imaginaire, « messagère d'amour ».

Il est cependant fort curieux qu'à six ans, les filles comme les garçons aient oublié ou refoulé l'intuition primitive de la correspondance de la partie génitale de leur corps à la partie complémentaire du sexe opposé [1]. Les filles n'ont pas renoncé pour autant au mécanisme de défense et d'évitement de l'inconnu tentateur. Toutes les filles, de 18 mois à 3 ans, ayant acquis la notion de personne humaine et en dehors de la situation trinitaire de la famille, ont la notion de leur sexe creux, avec un trou, « pour que » les garçons y mettent leur sexe en relief, dans un but qu'elles admettent comme celui d'un plaisir ludique partagé par les garçons, sans notion aucune de procréation. C'est là une preuve de confiance qu'elles donnent à ceux des garçons qui, au lieu de les fuir comme castrantes, les surinvestissent, en les choisissant comme « camarades de jeu et fiancées ».

Certains enfants verbalisent cela, et c'est sans doute de cette intuition que découlent, d'une part, leur jeu d'évitement du corps à corps avec les adultes sexuellement émouvants, et d'autre part la recherche du corps à corps entre enfants, qui aboutit souvent – dès avant 3 ans et jusqu'à 5-6 ans –, à des jeux ressentis naturels, sans tabou spontané, sans fantasme aucun de culpabilité. Ces jeux ne sont d'ailleurs pas électifs, simulant

1. En français, dans les milieux plutôt populaires, on nomme le sexe « les parties », en éliminant l'adjectif « sexuelles », ou la « nature », ce dernier terme étant plus spécialement réservé au sexe féminin et plus particulièrement à la vulve et à l'orifice vaginal.

forcément le coït, bien qu'il puisse y en avoir occasionnellement. Ils peuvent prendre des formes très variées, et sont socialisés, plus tard, sous le terme ambigu de « jouer au docteur », et pas du tout de « jouer au papa et à la maman ».

Les jeux « au papa et à la maman », « à la maîtresse » de classe, correspondant pour les filles au jeu des soldats chez les garçons, restent, en général, des jeux de relations entre personnes phalliques à rôle social, masculin ou féminin, déterminé. Ils mettent en place des comportements par rapport à la progéniture, au foyer, à l'État – tout ceci étant imité du comportement des adultes. On y trouve aussi des activités anales et orales sadiques, exercées sur les soi-disant enfants, ou les soi-disant ennemis faits prisonniers, mais elles sont toujours rationalisées, comme n'étant qu'éducatives ou militaires.

Le « jeu au docteur » est, au contraire, érotique, concernant la région génitale, et plus particulièrement lorsqu'il s'agit du jeu d'auscultation, d'investigation corporelle, de pelotage, de pénétration par des objets dits « thermomètres ». Ces jeux sont souvent sentis comme culpabilisants après l'âge de 6 ans – les enfants s'en cachent pour en éprouver du plaisir –, et ils ne sont pas qu'imitatifs.

ENTRÉE DANS L'ŒDIPE : FIN DE LA TROISIÈME ANNÉE.

Supposons qu'il s'agit d'une petite fille dont le développement n'a pas connu d'arrêt quant à l'assomption de sa féminité ; elle désire les hommes et assume ce désir; on observe de même qu'elle reproche souvent à sa mère de ne pas l'avoir faite garçon; parfois, elle se plaint d'avoir « mal » au sexe. Il s'agit là d'une pantomime de séduction. Elle a mal « là où on sent le besoin de pénétration ». Ça viendra là, et ce ne sera « pas toi, vilaine, qui n'en a pas, et que je ne désire pas », dirait-elle à sa mère. Comme elle est coupable à cause de ce sentiment de dés-amour qui risque de désintéresser d'elle sa mère, elle voudrait la « consoler », en lui donnant la possibilité de lui prodiguer (« faire ») des soins, pour se vivre encore une fois en objet passif, objet à palper maternellement, comme lors des mictions et défécations de la petite enfance.

Ce comportement fait montre d'une homosexualité latente, qui se constitue comme une assurance pour la sécurité de l'image du corps génital de base; l'hétérosexualité est liée, elle, à la sécurité de l'image du corps kynétique phallique, dans son fonctionnement en contact avec un autre corps phallique, et de l'image du corps digestif (additif et soustractif), dans ses échanges fantasmés avec le corps érogène d'un représentant de l'autre sexe. Il faut dire que l'homosexualité relative à la personne de la mère est nécessaire; par son biais, la fillette introjecte l'image d'une femme violée et, peut-être, castrée symboliquement, mais restée vivante et tout de même phallique, aux côtés du père surinvesti, à la fois dans sa personne et dans sa génitalité.

Le contexte œdipien met en évidence, pour la petite fille, un certain nombre de choses : d'abord sa différence quant au sexe, et sa fierté pour cette différence, fierté qu'elle exprime souvent par le simulacre de couper ses jambes; ensuite, le fait qu'elle est prête pour la réception de formes pointues, maniées par les hommes, même si cela devait faire mal, ou maniées par la mère; elle attend la pénétration au pôle cloacal et ne sait pas encore le sens de cette attente, ni de qui précisément elle doit venir pour qu'elle soit valable. La fillette doit jouer verbalement et en fantasmes tout ce qui est vécu de son sexe.

Ce qu'elle cherche d'abord, c'est visiblement la permission donnée par son corps, pour tout ce qu'elle connaît expérimentalement de sa forme corporelle turgescente, émissive et réceptrice, forme qu'elle doit conserver narcissivement – devenant ainsi pour son corps une sorte de mère, à l'image de la mère qui lui a donné naissance, qu'il l'a faite, aimée, entretenue et maintenue; ensuite, la permission donnée par la mère réelle, modèle de ce soin conservateur et moi idéal pour sa libido orale, anale et, à présent, génitale. Ce comportement d'introjection et d'identification limite les images et les affects que le narcissisme du sujet tolère dans sa conscience (qu'il utilise et exprime), et qui donnent le style de ses fantasmes.

La structuration du moi au service de la libido génitale dépendra du comportement culturel imaginaire – gestuel, expressif ou verbal – autorisé, au jour le jour, par la mère et le père réels, implicitement ou explicitement; ce comportement, accepté ou non, donnera le sens de l'existence, reconnue, valorisée ou non, de tout ce qui concerne la région génitale du corps, ainsi que le sens de ce sens – le désir.

La structure du moi, relativement à la libido, se constituera aussi par ce qui est permis par le corps propre, suivant les lois de sa conservation et de son développement sur la base du fonctionnement oral, anal et corporel; puis, par ce qui est permis par la mère, première responsable, conseillère expérimentée, et même doublement expérimentée pour la fillette, car elle a un corps semblable au sien. En effet, la mère, depuis l'effraction et la transgression des limites fœtales, à la naissance de l'enfant, celle qui – nidante, porteuse, pourvoyeuse, palpante, mamelonnaire –, est la forme dressée (phallisme corporel), symbole du contenu et du savoir de toutes les recettes d'entretien et de réparation du corps, de la conservation de son intrégrité, retrouvée en tant que forme et comme fonctionnement oral, anal érotique et corporel, selon l'alternance de turgescence et détur-gescence, de vie éveillée (animale) et endormie (végétale), de la maîtrise des éléments morcellés, de la soumission à ses ordres des éléments cosmiques.

La mère, la nourrice ou la femme qui, petit à petit, a pris sa suite, sont donc pour l'enfant, fille ou garçon, ressenties comme possédant les secrets de la vie, dans ses mutations et ses épreuves. Son *humeur* – joyeuse, rassurée, triste ou inquiète –, marque les limites de ce qui est *bien vu* par elle, signifie le « tu peux y aller » ou, sinon, ce qui est *mal vu* par elle : « attention, n'y va pas, danger! ». Donc, ce qui n'est pas permis par la mère équivaut à une castration probable pour le corps de la fille (et quant au garçon, pour son corps et son sexe), comme un viol imminent et destructeur pour la sexualité de la fille. Le danger excitant et positivement structurant, ressenti dans l'attente et l'attraction sexuelle, deviendra anxiogène au lieu d'érogène.

La rencontre, dans le même temps, d'émois pulsionnels de l'enfant et de l'insécurité émotionnelle de la mère, inhibe les premiers et les dénarcissise, désinvestit soit l'image du corps du sujet, soit l'image de la direction de la pulsion (vecteur pulsionnel).

La rencontre, dans le même lieu – géographique, spatial ou corporel –, d'émois pulsionnels liés à la mémorisation de l'insécurité ou de la sécurité maternelle, narcissise ou non, soutient ou non, l'éthique de l'accomplissement du désir.

Tous les fantasmes ou initiatives servant à exprimer les pulsions sexuelles de la fillette, arrivée au stade de la prise en considération des trois volontés, indépendantes mais articulées, des personnes du triangle familial, seront classés en bien ou en mal, selon plusieurs critères :

– ce qui est permis expérimentalement sur le corps, aux zones érogènes déjà socialisées, donc, ce qui est permis comme conforme, fonctionnellement, à la retrouvaille d'une sécurité de base : le corps pré-génital, dans son image complète, que l'on peut appeler ici le schéma corporel sensori-moteur, avec ses pôles érogènes de fonctionnement, à l'exception tout de même du pôle génital, dont on ne sait pas encore s'il doit vraiment être déconsidéré à cause de la contamination excrémentielle, ou mis à part, à cause de la prégnance des émois dynamogènes qui s'y localisent, en société mixte ou dans la vie imaginaire.

– ce qui est permis ou non de faire et d'imaginer, par la mère d'abord, puis par les autres personnes (phalliques) de sexe féminin, valorisées par le père.

– ce qui est permis ou non de faire et d'imaginer par le père et, en résonance avec lui, par les autres représentants du sexe masculin valorisés par la mère.

Les observations confirment le fait que, au moment où l'enfant arrive à la pose de l'Œdipe, le rapprochement libidinal par rapport au père s'accompagne d'une efflorescence de fantasmes masochiques; la fillette a, envers lui, des mouvements tendres inhibés; elle a des mouvements positifs actifs envers lui, s'il est passif et s'installe, à son égard, en posture de possession passive. En revanche, si c'est lui qui la recherche, elle le fuit, « elle ne veut pas le voir », dit-elle en se cachant les yeux.

Ce comportement, à l'âge de 4-5 ans, est typique des enfants de deux sexes, vis-à-vis de tout adulte, parental ou non, du sexe complémentaire. Il ne s'agit donc pas de masochisme féminin; il s'agit d'une prudence relationnelle face à toute personne très valorisée phallique (de par sa position verticale), puissante (de par son adaptation au monde des forts) et désirée (c'est-à-dire attractive). L'adulte de l'autre sexe est inquiétant, parce qu'il est trop tentant. Pourquoi trop? La prudence orale et anale, déjà acquise, commande la circonspection devant une tendance à désirer un contact érotique imaginé destructif, avec ce qui est trop fort, trop grand.

Toute attraction dont la personne de l'enfant, dans son corps propre, ne reste pas absolument maîtresse, est une attraction « chosifiante » : qu'est-ce que l'autre fera de lui, de son sexe qu'il sent attiré, s'il l'approche de trop près? C'est d'ailleurs par ce jeu de cache-cache, de « je te regarde, et tu ne regardes pas », qui est corporellement et éthiquement le même jeu que le « coucou, ah, le voilà! » d'antan, qu'il affirme, par une négation proclamée de son intérêt, cet intérêt lui-même. Il n'y a, en tout cas, rien de particulier à la fille, dans ce comportement.

Du point de vue des jeux symboliques de comportement de contact corporel sexuel, chez la fille, l'attitude de sécurité dans le jeu va de pair avec un comportement d'attirance de l'homme à distance. Chez le garçon, son comportement de « percussion » du corps de la femme se joue aussi à distance : il enfonce un coup à quelques centimètres du corps de la femme, qui doit jouer à le craindre et à le fuir; il ne touche pas ses jupes avec le bâton, mais poursuit ludiquement celle qui se sauve et, si elle s'arrête et l'attend, il reste à distance et verbalise ce qu'il fait imaginairement, sans contact de corps à corps. Dès qu'il y a contact, il devient anxieux, le jeu cesse d'être narcissisant, sa joie de mâle conquérant touche le problème des corps phalliquement disproportionnés : de là, angoisse de castration, s'il imagine la femme comme femme dentale, ou angoisse de viol, s'il projette sur elle la pénétration sexuelle qu'il avait fantasmée, allant de son sexe à lui en direction de son sexe à elle.

Cet infléchissement, inhibiteur plus que masochique, n'est pas particulier à un des sexes, mais est dû à la différence de développement corporel entre l'enfant et l'adulte, désiré hétérosexuellement. Il s'agit d'ailleurs de la composante hétérosexuelle de l'enfant à l'âge œdipien, dans sa relation duelle à l'autre sexe. Cette inhibition de l'agressivité active ou passive ne provoque chez lui aucune douleur. Il n'y a donc pas de masochisme. Au contraire, elle permet la continence de la tension érotique, tout en état narcissisante, si elle est réussie. Rien n'est plus amusant que ce jeu. C'est déjà le premier « flirt ».

Une observation récente, à l'hôtel, de plusieurs filles et garçons de cet âge, m'a permis de voir que le garçon qui était en jeu d'aguichement avec les femmes, une seule à la fois, se cachait de la femme, en se rapprochant de son père, et, si sa mère était présente, se cachait derrière son père mais jamais derrière sa mère; cependant, si son père n'était pas là, il se cachait derrière sa mère. La fillette, lorsqu'elle joue des jeux provocants avec des hommes, trouve refuge dans le rapprochement du corps de sa mère, mais aussi bien du corps de son père, qui peut fort bien n'être pour elle qu'un substitut de la mère quand elle n'est pas présente; l'homme qui l'attire est tout simplement un autre homme que le père, ce qui, vers 3-4 ans, est très fréquent et sans notion aucune de rivalité par rapport à un des deux parents.

Autrement dit, l'enfant se rapproche de tout adulte qui n'est pas actuellement investi d'attrait érotique; s'il est sans expérience de son entourage et si ses parents sont absents, il se rapproche de l'adulte qui lui semble le plus associé à sa mère ou à son père, par sa masse, son sexe ou par un air de familiarité.

Il ne s'agit donc pas tout le temps, bien que ce soit le début de l'organisation œdipienne, d'une dialectique sexuelle entre trois personnes, mais de jeux à deux, entre lui et l'autre, deux personnes kynétiques orales et anales; dans ce jeu, un sexe, celui de l'enfant, fait le troisième, entraîné à s'exercer sur le mode pénétrant ou attractif de pénétration, jeu de type narcissique à libido orale ou anale, bien que s'accompagnant de la découverte de sensations excitantes de la région génitale, érectile chez les enfants de deux sexes. Le garçon ne veut pas « décharger » en corps à corps, tout au plus à distance de jet, par lancement d'objet ou arrosage urétral. La fille ne veut pas une pénétration dans un corps à corps, mais l'attention élective focalisée sur elle, de la part d'un représentant du sexe masculin : elle veut focaliser les vecteurs pulsionnels du mâle, mais à une distance corporelle qui leur interdit l'accomplissement.

Et c'est à ce point vrai, que la fillette acceptera des bonbons de main à main de toute personne, fût-elle masculine, qui ne l'intéresse pas érotiquement, mais ne pourra accepter le bonbon de celui qui l'intéresse, que par un parcours médiatisé, par exemple posé sur une table ou passé par une main neutre. Il faut souligner qu'il ne s'agit nullement là de l'effet d'une mère jalouse présente dans le jeu. Par le truchement de ce jeu, la fillette acquiert la maîtrise de la pulsion sexuelle narcissique, si elle ne se heurte pas à la réalité sensorielle du corps de l'autre, corps dangereux d'abord pour le corps, ensuite pour le sexe de l'enfant.

Pour les enfants des deux sexes, c'est à partir de ce moment que pourra ou non se structurer une personne capable d'assumer la conscience de ses désirs focalisés sur la région génitale. Et cela, à travers une croissance personnelle et émotionnelle difficile en soi, et rendue encore plus ardue par les échanges culturels avec des adultes névrosés de l'entourage de l'enfant.

Cette loi qui, déjà au moment de la résolution œdipienne à 7-8 ans, et plus encore au moment de la poussée pubertaire, régit la libido génitale, est celle d'une libido objectale à option phallique; ceci n'est pas nouveau, mais ce qu'il faut souligner c'est que l'objet peut être tout humain des deux sexes, à l'exclusion des personnes parentales et familiales proches. Voilà pour ce qui est de son aspect objectif. Pour ce qui est du côté subjectif, la satisfaction de l'objet est ressentie comme étant plus importante que celle du sujet, cette satisfaction impliquant un don de soi à la création à deux. La mutation génitale implique en plus le fait que la libido narcissique du sujet change de centre, se déplaçant vers la subsistance de l'être, grâce à sa fertilité et non pas uniquement grâce à la substance immobile de sa personne présente.

Cette nouvelle loi libidinale, dite à tort d'oblativité, qui caractérise la libido génitale de son éclosion jusqu'à l'affirmation de sa primauté, s'avère compatible ou non avec le corps voluptueux des personnes de sexe complémentaire. La volupté est une gratification que la plupart attendent et qui est refusée à la plupart, en tout cas pour ce qui est du côté féminin. Plus tard, ce refus de la volupté conduit à la frigidité.

Au début de la pose du complexe d'Œdipe, de 3 ans révolus jusqu'à 4 ans, nombre de maîtrises sont acquises : l'autonomie du corps, le pronom personnel « je » dans l'articulé verbal, le nom de famille en tant que nom du père, le rapport social à telle maison dont l'enfant connaît l'adresse, son âge qu'il aime maintenant dire, une dialectique subjective, enfin, de l'enfant au corps autonome, vis-à-vis de son sexe et des sensations qu'il en éprouve, sans savoir encore si ces sensations voluptueuses sont connues également aux autres personnes à corps phallique vertical, comme le sien – représentants masculins ou féminins de l'espèce humaine dont la fillette sent confusément encore qu'elle fait partie.

L'enfant parle souvent aux animaux, moins souvent aux plantes, mais seuls les humains répondent : il y a, avec ces derniers, réciprocité d'actes et d'émois maîtrisés par la parole, tant en soi-même que dans l'autre. La parole maîtrise l'autre, ou permet à l'autre de maîtriser l'enfant, de maîtriser aussi sous ses yeux des humains et des animaux.

L'enfant expérimente ainsi le fait que le désir est sans lieu, bien qu'il soit signifié, illustré, représenté par le lieu corporel où il se manifeste à la perception du sujet témoin. Il éprouve aussi l'intuition que c'est du non-accomplissement de cette tension qu'il se narcissise, se complaît lui-même en tant que maître, autrement dit s'identifie au pouvoir de dénégation à l'égard des pulsions désordonnées de son corps. Or, s'il a des parents qui se placent dans une hiérarchie des valeurs éthiques, son expérience des sensations subjectives, éprouvées lors de leurs directives explicites ou implicites, le conduira à désirer de maîtriser son corps, à lui imposer la loi.

Ce corps sien est le lieu de référence pour l'autre; il découvre que ce corps peut aussi le trahir, l'exhiber au danger de dépossession : alors, il se cache, cache son corps ou cache le corps de l'autre, pour jouir de son désir à l'état non violé, non châtré. Son corps sera alors lieu d'une permanence de désir, grâce à cette continence volontaire. Pour l'enfant, l'accomplissement de ses tensions est synonyme de leur disparition pure et simple, ainsi que de la disparition du lieu où elles étaient ressenties : le non-désir de l'objet s'accompagne de sa non-perception.

Le lieu à dissimuler à l'autre, pour ressentir librement des tensions non soumises au danger d'un accomplissement de consommation (rapteur), qui peut être mortifère, est l'espace où le désir de l'être humain coïncide narcissiquement avec l'identité de sa personne.

Retenons ce fait, car il se trouve à l'origine de l'éthique des pulsions de vie, c'est-à-dire de l'éthique phallique de la libido : *la non-perceptibilité devient facilement signe de non-existence et, par conséquent, de non-valeur.* Il n'y a pas si longtemps, « le grand désert du Sahara » était considéré comme un vaste rien géographique, non convoité, un rien que, sur nos cartes, un grand blanc indiquait comme mortifère, méchant, et décourageant les visiteurs, à l'exception peut-être de quelques mystiques.

Le sentiment de pudeur se développe au contact des adultes. Les adultes pudiques ne sont pas plus ceux qui cachent leur vie émotionnelle et sexuelle, que ceux qui l'exhibent, mais ceux qui respectent la liberté de dissimulation que l'enfant manifeste pour des activités, des émois et des désirs souvent diffus et éloignés, pour l'adulte, de toute connotation génitale. Mais, pour l'enfant, la dissimulation est toujours sexuelle et pare à la menace de viol ou de castration. L'adulte, qui respecte chez l'enfant ces conduites de dissimulation et qui admet de verbaliser, en répondant à toute demande formelle de l'enfant concernant le sexe (le sien ou celui de ses parents), autorise ainsi l'adaptation génitale de l'enfant à son propre sexe et à ses désirs. Les réponses de l'adulte seront d'autant plus positives, en ce sens, si elles sont faites de manière médiatisée, en juste correspondance symbolique avec le ressenti émotionnel qui est celui de l'enfant. C'est là un style de la pudeur qui permet la dissimulation culturelle, tout en laissant une liberté symbolique aux questions concernant la sexualité. De cette façon, la pudeur sera ressentie comme une modalité émotionnelle tout à fait justifiée.

Ce n'est que par l'échange de symboles que peut se poser la situation œdipienne structurante. La verbalisation de ces fantasmes et la réponse par des verbalisations fantasmatiques, culturelles et sociales, forment la personne de l'enfant, fille ou garçon. C'est la verbalisation des problèmes sexuels, sensoriels et affectifs, si elle entraîne non pas des blâmes, ni des initiations perverses et séductrices, mais des réponses conformes aux réalités génitales, c'est cette verbalisation, chaste dans son intentionnalité, qui formera un narcissime sexuel sain, conforme au génie de la sexualité de la fille ou du garçon; cela développera un comportement génital, en formation à cet âge, compatible avec le plaisir, la fertilité et l'entente interpersonnelle avec les membres du groupe familial.

La demande d'accès à la libido génitale s'exprime par une question verbalisée, concernant la naissance des enfants en général et, plus particulièrement, sa propre apparition au monde ou celle de sa future descendance. Sans une réponse de l'adulte, où celui-ci assume sa propre participation corporelle, partagée avec celle de l'autre géniteur – à savoir la notion de complémentarité indispensable des sexes parentaux qui sont à l'origine de sa vie –, l'enfant, fille ou garçon, ressentira une interdiction implicite de dépasser le mode de relation duelle connu de lui jusque-là, ressentira un danger de perte de sa sécurité.

LE DANGER DE LA SITUATION À DEUX PROLONGÉE. LE COMPLEXE DE VIRILITÉ.

Il y a, cliniquement, deux types de complexe de virilité. Le plus spectaculaire est celui de la fillette qui nie toutes les identifications avec le comportement des filles ou des femmes : elle se fantasme en garçon, aime se mettre en travesti masculin. Gavroche et la langue bien pendue, elle est parfois très travailleuse, corporellement et intellectuellement, sportive et garçonnière, dans ses échanges affectifs avec les enfants. Dans ce cas de figure, la masturbation est peu présente, ce qui prévaut étant plutôt la recherche de bagarres. L'évolution de ces filles vers une adaptation sociale pragmatique est affaire d'éducation par quelqu'un de libéral, qui soit capable de tolérer leurs revendications narcissiques, ainsi que leurs réactions affectives bruyantes, surtout en internat, où elles font l'effet d'homosexuelles, ce qu'elles ne sont que fort rarement. Elles peuvent toutefois le devenir, par déception de leur père ou par son absence réelle (décès, abandon), par dépit motivé, acquis sur les hommes, ou par séduction de femmes lesbiennes, qui fouettent leur narcissime, dans le style dominant, passionnel, déclaratif ou ascétique.

Dans ce dernier cas, il y a surtension provoquée au lieu sexuel que le désir de l'autre convoite, ou contamination de continence tensive au lieu génital, alors que le désir vise un objet sans matérialité corporelle atteignable. *L'autre*, le moins repérable pour l'entourage, est entièrement fantasmé. La fille vit dans un rêve masturbatoire et éprouve des sensations cœnesthésiques, en rapport avec son imagination de puissance orale, anale ou phallique (les contes de fées). Elle développe peu de sublimations du phallisme oral ou anal, dans la médiation entre son corps et l'environnement pragmatique. Tout est imaginaire : elle parle à peine aux personnes réelles, mais raconte beaucoup de choses à sa poupée, vit en compagnie de personnages de roman ou de leur vie imaginaire. Il y a là un danger réel de névrose narcissique car, inintéressées par la vie pragmatique, ces filles ne peuvent au mieux que développer un phallisme intellectuel, réussissant des études qui en font, ensuite, des prisonnières. Pour elles, aucun jalon de la pose complète de la résolution œdipienne ne se prépare. Tout est vécu dans la vie imaginaire non communiquée, et de moins en moins communicable.

LA SITUATION À TROIS PRÉ-ŒDIPIENNE.

Les femmes, mise à part la mère, ne sont valorisées en tant qu'objet d'identification que si elles sont *couplées*, et qu'elles s'intéressent également à la fillette, afin de lui permettre d'accéder à son pouvoir. Ce *couplage* exigé par l'enfant, n'est pas toujours le couplage à une personne, mais ce peut être celui avec une activité pragmatique qu'elle aime et où elle pourrait bien réussir. C'est pour la fillette un couplage narcissique envié de puissance phallique active qui, à travers l'imitation des adultes, lui apporte des sensations érotiques; alors que, pour les adultes, il ne s'agit que d'un travail, d'une médiation culturelle qui, sauf cas pathologique obsessionnel, est en lui-même dés-érotisé. Ce pouvoir acquis par les femmes adultes, par l'apprentissage dont la fillette bénéficie en leur compagnie, est pour l'enfant un gage de pouvoir sur autrui; l'enfant est séduite par leur pouvoir, par le fait que la société, « les messieurs et les dames », lui donne même de l'argent en échange de ses actions.

Les femmes qui, de par leur position dans les rapports interpersonnels, sont de mauvaises maîtresses à vivre pour la fillette, sont celles qui ont pour fonction sociale de s'occuper d'elle; celles-là sont censées ne pas avoir d'autre intérêt que les soins se rapportant à elles-mêmes et à l'enfant, et nullement un quelconque intérêt sexuel. Du fait que cette personne reçoit de l'argent de ses parents pour ses soins mercenaires, le couple nurse-enfant devient un objet érotique biphallique pour les parents, objet passif et donc fétichique, hormis les échanges verbaux.

A partir de ce moment, tout ce qui concerne les intérêts érotiques, formels ou interrelationnels, de la région sexuelle du corps, ne sera valorisé que par l'attention permissive et guidante d'une personne adulte (ou plus âgée qu'elle). Il s'agit surtout de personnes de son sexe, que l'enfant valorise par contamination à partir de la valeur, reconnue phallique et sociale, dévolue à ses parents et aux adultes.

Pour toutes les filles dont nous avons observé les cas en famille, la mère, l'adulte éducatrice, « les grandes » avaient été, directement ou indirectement, questionnées sur les problèmes que posait à l'enfant cette région cachée, apparemment encore inutile autrement qu'à de très vives sensations « magiques ». Les réponses qui blâment l'intérêt porté à cette région ou celles qui ridiculisent les croyances s'y rapportant sont toujours traumatisantes lorsqu'elles viennent d'un adulte éducateur et, surtout, du même sexe que l'enfant. Ces réponses peuvent alors refouler les pulsions génitales qui ont commencé à se présentifier à l'enfant, par la signalisation, absente ou présente, de ce pénis, et qui continuent par des questions sur le trou, sur ce que les uns et les autres en disent, sur l'effective conformité de son sexe avec celui de la mère, sur l'opinion qu'en a le père, sur les dires contradictoires des garçons et filles questionnés. Tout ceci tourne autour de la forme sexuelle féminine, par rapport à la forme sexuelle masculine, et à sa valeur éthique pour les personnes de deux sexes.

COMPLEXE D'ŒDIPE FÉMININ : L'ANGOISSE DE VIOL.

Les fantasmes œdipiens, entre 6 et 8 à 9 ans, sont caractérisés chez la fille par le désir d'un enfant véritable, déposé en elle par pénétration du pénis paternel qu'elle désire obtenir, et qui s'accompagne de rivalité mortifère vis-à-vis de sa mère. Ces fantasmes sont tout à fait spontanés, et c'est spontanément aussi, sans aucune nécessité de verbalisation ni de vision de rapports sexuels des adultes, que la fille arrive seule à la conclusion logique de la non-conformité entre son vagin, petit, et le pénis du père, volumétriquement disproportionné. Il s'ensuit l'angoisse de viol par tous les pénis auxquels on peut accorder de la valeur.

L'angoisse de viol par le père, à l'âge œdipien, est au développement de la fille ce qu'est l'angoisse de castration au développement du garçon.

On peut même dire que tout désir sexuel provoque une représentation d'appel d'un pénis centripète, dont la valeur énergétique sera égale à la valeur du manque : plus l'appel est grand, plus le pénis fantasmé est formidable, plus la force de son porteur humain est fantastique; son audace et son mépris des limites de la bienséance se doivent d'être d'autant plus spectaculaires que la jeune enamourée refoule la représentation imagière de telle personne réelle.

Si elle se représente son père, alors sa puissance magique transperçante n'a pas de limitation, car il est, par l'option structurante qu'elle lui a vouée dès sa vie fœtale, l'axe qui la verticalise, qui stimule ses émois et tempère sa nature, qui stabilise ses pulsions dans leurs expressions polymorphes, en leur servant de représentation de phallus symbolique, désiré mais difficile à conquérir, d'autant plus qu'il est, aux yeux de la fille, la possession exclusive de sa mère castratrice.

S'identifiant et se projetant en sa mère, elle espère dans ses fantasmes, souvent verbalisés, qu'un jour, par erreur peut-être, se trompant de femme, il la prendra pour telle, et ils se marieront et auront beaucoup d'enfants. Cet espoir sous-tend ses jeux de mascarade, les pieds dans les souliers à hauts talons de sa mère, ses déambulations avec le sac de celle-ci ou tout autre accessoire ornemental lui appartenant, poussant sa voiture de poupée, convaincue d'être la femme de son père, ou, plutôt, convaincue que lui est en sa possession. Seule l'existence du père comme tel permet toute cette structuration, sans qu'il soit nécessaire, pour autant, qu'il s'occupe activement de l'éducation de sa fille. Son rôle phallique de maître incontesté de l'univers émotionnel de sa fille est absolu, quel que soit son empressement à connaître vraiment la personne de celle-ci.

Le désir de « pouvoir », en référence au père, tiré de lui et exercé sur lui, domine tous les fantasmes de la fille et motive son activité pragmatique. La mère, à cet égard, est ambivalente : d'un côté, elle la gêne dans sa relation avec son père, de l'autre, elle est secourable par l'aide qu'elle peut lui apporter pour atteindre son but : l'imiter pour plaire au père. L'agressivité avide, articulée à la dialectique de la libido orale, domine dans les rapports à la mère, pendant que la dialectique anale du faire, en vue d'intéresser le père, de repousser ce qui est gênant dans la mère rivale, utilisant sans vergogne calomnies et médisances à son égard pour exciter contre elle la vindicte du père, sont décelables dans la conduite des filles, dès l'âge de trois ans.

Mais c'est aussi à cet âge que, pour les filles, les névroses aux composantes homosexuelles commencent à gêner la pose de l'Œdipe, en engendrant une éthique de conformité aux désirs du père ou de la mère. Ceci bloque la fillette en complexe de virilité, actif ou passif, suivant le cas, c'est-à-dire en attitude réactionnelle de type obsessionnel qui évolue, par la suite, en hystérie de conversion.

DÉBUT DU STADE DE RÉSOLUTION ŒDIPIENNE : SITUATION À TROIS.

A l'âge de six ans, en pleine incandescence émotionnelle œdipienne, le fait d'assister aux rapports sexuels d'un couple, ou du couple parental, ainsi que la verbalisation par d'autres enfants du mode de ces rapports, peuvent apporter un traumatisme. En fait, tout dépendra de la situation émotionnelle existant entre la mère et la fille. En effet, à l'âge où l'angoisse de viol joue d'elle-même comme stimulant de la volupté génitale tenue en respect par les sentiments légitimes d'infériorité personnelle, le recours à la région de sécurité représentée par la mère lorsqu'elle est aimée, aimante et compréhensive, ne peut être que particulièrement utile. Lorsque la fillette rapporte les dires entendus et que, par prudence, elle témoigne de sa révolte et de sa stupéfaction face à ces dires des camarades qui y auraient assisté, tout se joue sur le mode d'accueil de la mère; si elle acquiesce sur l'exactitude des faits, y ajoutant la notion de désir et du plaisir qui font partie de la vie sexuelle des adultes, ainsi que celle de fertilité éventuelle comme effet du coït, alors cet accueil ouvrira les voies du développement libidinal génital sain. Moins elle trouve accueil et éclaircissements, plus elle culpabilise ses pulsions génitales.

Cette explication donnée par la mère, à l'occasion de cette confidence, permet à cet événement de contribuer à la sérénité du sentiment d'appartenir au sexe féminin. Si, au lieu de la gronder, de la punir ou de nier le fait, la mère affirme la réalité de la pénétration du sexe féminin par le sexe masculin que l'enfant a pu observer par hasard, ou qui lui a été dite par autrui, si elle accompagne cette confirmation par l'explication qui manque souvent aux petites filles de la nécessité de l'érectilité temporaire du pénis, si la mère lui dit la motivation voluptueuse de ce fait, elle permet à la fille d'accéder à la compréhension du rôle de la complémentarité de l'homme et de la femme.

La mère doit bien dire que, lorsque les personnes sont adultes, lorsque les corps et les cœurs sont d'accord, il s'agit de plaisir naturel et non de dégoût ni de douleur. Une telle conversation amenée par un événement fortuit, comme il s'en trouve toujours un à cette époque de la vie d'une fillette, apporte, avec la réalité enfin complète, une certaine sécurité par rapport aux émois troublants qu'elle a connus et qu'elle reconnaît très bien en elle, peut-être aux franges de sa conscience claire, soutenue par l'indulgence compréhensive de la mère. Ainsi la notion actuelle du renoncement sexuel à l'objet adulte n'en est que mieux renforcée.

Plus les rapports sexuels sont expliqués et connus, plus sera net le renoncement, pour des motivations endogènes, au moins temporaires, jusqu'à la nubilité, âge pour elle lointain encore, âge auquel l'aspect physique de son corps à elle lui est annoncé par sa mère comme devant devenir semblable à celui de toutes les femmes.

La situation à trois personnes, aux sexes reconnus comme lieux de désirs, trois personnes dont deux sont du même sexe et animées par un désir rival pour la troisième, cette situation peut alors être pleinement vécue dans son conflit existentiel, par la fillette, qui doit la résoudre seule, afin d'accéder à la maturité.

Chez les filles, l'angoisse de viol est surmontée grâce au renoncement sexuel conscient de la fille pour le sexe de son père. Ce renoncement n'est possible que si le comportement du père et des adultes de sexe masculin, valorisés dans les relations interpersonnelles, n'est ni séducteur ni équivoque à son égard. De ce renoncement éclot la sublimation de ses pulsions génitales. Il peut cependant demeurer un résidu œdipien inconscient d'attente inconditionnelle dans le temps, non incompatible avec des sublimations féminines authentiques. On pourrait même dire que l'existence de ce résidu est encouragé inconsciemment dans notre société, car cette fixation avec mise en veilleuse sexuelle génitale et émotionnelle vis-à-vis du père préserve la jeune fille, jusqu'à la puberté, de surestimations sexuelles de garçons de son âge (incomparables à l'image paternelle), et la laisse en dépendance homosexuelle imitatrice de sa mère ou des femmes que son père valorise. C'est ce *résidu homosexuel de dépendance* recherchée à la mère œdipienne, et de rivalité sexuelle camouflée avec elle, qui motive les tensions caractérielles entre mère et fille – toujours envenimées par la présence du père – et, également, l'entente entre elles, sur un type sado-masochiste, lorsqu'il n'est pas présent.

Mais, dans ce cas, point de tendresse réelle entre mère et fille, ni entre fille et père. Car la tendresse est le fruit de la scène primitive vécue et assumée, dans le renoncement total à des vues sexuelles vis-à-vis des parents et dans l'acceptation de l'égalité inter-humaine; ainsi s'opère le dégagement subjectif de la situation de surestimation amoureuse aux couleurs de chauvinisme familial.

RÉSOLUTION ŒDIPIENNE.

Cette résolution se fait, selon mes observations, au plus tôt vers 9-10 ans, et souvent même seulement à la puberté, après le réveil à la nubilité des émois œdipiens qui avaient été mis en veilleuse. Il s'ensuit une période qui peut être très courte, d'âge dit ingrat; âge critique lorsque l'Œdipe sévit encore, les décompensations de l'équilibre émotionnel prenant le style hystérique, allant de l'excitation à la dépression, à l'occasion de la moindre blessure narcissique.

L'évolution de la libido chez la fille entraîne, avec la résolution œdipienne et le deuil de son rêve de maternité incestueuse, l'option génitale de sa propre personne en société mixte. Cette évolution lui permet, au lieu de mécanismes d'adaptation ou de défense à ses désirs oraux, anaux ou phalliques, vécus à propos des objets œdipiens père et mère ou frères et sœurs plus âgés, de développer des sublimations authentiques. Une organisation de la structure caractérielle se fait, utilisant les pulsions orales, anales et phalliques, au service dominant de la personne civique, dans des options extra-familiales, en tant que participante active à ce qu'on peut nommer des « groupes culturels » féminins, plus rarement mixtes.

Une certaine part des pulsions orales passives, anales passives, phalliques passives, à représentation olfactive, visuelle, auditive, tactile, rythmique, investissent narcissiquement la région sexuelle vulvo-vaginale, le clitoris et les seins; la fille se préoccupe alors de toute la surface cutanée de ce corps phallique, de sa valeur esthétique, en vue de l'effet à produire sur les autres filles : soit pour les rendre envieuses, soit pour se faire admettre dans de petites coteries de filles, qui s'unissent pour mieux faire front aux mères et à leurs substituts, ou pour provoquer les regards des garçons, sans encore aucune audace de flirt manifeste, quoique les fantasmes y soient pleinement.

LA PUBERTÉ.

La croissance des seins et l'apparition du cycle menstruel marquent une étape émotionnelle décisive, en fonction de l'accueil que le moi idéal de la fille et son surmoi feront à ces promotions physiologiques, comme l'entrée désirée dans la lice des jeunes filles.

La distribution pulsionnelle s'intensifie en quantité, à cette époque. Le corps est investi en tant que corps phallique plastique, signalisant l'intérêt des mâles, de façon totalement indifférenciée. Période très critique pour le narcissisme adolescent, selon que la mère et l'argent de poche permettent l'obtention de bas, de soutien-gorges, de chaussures et vêtements de femme, la réalisation de coiffures, attributs par lesquels la fillette se croit transfigurée parce que, dans le miroir, elle y contemple son image déguisée sous l'apparence d'une jeune femme.

Ce signal attractif est important à respecter, car il a pour but subjectif de provoquer l'appréciation des hommes plus âgés; en réalité, il n'a comme effet que de provoquer l'admiration des garçons de leur génération ou plus jeunes, les seuls qui se laissent prendre au mime.

De nos jours, la contamination exercée par le style « vedette » joue un rôle formateur incontestable sur les filles de moins de 14 ans. Les vedettes sont le support mythique d'un idéal du moi, apparemment désœdipisé (sans résonances incestueuses), donc rassurant. Cette survalorisation de l'image donnée de soi à autrui, et les grands efforts en ce sens qu'elle demande chez certaines jeunes filles, ont aussi pour effet de provoquer la rivalité avec les autres filles, édition différente du même modèle (sœurs extra-familiales); après des couplages homosexuels latents, cette survalorisation entraîne des rivalités sexuelles et hétérosexuelles sublimées, la formation de bandes de jeunes qui socialisent la sexualité.

LA SCÈNE PRIMITIVE.

Pour ma part, je la considère comme le véritable point final de la résolution œdipienne; elle manque très souvent dans la structuration psychique de nos contemporains.

Le fruit de la scène primitive vécue, imaginairement et verbalement, en face d'une autre personne humaine, de préférence un des parents, ou le parent du même sexe que l'enfant, qui n'en interdit pas le fantasme rétrospectif, permet et justifie l'investissement narcissique du corps féminin, en tant que corps centré par l'attraction du sexe phallique, au lieu surinvesti voluptueusement de l'ouverture génitale. La libido orale et anale, dans ce qu'elle a de narcissiquement libre ou libérable, se met au service de cet investissement corporel (présentifié phallique), ainsi que des cavités corporelles, surtout de la région génitale, dans des activités culturelles spécifiquement féminines.

A ces investissements correspondent des éthiques successives : l'éthique du stade oral du beau et du bon goût, d'éloquence mimique, l'éthique utilitaire du stade anal des relations interpersonnelles, du troc bénéficiel des services rendus ou d'acquisitions culturelles ou concrètes. Toute dialectique sexuelle, sublimée ou non, répond à des critères conscients de validité, au moins pour les sujets, si ce n'est pour leur entourage aveugle.

Quel que soit l'âge où la crise œdipienne survienne, le renoncement à toute autre scène conjugale avec le parent œdipien que la seule scène primitive où le sujet a été conçu (et dont le fruit est sa connaissance de lui-même, dans sa genèse préhistorique fœtale), ce renoncement donc est la seule issue compatible avec une existence génitale responsable et féconde – tant au point de vue du corps, qu'à celui du cœur et à leur commune référence à la loi qui les humanise, en les socialisant.

C'est de cette nécessité inconsciente de renoncement que provient, pour la structure œdipienne génitale en cours d'organisation, le choc traumatique dû à la surprise d'assister à des rapports sexuels ou à la découverte d'un concubinage clandestin, donc coupable, des parents ou encore d'un témoignage véridique ou calomniateur à ce propos.

Cette sorte de voyeurisme a été parfois appelé scène primitive, à cause des émois en résonance à celle-ci que réveille, dans un sujet, le fait d'assister à un coït, sans en être génitalement et activement un des partenaires. Mais si le fait d'assister fortuitement aux rapports sexuels des parents peut traumatiser un enfant lorsqu'il survient à contretemps de son évolution, cela peut avoir aussi l'effet contraire, si d'aventure il assiste à des rapports sexuels des parents qui caractériellement s'entendent; l'enfant cherche très souvent cette situation, parfois d'une façon très peu claire dans son esprit et avec un vague sentiment d'angoisse, que l'adulte peut très facilement culpabiliser par sa propre angoisse surajoutée. Cette expérience, même si elle le choque sur le coup, n'a par la suite qu'un effet structurant et positif sur lui, dans le cas où personne ne l'a su, ou si quelqu'un l'a su et ne l'en a pas blâmé.

Cet effet structurant est le même que celui produit par la révélation du rôle fécondateur de son père par rapport à sa mère, à un jeune enfant, fille ou garçon. Ce sont les garçons qui posent le plus tôt la question : « Qui m'a mis dans ton ventre et comment? » Le nombre impressionnant de témoignages que j'ai eus, des réactions d'enfants de 4 à 9 ans, à qui cette révélation avait été faite (et parfois dans des cas de divorce, de séparation ou de la mort du conjoint), montrent toujours le même processus : silence, éloignement réflexif, suivi d'un élan de tendresse, tête contre épaule, de l'enfant à sa mère, ou à son père; ou, si c'est une tierce personne, les deux parents étant décédés ou disparus, les yeux dans le vague, avec une indéfinissable expression de douceur et, à peu près toujours, les mêmes mots : « Mes tout, tout petits papa, maman, chéris [1]. »

1. J'ai été très frappée en lisant un article sur quatre jeunes gens de 16 et 17 ans, fusillés par les Allemands pendant la guerre, et dont on publiait les quelques lignes écrites par chacun d'eux à leurs parents, de constater qu'à quelques minutes de la mort, chacun de ces adolescents trouvait les mêmes mots pour adresser leur serein adieu : « mes tout petits chéris », « mes petits parents », comme si l'approche de la mort redonnait les émois d'une scène conceptionnelle, où le rôle du parent est lié au rôle de sujet déterminant le sens de l'instant vécu, par la responsabilité qu'il assume.

Que se passe-t-il donc de libidinalement structurant dans la scène primitive, que se passe-t-il d'initiatique et de modificateur dans cette scène, point de repère pour sa propre reconnaissance *ab ovo*, en tant qu'être humain et sujet de son désir?

Il se passe émotionnellement une fusion de libido narcissique et de libido objectale, qui investissent de façon rétrospective l'existence originelle punctiforme et trinitaire; et cela, quelle que soit la présence ou l'absence actuelle d'un des deux géniteurs, car en l'occurrence, ils sont présentifiés par un substitut transférentiel et prophétique : il y a toujours au moins deux adultes polarisant affectivement la vie d'un enfant de mère non psychotique.

Le renoncement aux œuvres de corps et de cœur, séductrices de son père et de ses frères, mettra la fille dans le circuit des interrelations – identifications, introjections et projections – sociales extra-familiales, circuit qui porte son fruit : la relativisation des valeurs éthiques reçues du compagnonnage familial exclusif, la lutte formatrice pour l'obtention de l'amour d'un garçon, dont les faveurs platoniques étaient jusque-là partagées avec l'amie de cœur...

REFOULEMENT PUBERTAIRE.

L'évolution de la fillette, soutenue par le développement gonadique, peut se faire vers une attente d'attraction pénienne, dont l'éthique de son milieu favorisera la localisation exclusive à l'endroit sexuel, sublimant les autres tendances; cette attente visera électivement le sexe du père (lorsque l'Œdipe n'a pas été résolu), mais pourra se déplacer sur un substitut familial ou extra-familial valorisé par les deux parents.

Cette option phallique, ou attraction phallotropique, du sexe des filles à la puberté, n'est désordonnée que dans certains cas déterminés, comme celui d'un Œdipe très actif de la fille avec une rivalité coupable envers la mère : soit que celle-ci cherche à séduire les jeunes gens qu'attire sa fille, soit qu'elle favorise une séduction latente du père par sa fille, soit que le père, dont la situation œdipienne à sa propre mère ou à ses sœurs n'a pas été résolue, sente en lui s'éveiller une jalousie morbide, compliquée de fantasmes homosexuels latents, et culpabilise (par contamination émotionnelle muette ou par projection) sa fille – objet de son désir ou substitut de son sexe, la conduisant à entrer inconsciemment dans la lice du corps à corps, étrangère à sa vraie sensibilité.

Le processus, chez la fille, vient de ce que, ne se sentant pas assez protégée de l'inceste et n'ayant pas pu verbaliser ses émois sexuels, en référence à ceux de sa mère et en référence claire à son père (qu'elle sent trop fragile pour lui résister), elle n'a jamais pu aborder les conversations initiatiques qui l'auraient menée à l'imagination licite et structurante de la scène primitive. A savoir du coït qui a originé son existence au monde, et de son complément – l'attitude émotionnelle de jalousie rétrospective, ironiquement fabulée, et qui, à cet âge nubile, accompagne l'évocation, toujours émouvante, de cette scène.

Il ne faut pas oublier que la localisation dominante de la libido, érotisant la région génitale, ne traduit pas du tout le fait que la fille ou la femme a atteint la structuration génitale de sa personne (selon la topique caractéristique de ce stade), ni que, pour cela, ses voies génitales soient un lieu d'investissement de pulsions sexuelles autres qu'anales et orales, avec leurs menaces d'angoisse, d'éclatement (viol), ou de morcellement séparateur (castration). Les voluptés masturbatoires, fréquentes à cet âge, peuvent culpabiliser la jeune fille; en fait, elles recouvrent des sentiments d'infériorité justifiés ou injustifiés. Ici encore, ce qui est implicitement « non permis » par les parents (sortir, danser, parler fort, se maquiller) peut inhiber une jeune fille et atermoyer un début d'épanouissement social, en prolongeant cette période d'âge ingrat.

Plus la période pré-œdipienne et celle de latence ont été riches en acquisitions pragmatiques féminines et socialement valables (culture, cuisine, adresse ménagère, danse, musique, expressivité, rencontres à but culturel ou sportif avec des camarades des deux sexes, sans surveillance des adultes), plus sera facile l'adaptation personnelle de l'adolescente à sa condition sociale de femme; il faut cependant ajouter que seule cette puissance phallique féminine d'origine libidinale, orale et anale, ne suffit absolument pas, en elle-même, à orienter hétérosexuellement, si cette orientation n'a pas été engagée par la pose de l'Œdipe, puis résolue avec l'accès à la scène primitive.

L'apparition des règles et le nouveau rythme qu'elles imposent ne traumatisent jamais, ni n'apportent souffrances et dérangements d'« indisposition », à des filles qui y ont été préparées sainement, par des mères « féminines », qui permettent à leur fille d'attendre, comme elles, à leur âge, les promesses que la vie tient parfois.

Quant à l'angoisse de castration et de viol, elle est de nouveau soulignée, valorisée sans masochisme, dans le cas de vie génitale émotionnelle, admise par le surmoi dans le groupe familial.

DIFFICULTÉS SOMATIQUES ET PSYCHIQUES DE LA PUBERTÉ.

Les pathominies, ou petits symptômes gynécologiques, que l'installation de la puberté provoque, sont toujours un langage intranarcissique et sont ensuite utilisées selon la façon dont le milieu social, surtout féminin, y a réagi. Il est courant de voir des mères des jeunes filles pubères, qui camouflent leur jalousie rivale par des soins surprotecteurs de leur fille (qui vient d'avoir ses premières règles), se servant de cet événement physiologique pour culpabiliser tous les mouvements spontanés et entraver la vie sociale et sportive de la jeune fille, en lui créant une véritable obsession de sa menstruation. J'ai eu de nombreux témoignages de femmes en analyse, qui relatent le traumatisme qu'a été pour elles l'attitude de leur mère à cet égard.

Voici quelques exemples hautement symboliques. Une lettre sybilline sur la table de la fillette de 11 ans, avec un nécessaire périodique : « Maintenant tu sais ce qu'est la faute d'Ève. Tous les mois, tu devras te garnir jusqu'à ce que tu sois trop vieille pour avoir des enfants. » A une fillette de 13 ans : « Maintenant, si tu fais du vélo, libre à toi, mais les garçons verront ta fleur au derrière de ta robe. » A une fille de 12 ans : « Maintenant, si tu fais ce qu'il ne faut pas, tu auras un enfant... » et, renchérit le père de cette fillette : « Si tu as un enfant, tu n'auras qu'à te jeter dans l'étang, c'est pas moi qui te repêcherai. » Une autre, orpheline de mère, élevée dans un pensionnat de vieilles filles : « Maintenant, si vous embrassez un garçon, l'enfant sera là tout de suite et on vous renverra. » Une autre encore (mêmes conditions), protectrice : « Si vous prenez un bain dans vos périodes, vous en mourrez, une jeune fille réglée doit prendre beaucoup soin d'elle-même, sinon elle risque la stérilité; votre pauvre père n'a pas besoin de cela, lui qui ne vit que pour vous. »

Lorsque, au contraire, la puberté et l'avènement des premières règles affirment à la fillette la vitalité de son sexe (phalliquement castré déjà si, lors de la castration primaire, il a été valorisé en tant que sexe vulvo-vaginal), c'est une confirmation vécue de ses options hétérosexuelles, une incitation à des projets de moins en moins fantasmatiques de libération familiale licite, grâce à l'élan culturel que permet le parachèvement de la résolution œdipienne.

Cependant, dans des cas de santé psycho-somatique, il est assez fréquent qu'un certain nombre de pulsions hétérosexuelles subissent encore des refoulements qui ne vont pas toujours jusqu'à des névroses, mais qui donneront à l'adolescente le style de ses réactions de mutation. L'intensité des signes critiques, lorsque la période antérieure à la formation a été une période de latence sainement sociale, est le propre de fillettes dont l'angoisse de castration et de viol n'a pas été soutenue par des images parentales, assez différenciées pour en assumer la projection.

Toutefois, et dans des conditions de santé, une bouffée de pulsions de mort peut encore survenir. Le soudain « vague à l'âme », surgissant en pleine joie d'extériorisation juvénile, en est une expression qui ne se complique de symptômes pathologiques que par l'angoisse ou l'agressivité que réveillent, dans l'entourage, ces ajustements d'une libido en plein rejet iconoclaste des images parentales, et dont la santé est prouvée par l'essor extra-familial à la recherche de « l'objet » qui la comprendrait, d'un groupe social qui la libérerait du sentiment d'inutilité et d'enfermement éprouvé en famille.

LE REFOULEMENT PUBERTAIRE SAIN, POST-ŒDIPIEN.

Il ne convient pas d'appeler refoulement, au sens pathologique du terme, la répression de certaines de ces pulsions attractives hétérosexuelles par un surmoi nouveau, le surmoi génital, structuré à partir du sens de la responsabilité, qui soumet l'expression de l'attraction sexuelle aux règles de la légitimation sociale des liens procréatifs, c'est-à-dire le surmoi génétique.

Le refoulement sain des pulsions hétérosexuelles permet aux jeunes filles des investissements passionnels, féminins ou masculins, souvent chastes et accompagnés d'une fausse mystique ardente. Parfois, il suffit d'un hasard de la conversation pour qu'une allusion déculpabilisante puisse y être faite par la mère, une femme ou un homme respecté, un médecin qui stimule la jeune fille à fréquenter des groupes culturels à la recherche d'un amoureux digne d'elle, dont elle gagnerait non seulement les faveurs érotiques, mais également l'estime. Les lectures de bons auteurs, qui ont écrit sur « l'amour vrai », sujet des plus captivants à cet âge, la discussion très ouverte, en famille, sur des films, des faits divers scabreux ou criminels, l'humour, l'enthousiasme passionné, le respect des opinions lancées parfois par bravade, tout cela contribue à former un moi solide, un surmoi génital souple, qui préserve la jeune fille d'expériences sexuelles par dépit, par pur besoin d'échange, par désir incontinent d'être quelque chose pour quelqu'un.

Le renoncement œdipien est parfois pervers, c'est-à-dire qu'il ne s'arrête pas au renoncement pour le géniteur, mais il englobe, par le jeu des pulsions de mort, le renoncement narcissiquement voluptueux à toute vie génitale, ressenti comme nécessaire à l'accueil du groupe (vu comme entité maternelle castratrice).

La manifestation la plus banale en est le sacrifice des options génitales à l'esprit de la bande ou du clan, substitut parental dont le sujet devient esclave, ou le sacrifice hautement spirituel, à une mystique ratifiée socialement, à laquelle le sujet prête fanatiquement une consommation insatiable d'âmes et de santés; ainsi est canalisé sur une entité impersonnelle un sadisme infantile de style digestif, aggravé du fait d'être le centre des projections de pulsions dévorantes et castratrices d'adolescentes exaltées et de jeunes gens aux pères insuffisamment virils. Des liaisons, d'autant plus tapageuses caractériellement qu'elles sont chastes, ravagent ainsi les énergies vitales de ces jeunes adolescents, qui restent statiques et obsédés, dans un style de don désespéré de leur force, valorisé par la négation de l'éthique des satisfactions émotionnelles et érotiques, qui peut en faire des masochistes.

LE RÔLE DU PÈRE AU MOMENT DE LA RÉSOLUTION ŒDIPIENNE.

Ce qui, dans le comportement du père, valorise les femmes ne fera que développer la libido phallique au service de la personne féminine et la turgescence vulvo-vaginale orbiculaire de la fille, dans sa double manifestation, au plan de la personne et au plan génital. Le danger n'existe que venu du père ou de l'amant de la mère, le seul totalement valorisé par sa personne, et il n'est ressenti que dans le cas de concupiscence sexuelle de sa part.

Le rôle du père est pathogène lorsqu'il va à l'encontre de ce surmoi génétique; il est, au contraire, formateur, encore longtemps dans la vie de la jeune fille, s'il anticipe sur son avenir, l'autorisant à ses projets d'établissement social, à un éloignement probatoire du foyer familial, développant la maturité civique authentique de cette célibataire moralement majeure qu'il accompagne de son estime, dans l'orientation culturelle ou professionnelle qui la libère de sa dépendance et à qui il montre sa confiance, sans curiosité à propos de ses relations amicales. Et que de pères voyeurs, camouflés en pères protecteurs ou camarades!

Que devient sa sexualité génitale entre cette période et le premier acte sexuel, dont la fille attend sa défloration? Il y a le plus souvent la masturbation de la puberté et les fantasmes romanesques de viol et de rapt, dont l'auteur imaginé est parfois un homme de son entourage, partenaire possible, si la jeune fille osait, renonçant à ses rêves, se servir de ses armes féminines pour triompher de ses rivales et se faire remarquer, lui plaire et le séduire. En ce sens, voire les ravages narcissiques que provoquent les scènes paternelles lors du premier essai, toujours maladroit, de maquillage, ou lors de premiers appels téléphoniques de garçons. Les scènes maternelles sont, au contraire, moins traumatisantes que certaines stimulations à la parure et à une politique de séduction des mâles; ces dernières scènes d'encouragement apparent sont en fait le résultat de leur propre homosexualité dirigée sur leur fille, combinée à une projection de leurs désirs adultères; se manifestant ainsi, de telles mères « court-circuitent », si je puis dire, l'évolution libre de la sexualité de leur fille, aussi sûrement sinon plus que les pères jaloux.

LE REFOULEMENT PATHOLOGIQUE POST-PUBERTAIRE, RÉSULTAT D'UN COMPLEXE D'ŒDIPE NON POSABLE.

Après la puberté, et si le complexe d'Œdipe et la scène primitive n'ont pas été vécus, si la fillette avait déjà mal vécu son passage de la castration primaire à l'option centripète du pénis (du fait d'une mère phobique ou infantile), ou si des événements traumatisants sont survenus, soit dans son investissement érotique, soit dans sa valorisation phallique, on verra apparaître le refoulement des pulsions génitales pubertaires et l'éclosion de symptômes névrotiques.

Cliniquement, on peut distinguer :

1. Le refoulement de ces investissements corporels passifs et actifs et des investissements érotiques génitaux, clitorido-vulvo-

anals. Si son milieu culpabilise les sensations érotiques exprimées, on peut voir apparaître jusqu'à des comportements phobiques diversement localisés, représentants inversés du désir de pénis – c'est-à-dire érotisation de la peur et du rejet du pénis : phobies de souris et de rats, représentants inversés des désirs de caresses vulvaires; phobies de chats et de certains touchers; ou encore, sur la région sexuelle, le vaginisme surnommé cystite des fillettes, futures vaginiques conscientes, avec des troubles urétro-vésicaux fonctionnels, des mictions sthéniques ou passives incontrôlables, diurnes ou nocturnes.

2. Le refoulement par angoisse de viol des seules pulsions érotiques passives liées à l'investissement vaginal. Cela entraîne la possibilité de surinvestissement de passivité sur la personne –, système de relations d'aboulie, d'asthénie, et sur l'analité – constipations, stases colibacilogènes –, sur l'oralité et l'olfactivité respiratoires, provoquant des états adynamiques, mélancoliques et hypocondriaques divers.

3. Soit le refoulement des seules pulsions actives clitorido-anales et le surinvestissement actif des zones corporelles antérieurement investies et non culpabilisées – sthénie verticalisante, agilité articulaire des membres, adresse corporelle, manuelle, intellectuelle, caractérisant quand elles sont poussées au maximum, sans référence à l'insertion des activités féminines, le complexe de virilité; ce serait cependant une erreur de préjuger d'un complexe de virilité à partir du seul comportement apparent. Les sublimations actives de la fille, sous des airs de garçon manqué, sont parfois d'authentiques sublimations avec investissement érotique passif vulvo-vaginal et désir de conquête du pénis.

A ce moment de la rivalité à la mère, la relation élective de la fille à sa mère doit être assez gratifiante en libido sublimée, orale et anale, riche d'échanges symboliques déplacés dans des relations culturelles; de sorte qu'ainsi, l'angoisse de viol sera limitée à un vécu prudentiel de sa sexualité quant à un éventuel corps à corps, et ne prendra pas la forme d'une interdiction de sa séduction féminine qui va grandissant. La fille ne sentira pas que l'épanouissement de son corps puisse mettre en danger ou supplanter une mère angoissée dans sa fonction phallique, ce qui se traduit par des comportements maternels qui exploitent, en humiliant, toute expression de la sexualité de la fille.

Cette période d'homosexualité latente avec la mère, structurante de la personne, n'est saine que si la sexualité féminine s'organise par rapport à l'hétérosexualité; le rôle du pénis paternel est implicite dans tous les émois génitaux prêtés à la mère, en identification aux siens propres, et dans les sensations émotionnelles passionnées, reliées aux fantasmes masturbatoires.

Le rôle affectif du père est, à cette époque, irremplaçable : il doit autoriser ces fantasmes, en feignant de les ignorer s'il les comprend, tout en donnant par son attitude de complémentarité avec des femmes adultes (dont la mère) des preuves de son inaccessibilité aux charmes séducteurs de sa fille et en les laissant s'exprimer librement.

Après la montée de l'angoisse de viol que lui font éprouver ses désirs œdipiens – tant par l'image de l'effraction centripète de son corps par le pénis de l'homme adulte, que par celle de gestation et d'effraction centrifuge fœtal à la parturition, la fillette, aidée par les lois sociales, renonce complètement aux désirs incestueux, réels d'abord, imaginaires ensuite, de l'enfant œdipien et, en général, plus ou moins complètement aux pratiques masturbatoires. Les rêveries, les romans d'amour, les rêves apportent des voluptés diffuses, émotionnelles, ou plus précises, génitales, qui peuvent rarement être soutenues, du fait de l'angoisse de castration et de viol qu'elles éveillent; l'on retrouve alors le tableau clinique de la suractivation du complexe de virilité intranarcissique, décrit précédemment chez la fillette pré-œdipienne qui devient, en fait, un état d'impuissance psycho-sociale, par dévastation d'objet réel.

Il n'est pas rare que la masturbation accapare la plus grande partie du temps de cette fille, masturbation équivalente au suçage du pouce de l'enfant impuissant, avide de se retrouver vivant, entier, au sein de sa mère qui, en l'abandonnant, l'a dévasté.

LA MASTURBATION CHEZ LA JEUNE FILLE EN ÉVOLUTION LIBIDINALE SAINE.

Il n'est pas rare que certaines jeunes filles vierges, surtout si elles sont orientées par le désir du pénis centripète ou si elles sont des vulvo-vaginales vraies, actives et industrieuses de leurs corps et de leur intelligence, ne se livrent à aucune masturbation. Et cela, non par refoulement, mais par ignorance ou par une attente continente de l'amour objectal, très valorisé, à côté de quoi les caresses solitaires lui semblent sans beaucoup d'intérêt sexuel. Alors que le moindre regard de tendresse venu d'un garçon aimé, la moindre lettre écrite par elle, même non envoyée, sont plus riches d'émois.

LA DÉFLORATION ET LE PREMIER COÏT.

Du premier coït et du comportement masculin de son partenaire dépend beaucoup la suite de l'évolution sexuelle et affective de la jeune fille. Les plus féminines des jeunes filles, les plus propres à devenir des femmes au sens plein du terme, capables d'orgasmes vaginaux et utéro-annexiels, peuvent être traumatisées par leur premier coït, surtout si, outre le désir, elles sont très amoureuses de leur partenaire ou si elles sont liées avec lui légalement, par les liens du mariage.

Le don de son corps à un homme dans le coït est, pour une femme qui assume sa sensibilité sexuelle, un don beaucoup plus important que celui que lui fait l'homme, et cela du seul fait de la surestimation du sexe phallique de l'homme. Aussi, le sentiment de son échec érotique ou la découverte de son erreur dans le choix émotionnel et social est-il une blessure narcissique à toute sa personne, qui vient ainsi ajouter des sentiments d'infériorité réels à une expérience corporelle toujours ressentie comme un viol; viol qu'elle attendait comme révélation voluptueuse et qui est devenu viol castrateur.

En effet, cet échec est bien un traumatisme pour le narcissisme, tant du sexe que de la personne de la jeune fille; dans la plupart des cas, elle décide alors de se défendre face à tous les hommes, généralisant ainsi l'expérience première avec son partenaire indélicat ou immature sexuel. Elle en attendait tant et elle a tout perdu : sa virginité, ses illusions et sa confiance dans la vie. Ceci peut la faire devenir une femme narcissique frigide par vengeance passive, ou une vaginique au moi névrotique, soumis au conflit entre son désir de posséder activement le pénis et son partenaire sur un mode cannibale et sa frigidité vulvo-vaginale vengeresse.

Quand il s'agit d'une vierge depuis longtemps nubile, le premier coït est toujours, du point de vue érotique, un échec. Non pas que la rupture de l'hymen soit douloureuse, mais elle est attendue comme devant probablement l'être, et de ce fait, la fille est centrée sur ses propres sensations, au lieu de l'être sur celles qu'elle donne à l'homme, sans compter ses préoccupations à propos du saignement spectaculaire et valorisant. De plus, ce premier coït réel, par rapport à l'attente magique qui sous-tend le désir longtemps fantasmé, apparaît parfois comme de l'humour noir ou du vaudeville, à côté de la grande scène voluptueuse et romantique des rêves de la jeune fille. Bref, pour la femme, le premier coït est au maximum un demi-succès érotique, jamais un succès réel. Il y a toujours risque de régression, du fait du réveil des fantasmes sadiques endogènes, par infléchissement narcissique.

Du point de vue narcissique, le premier coït peut être un énorme succès, comme il peut être, au contraire, un échec catastrophique. Et cela ne dépend que de l'homme, s'il en est un; mais, dans la plupart des cas, il est souvent encore plus immature que la femme. Ce sera un énorme succès, si l'homme sait être reconnaissant de l'intention de don de ce corps qui lui a été fait, s'il soutient la fierté de la jeune fille dans sa promotion de femme; mais l'événement pour lui, est généralement érotiquement gratifiant, et pour peu qu'il n'ait pas été narcissiquement confirmé par la verbalisation admirative de sa partenaire sur sa puissance ou sur la beauté de son sexe, il se ressent dépossédé par la fierté de sa partenaire, faite femme au dépens de sa castration réassumée. Ce sera un échec catastrophique, si l'homme paraît indifférent après l'acte, surtout s'il a dû se montrer brutal corporellement.

Dans le cas où le premier coït a été un succès, tout au moins un demi-succès de plaisir et un succès d'affection accrue et de confiance réciproque accrue entre les deux partenaires, il est probable que l'évolution sexuelle de la femme se fera vers des orgasmes de plus en plus complets, jusqu'à l'obtention de l'orgasme utéro-annexiel. Tant qu'elle n'a pas été reconnue par un homme valable, belle dans sa nudité et désirable, la jeune fille reste donc dépourvue narcissiquement de valeur esthétique génitale.

Le refoulement de la libido génitale, s'il peut exister spontanément de façon endogène, est très tardif dans la vie des femmes et ne vient que d'un échec érotique dû à l'incapacité sexuelle de son partenaire ou de son incapacité émotionnelle. Le refoulement génital est, pour la femme, le fruit mortifère d'une consommation génitale avec un partenaire lui-même narcissiquement blessé, et dont le sexe ou la personne n'a pas atteint un niveau d'évolution sexuelle génitale.

Je pense, contrairement à l'opinion de Freud, qu'il n'y a pas d'âge pour un épanouissement érotique génital de la femme. Le traitement réussi d'une vaginique vierge de 52 ans me l'a confirmé : ses inhibitions sexuelles pré-œdipiennes d'essence libidinale orale et anale levées, son option génitale n'a pas été refoulée.

LA FONCTION MATERNELLE DANS L'ÉVOLUTION SEXUELLE.

Le mot « mère » veut dire non pas une femme en tant que créature passive gestante, ou consciente de gester ou d'avoir mis au monde des enfants charnels; mère veut dire, par-delà l'histoire anecdotique faste ou néfaste de fœtus et de nourrisson, la représentation humaine de la créativité, le symbole même de la fertilité humaine. La fertilité étant ressentie conditionnée par le phallus, la mère génitrice devient pour elle-même, comme pour les autres, l'image du phallus autochtone, non seulement à l'époque de la gestation, mais encore à l'époque de la vie nourrissonne, avant que l'enfant n'atteigne à une mobilité expressive de son corps par rapport au monde environnant.

Matrice vivante qui sait comment, par qui, pour qui, cette vie qu'elle porte a un sens. Ce sens qu'elle ne peut pas dire, l'enfant qui s'y développe le manifeste. La femme enceinte, consciente ou non de sa grossesse, peut dire des mots traîtres au sujet de sa gestation éventuelle ou effective, des mots souvent contradictoires avec ses sentiments effectivement vécus et que manifeste le langage de son corps. Un enfant est une vie, et une vie incarnée est une parole inconnue, vraie, vivante, enveloppée de chair. Quelle que soit l'attitude consciente de la gestante, c'est par son comportement somatique vis-à-vis de son fruit qu'elle atteint l'acceptation authentique de sa condition génitale, jubilation ou rejet, qu'elle éprouve toujours, consciemment ou inconsciemment, quoi qu'elle la taise.

Gester, c'est manifester par un acte corporel sexuel sa soumission passive conditionnante, son acceptation conditionnée activement, ou le don de soi inconditionné aux lois de la création.

Il serait hors de mon propos de développer ici plus avant les rôles libidinaux différents de la fonction maternelle gestante et maternante : rôle régressif, ou cathartique libérateur d'angoisse, ou cathéxique aliénant.

Ce travail sur les variations des rôles se rattache à la fois à l'étude du narcissisme et à celle des premières relations émotionnelles humaines, dans les structures névrotiques précoces ou psychotiques, à l'étude plus difficile de l'effet somatique qui se manifeste dans la corporéité du nourrisson et des fonctionnements biologiques inter-émotionnels, compatibles avec toutes les variations de l'état de santé et de ses conditions de survivance.

LA MÉNOPAUSE, LA VIEILLESSE.

Du point de vue psychologique, on retrouve ici les problèmes d'adaptation moïique aux règles implicites ou explicites qui régissent en société les rapports des personnes sociales, dans ce qu'elles ont de contradictoire aux manifestations du désir et du narcissisme.

Les femmes restées enfants, à l'Œdipe non posé ou perpétuellement transposé sur des objets de transfert, ainsi que celles à l'Œdipe non résolu, voient la menace persécutrice de la vieillesse dans la mutation hormonale qui signe l'arrêt de leur éventuelle fécondabilité physiologique. Le signe de leur fécondité disparaissant, elles souffrent de penser qu'elles ne sont plus, éthiquement et esthétiquement, valables en tant que femmes; cette souffrance est une angoisse de castration réelle, si la femme a jusque-là ressenti son existence vide de fertilité symbolique, sa seule utilité étant représentée par ses maternités et les soins domestiques.

Les psychanalystes ne voient les troubles de la ménopause – exacerbation de l'angoisse de castration phallique vécue en style de persécution imaginaire par les jeunes filles de la génération montante, jalousie morbide, surcompensant une homosexualité anale ou orale refoulée – qu'à l'occasion des difficultés que ces mères suscitent dans l'évolution adolescente de leurs grandes filles ou leurs grands fils. Pour elles-mêmes, ces femmes verront plutôt des médecins de toutes les spécialités, les prodigueurs de soins de beauté, les chiromanciennes et les psychiatres, qu'elles appellent à leur secours selon leur degré de détresse et ses manifestations.

Tous les symptômes sont de l'ordre du retour à la pensée magique : faire régresser le temps, en niant que ce qui a été n'est plus.

Le désir libidinal, cependant, ne fléchit pas avec la ménopause et, chez les femmes clitoridiennes et clitorido-vulvaires, il s'intensifie parfois pour des raisons régressives susdites, dues à un narcissisme du corps et du sexe, qui donne un style exacerbé aux relations amoureuses, qui deviennent phalliquement revendicantes, proches de l'érotomanie.

Si, au contraire, la castration primaire, puis l'Œdipe bien vécu, ont permis à la femme un destin fécond de cœur et de corps et de sublimations, la ménopause s'installe sans bruit, et ouvre alors pour les femmes une période d'épanouissement de sa personne sociale, une période de grande stabilité physiologique et affective, l'accès à une certaine « sagesse » faite d'expérience et de lucide indulgence. L'idéal du moi génital se met alors au service des autres : la défense des intérêts communs d'un groupe, les soins à leurs petits-enfants, l'aide aux jeunes qu'elles soulagent des besognes domestiques, maternelles ou éducatives.

Leur narcissisme, ainsi soutenu par leur insertion sociale, laisse la place à une libido génitale saine, en résonance avec celle des autres personnes de tous âges; leur tolérance face aux blessures narcissiques est d'autant plus grande. Leur oblativité aux yeux des jeunes devient irremplaçable; qui de nous n'a pas connu une de ces femmes âgées, paisiblement rayonnante, simplifiant tous les problèmes et les angoisses de ceux qui l'approchent, inépuisable source d'espoir et d'expérience, et qui malgré l'âge qui d'habitude diminue les mécanismes mentaux, possède l'intelligence du cœur de la façon la plus naturelle, la plus inconsciente.

Une fois dépassé le niveau des convoitises sexuelles, ce type de vieilles femmes sereines fonctionne différemment de l'image que donne un homme âgé. Alors que celui-ci symbolise la solitude acceptée, le pouvoir de l'esprit par-delà l'impuissance combative du corps, la femme incarnant ce type de sagesse symbolise l'acceptation du déroulement des saisons, de la vie et de la mort; elle incarne l'accueil ouvert à tous, valorisant de façon « naïve » de petits riens qui manifestent la joie des échanges de cœur, redonnant, par quelque chose de simple et de grave, l'espoir humain à ceux que le désespoir éprouve.

Par contre, la vieillesse névrotique, chez la femme, apporte avec elle le masque de l'horreur. L'agressivité revendicative est symbolisée par ces vieilles carabosses mal aimées, mal aimantes.

La présence de telles créatures tératologiques, instinctuellement avides, affolées de demeurer sans médiation possible à leur angoisse insurmontée, craignant encore d'être violées dans leurs moindres et dérisoires possessions narcissiques, est un danger réel pour leur descendance génétique qui symbolise, pour elles, dans leur régression symbiotique, le mal, l'autre phallique qu'elles haïssent, afin de continuer à se sentir puissantes. Monstres sacrés dans certaines familles riches, dont elles incarnent l'ancêtre subsistant, que valorisent ses biens matériels convoités, elles mènent la danse comme des sorcières de Macbeth : craintes, haïes et vénérées, perverses et pervertissantes de ceux qui, par éducation, doivent les respecter et, avec elles, toutes les valeurs mortes. Il faut ajouter aussi que les vieillards hommes n'atteignent jamais à l'intensité du pouvoir pervertissant de ces vieilles aigries, tant la féminité articulée à la maternité est riche de pouvoirs pathogènes diffus sur sa descendance.

A ce tableau extrême de la vieillesse névrotique revendicatrice et frustrée, terrorisante du type involutif, affectif paranoïaque, s'oppose le tableau extrême de la vieillarde régressée, en état de besoin paterno-maternel, passivement exprimé sous la forme d'une phobie généralisée de toute vie, de tout mouvement, de toute émotion, d'une insécurité de vivre, comme si vivre ne pouvait que hâter l'arrivée du terme de la vie : dramatiser en geignant et en prophétisant des catastrophes, tant pour elles-mêmes que pour leur entourage, rivaliser avec tout ce qui intéresse ses descendants, afin de devenir par tous les moyens leur souci majeur, fuir une angoisse de mort obsédante, tel est le fond de leur vie inconsciente. Ce type de vieillarde dépressive est encore plus nocif pour sa descendance que le type précédent.

En un mot, la névrose des femmes à l'âge de la vieillesse n'a pas d'autre caractéristique que d'être un agent de climat névrotisant à tous les niveaux de leur descendance, et cela beaucoup plus que celle des vieillards masculins.

2

Interférences familiales et sociales dans le développement de la libido

FRÉQUENCE DE LA PROLONGATION DE LA SITUATION ŒDIPIENNE.

Comment se fait-il que la non-résolution œdipienne chez les femmes soit si répandue? On peut même se demander comment se fait-il que la pose de la situation de relations affectives non conflictuelles de trois personnes sexuées, génitalement autonomes, soit si rare chez la femme? Par contre, les situations sont très courantes de vie duelle, dans une sorte de gémellage positif ou négatif, où les deux éléments d'un doublet a-génital sont en relation de rejet réciproque entretenu. Ce doublet s'articule à une personne phallique, masculine ou féminine, et à un objet de désir génital, substitut paternel inhibiteur des jeux prégénitaux, dont le doublet se cache pour accomplir ses conciliabules infantiles et ses jeux de nursery.

Chaque élément du doublet trouve sa satisfaction génitale avec une personne différente de l'autre, et lui est parfois très attaché; cependant, si le doublet se brise pour des raisons d'éloignement géographique ou de départ d'une des personnes phalliques – objet du désir d'un des pôles du doublet –, la relation génitale est, elle aussi, détruite; ou bien une dépression survient chez les éléments du doublet, jusqu'à ce que soit retrouvée une situation trinitaire analogue ou qu'une mutation créatrice ne signe le travail de deuil : soit de l'homosexualité, pour atteindre à une situation d'autonomie hétérosexuelle, soit de la génitalité, pour régresser à une plus grande dépendance orale vis-à-vis de l'objet auparavant soi-disant génital.

J'attribue ce fait à ce que, primitivement, le désir du pénis centrifuge a été déplacé sur la poupée, fétiche de pénis absent, puis fétiche de boudin fécal (entre 3 et 4 ans, environ). Ces deux sortes de poupées servent à l'extériorisation d'un comportement servo-materno-paternel, toujours phallique imaginaire, de personne vraie à personne postiche, substitut représentatif des sensations internes de la fille. A 6 ans, le jeu de poupée change de style : la région vulvo-vaginale est à cet âge investie et c'est un enfant vivant, allant se développant, que la fillette désire et à qui elle s'imagine donner des soins, après l'avoir reçu de son père, plus rarement de sa mère [1]. Ce sont de vrais enfants qui lui donnent des émois humains de maternité et de guidance pédagogique qu'elle demande, sous le nom de petit frère ou de petite sœur, qu'elle réclame « pour jouer avec ».

L'enfant imaginaire du désir œdipien, inverti ou non, c'est-à-dire vécu en liaison à la représentation imaginée de la mère ou du père, peut être transféré dans la réalité charnelle d'un petit frère ou d'une petite sœur, qui naît à ce moment dans la famille et dont, très maladroitement, souvent, les parents donnent le marrainage et la responsabilité à la grande sœur, en voyant son exaltation devant ce bébé.

L'enfant de la même mère et du même père, à six ans de différence, est la pierre d'achoppement de l'Œdipe des filles. La croyance magique à la réalisation de leur vœu peut inconsciemment les culpabiliser de l'inceste, avec toutes les conséquences de castration symbolique qui en découlent pour leur personne, castration dont elles se défendent en refoulant leur génitalité féminine consciente, ou en castrant le petit garçon ou la petite fille qui leur a été confiée; et cela, par des manifestations phalliques, en faisant tout pour lui et en inhibant ses propres initiatives, en réprimant surtout les initiatives érotiques, car la

1. Ce cas se produit lorsque, du point de vue social et interpersonnel, c'est la mère qui, pour l'entourage et pour l'enfant, assume les responsabilités familiales du trio père-mère-enfant.

liberté de vivre laissée au plus jeune la met elle-même en danger – en danger de ne plus être l'image conseillère (« il n'y a plus d'enfant »), ou de voir ses propres refoulements remis en question. C'est là le modèle des mères surprotectrices, phalliques, castratrices et culpabilisantes de toute initiative d'émancipation extra-familiale.

Ce frère ou cette sœur, à six ans de distance, en plus ou en moins, est l'origine névrosante, pour beaucoup d'enfants, dans le processus de structuration : névrose au niveau de la libido génitale œdipienne pour l'aînée, au niveau de l'image de la personne dont le corps reste morcelé ou obsédé de phallisme revendicant pour le jeune, qui se construit avec des enclaves phobiques dues à l'infirmation de sa personne à l'âge oral ou anal, par l'accolement d'un corps prothèse, imposé inutilement à lui par son tuteur jaloux, frustré-frustrant.

Mais laissons de côté les innombrables conséquences psychosantes du rôle prégnant de l'aînée sur le destin psychologique du plus jeune, et revenons à la fille œdipienne. Pourquoi les parents leurrent-ils ainsi cette innocente, au lieu de l'aider à faire son deuil de ses mythomanies génitales?

Les parents sont des complices inconscients de cette mutilation, car une fille qui doit renoncer à sa génitalité en famille, passe par une période de latence, un peu dépressive, dont elle se défend par des réactions agressives vis-à-vis des membres du groupe familial et des besoins sociaux et culturels extra-familiaux, qui peuvent être désagréables à des parents possessifs. Alors qu'une fille comblée par une pseudo-maternité, une fille satellite de sa mère, est heureuse, elle seconde effectivement celle-ci, économisant ainsi la paie d'un personnel auxiliaire rémunéré. En réalité, elle développe un second complexe de virilité, mais qui est non apparent pour l'entourage, du fait que le comportement pseudo-maternel est pris pour un comportement véritablement maternel, tant les gens se leurrent de gestes, sans vraiment voir les émois qui les soustendent et qui sont ainsi leur sens symbolique profond – c'est-à-dire leur sens créatif ou décréatif.

La fille œdipienne, qui est frustrée de tout substitut imaginaire à son désir d'enfant vulvo-anal, souffre, disions-nous, et se montre agressive envers sa mère réelle, rivale satisfaite (à ses yeux non frustrée), agressive aussi envers les autres femmes ou jeunes filles qui plaisent à ses frères et aux hommes en général. Elle s'affronte aux femmes éducatrices et cherche homosexuellement à se faire aimer d'hommes ou de femmes, de filles ou de garçons plus forts, dont elle imagine ainsi gagner des faveurs consolatrices, des pouvoirs, à peu de frais libidinaux, ou, peut-être, un investissement enfin narcissique de son sexe féminin ressenti comme non valable. Elle est aussi agressive passive, vis-à-vis du conjoint de son objet œdipien, mère ou belle-mère, qu'elle cherche à désarmer par des plaintes, afin qu'elle lui donne des faveurs additives d'intérêt phallique consolateur; et cela à défaut de faveur corporelle, vulvo-vaginale, à son sexe dont elle redoute l'effraction désirée – ce que manifestent ses rêves de rapt, de viol et de tortures, à l'âge de la puberté encore œdipienne. L'angoisse de viol génital s'éveille à chaque contact un peu trop proche, ou à chaque agression kynétique provoquée par son comportement agressif-attractif en face des hommes.

C'est en pleine phase de latence que la fille peut, au plus tôt, renoncer à un enfant de son père, enfant qu'elle a espéré longtemps, dans ses fantasmes de jeux de poupée et dans ses fantasmes masturbatoires; elle y arrive à la suite d'un processus de compréhension d'une série d'images et notions : la dimension du sexe masculin adulte, le coït nécessaire, l'accouchement vu comme effraction réelle, qui éveillent en elle des angoisses de viol à effet inhibiteur.

Le désir incestueux taillé en pièces, la scène primitive – scène originaire de son existence corporelle –, prend sa valeur initiatique et socialisante, pour la fille comme pour le garçon. Si ces notions cognitives concernant le commerce sexuel génital des corps lui sont refusées, il n'y a pas de raisons pour que la fille ne reste pas une éventuelle concubine soumise au bon plaisir du père, qu'elle attendra parfois toute sa vie.

Un des graves accidents psycho-sociaux de cette perdurabilité de sa dépendance au père, c'est le mariage par choix narcissique avec « un jumeau », ou par choix de transfert de l'amour filial. Ce n'est alors qu'avec la naissance du premier enfant (à demi incestueux) que la femme atteint à sa stature œdipienne et, de ce fait, considère son enfant comme appartenant plus à sa famille qu'à celle du père de l'enfant. L'enfant de l'Œdipe, ainsi obtenu grâce à l'obligeance d'un mari complaisant envers qui la femme (demi-enfant) n'était bien souvent pas frigide, termine enfin le cycle œdipien de la fille. Son évolution sociale dans une option culturelle autonome, peut alors commencer, correspondant à la phase de latence des voies génitales et du désir sexuel génital, phase qui caractérise l'Œdipe résolu. La reviviscence dépassée de la scène primitive introduit la véritable culturation de la femme, non pas pour plaire à autrui mais par sublimation.

Malheureusement, la femme, qui n'était pas frigide alors qu'elle était encore inféconde, est maintenant frigide à son conjoint transférentiel, car son conjoint est rarement celui qu'elle aurait choisi hors des motivations œdipiennes. De plus, l'intensification des désirs culturels, la confiance qu'elle a acquise en elle-même du point de vue social, grâce à ce mariage et à cette maternité, lui permettent une évolution culturelle sublimée, dont elle été névrotiquement incapable à l'époque de sa jeunesse infantile et non frigide d'avant le mariage. Cette évolution culturelle désirée peut la culpabiliser vis-à-vis d'un conjoint qui n'y est pas sensible, et entraîner ainsi le refoulement. Elle peut aussi l'inciter à chercher des fréquentations sociales tout à fait nouvelles par rapport à son conjoint qu'elle conserve comme géniteur légal.

COMPATIBILITÉ DE L'HOMOSEXUALITÉ AVEC L'HÉTÉROSEXUALITÉ CHEZ LA FEMME.

Ses désirs émotionnels et ses désirs érotiques sont dissociés, mais plus ou moins compatibles avec une adaptation sociale qui exclut son adaptation érotique, ou avec une adaptation érotique qui exclut son adaptation sociale. Les tableaux qui suivent peuvent grouper cliniquement la majorité des comportements féminins, où la relation d'objet et la fixation érotique ne concourent pas à son unité créatrice, spécifique à une structure génitale de la personne.

Dans ce cas, dès qu'il y a perte de l'objet passionnel amoureux ou frustration narcissique érotique, apparaissent des symptômes cliniques intranarcissiques qui servent à la pathologie fonctionnelle psychosomatique de la femme, concernant l'image du corps génital dans la pathologie gynécologique, l'image du corps kynétique dans la pathologie de la vie métabolique. Les effets secondaires de ces décompensations ne permettent pas, sans psychanalyse de la femme ou de ses enfants, à leur évolution œdipienne de continuer sa marche. La femme sera alors engagée dans des cercles vicieux où sa libido enfermée aboutit de moins en moins à la productivité et à l'oblativité médiatrice de rencontres émotionnelles, fructueuses, pour elles-mêmes et pour leur groupe social.

A. Homosexualité de forme passionnelle amoureuse, à génitalité latente (inconsciente), compatible avec une hétérosexualité civile, génitalement consommée et frigide. La femme évolue avec ses maternités selon le schéma œdipien, ses vicissitudes et ses avatars. C'est le cas très fréquent des femmes qui viennent consulter des psychanalystes d'enfants pour des comportements réactionnels de ceux-ci ou pour leurs comportements personnels déraisonnables à l'égard de leurs enfants, et qui les inquiètent pour l'avenir de ceux-ci. Hélas, leurs faiblesses les inquiètent moins que leurs violences.

B. Homosexualité de forme passionnelle, génitalement consciente et assumée – pas toujours orgasmique –, avec refoulement de l'hétérosexualité émotionnelle interpersonnelle et de l'hétérosexualité génitale. C'est une fixation morbide à la relation dyadique narcissique, qui peut conduire même à la psychose délirante, au rapt d'enfant, à une délinquance morale inconsciente, qui se rencontre chez certaines assistantes sociales, certaines éducatrices, filles-mères ou mères adoptives célibataires, composant avec le désir du rapt d'enfant, dont elles refoulent les satisfactions génitales, pour le lier à leur activité sociale érotisée sur un mode obsessionnel envahissant.

C. Homosexualité dite sublimée, qui permet des relations de personnes féminines de style génital, sans rapport de corps, compatible avec une hétérosexualité passionnelle consommée génitalement et frigide. Elles sont inconsciemment des œdipiennes violées par le mari, pseudo-père, scotomisé dans son sexe, vénéré dans sa personne pour ce qu'elle a de social, ignoré dans sa réalité sensible. L'hétérosexualité latente est génitale et l'hétérosexualité sublimée est sans désirs génitaux érotiques; c'est la forme la plus compatible avec la vie en société mixte. La distribution de cette libido est bien supportée par la femme elle-même, par sa santé mentale et physiologique. Les psychanalystes les voient à l'occasion de difficultés œdipiennes de leurs enfants; car il y a non-valorisation éthique de tous les désirs érotiques chez leurs fils, qui deviennent abouliques avec la puberté. Leurs filles sont hystériques et homosexuelles, avec symptômes spectaculaires, car le père seul est désirable pour leur fille, mais aucun accès à la personne du père ne leur est laissé par la mère envahissante, qui veut être la fille unique de son mari, leurs enfants devant rester des poupées sages.

D. Hétérosexualité polyandre passionnelle instable, consommée génitalement avec ou sans refoulement d'homosexualité. C'est un défaut lacunaire de structuration, dû à l'absence de valorisation éthique et culturelle de la fille, à l'époque anale et phallique de son développement prégénital. Son corps morcelé s'est, dans tous ses morceaux, identifié au désir dans une forme de corps à dialectique orale : plus il y a de consommateurs, plus elle est valorisée; la débilité sociale ou la débilité affective est toujours présente, s'il y a une valeur sociale par coaptation passive à un mari indulgent et riche. Il n'y a pas de frigidité, mais des orgasmes clitoridiens et vulvaires impérieux, de type nymphomane ou « allumeuse ». Séduire, c'est, pour elle, exister quel que soit l'objet séduit. Elles peuvent, par évolution de leurs tendances orales et anales passives, valoriser le masochisme, le surcompensant parfois par dipsomanie ou par des toxicomanies pharmaceutiques variées, les manies des régimes.

E. Homosexualité, d'abord latente, puis consommée après quelque échec émotionnel ou sexuel de l'hétérosexualité. Elle conduit la femme à renier toute hétérosexualité; elle est le résultat d'un Œdipe impossible à poser, à cause de la fragilité émotionnelle de la personne de leur père, parfois compliquée de l'infantilisme affectif et civique de leur mère. Le désir du pénis est refoulé, tout à fait inconscient; c'est le propre des femmes pédérastes. Le pénis est toujours l'objet désiré, mais fétichiquement représenté par les enfants, filles et garçons (ces derniers avant l'âge de 7 ans). Ce n'est pas un état génital stable et l'évolution vers la criminalité et la psychose peut se faire à l'occasion de la nécessité imaginaire de réaliser, dans le sensoriel et le social, le meurtre de l'enfant œdipien – souvent enfant naturel d'une aventure ou d'une fécondation artificielle ou de l'objet incestueux. L'obstétrique psychosomatique en voit un grand nombre, ainsi que les services de chirurgie d'enfants (accidents par actes manqués de la mère).

F. Hétérosexualité farouchement monoandre, qui conduit la femme, hors de sa fixation amoureuse éperdue à son conjoint (dans un style qui, dans les cas les plus marqués, est de l'ordre de l'érotomanie), à renier ses attachements à d'autres femmes ou d'autres hommes, et à dénier toute valeur érotique aux autres personnes masculines ou féminines, à renoncer même à son désir de maternité, pour complaire à son conjoint.

C'est en fait une fixation morbide de dépendance régressive de la femme à sa mère, transférée sur la situation conjugale. Une telle fixation est rapidement anxiogène et source de régression massive, psychosante, ou de maladie psychosomatique à but secondaire de mécanisme de défense contre des angoisses phobiques.

RENCONTRES ÉMOTIONNELLES.
LEURS RÔLES DANS L'ÉVOLUTION DE LA FEMME.
LE MARIAGE.

L'écueil libidinal de l'échec érotique des premiers rapports sexuels vrais est source de conflits névrotiques, dans les cas de fécondité immédiate (même si elle est désirée, car ce désir est alors un camouflage de rapt d'enfant et signe d'une attitude libidinale régressive). Cela d'autant plus dans un mariage qui rend les conjoints prisonniers d'une parole qu'ils reconnaissent trop tard comme ayant été donnée prématurément, pour des raisons passionnelles ou raisons d'intérêt, contradictoires à leur option libidinale authentique.

Lorsque la jeune fille arrive vierge au mariage et que son mari est peu expérimenté ou inhibé, face à cette situation nouvelle de mari-amant, c'est le sentiment d'échec érotique inattendu, ressenti par l'homme, qui le dénarcissise dans les heures qui suivent la dévirginisation de sa jeune femme; cette attitude dépressive de l'homme aimé déçoit la jeune femme encore plus que son échec érotique, qu'elle a tendance à attribuer à sa propre niaiserie.

De cette situation dépressive, post-nuptiale, l'homme immature sort avec de grands sentiments de culpabilité, qui le font régresser à un mode de rapports sexuels narcissiques masturbatoires, consolateur et régressif : le sexe de sa femme devient alors un outil matrimonial et non l'objet de son désir; tandis que la personne de sa femme devient pour lui, dans les rapports sexuels, de plus en plus accessoire, à moins qu'elle ne devienne, par régression de sa relation à son conjoint, un objet de sadomasochisme physique ou mental, ressenti par lui comme spécifiquement castrateur.

Alors que, dans la vie sociale, leurs rapports gardent la même façade, la femme ne se sent pas plus valorisée dans sa personne que dans ce qu'elle a de culturel, de spectaculaire ou d'utilitaire, donc de façon œdipienne ou homosexuelle; elle tend, à l'image de son conjoint, à rééprouver son sexe comme inintéressant et à revivre des émois surcompensateurs, qui lui avaient réussi au moment de l'angoisse de castration primaire; de plus, parler de son échec amoureux à ses amies est tout aussi dangereux que de ne pas en parler.

La voilà donc avec un sexe dont elle ne sait que faire et dont elle ne sait que dire, considérant le sexe de son conjoint, qui ne sait que faire du sien, comme un inconnu qu'elle ne saurait comprendre. Ainsi s'établit une frigidité primaire, qui serait le plus souvent de courte durée et sans aucune gravité, si les deux conjoints pouvaient *se dire* cette déconvenue réciproque.

C'est de la sorte que les rapports sexuels entre deux jeunes mariés prennent valeur de traumatisme sexuel pour tous les deux, du seul fait de leur non-valorisation érotique ou narcissique, qu'aucune médiation symbolique n'a temporisé pour l'un, venant de l'autre, chacun étant pour l'autre objet de maldonne, dans cette relation duelle de corps à corps décevant. Le face-à-face de ce couple, prématurément construit, dont les corps et les cœurs sont insatisfaits l'un de l'autre, redevient une odieuse fascination par le miroir, où chacun voit sur le visage de l'autre l'image de sa propre déception.

Dans le cas de non-entente sexuelle entre les partenaires, le rejet de l'autre serait, pour chacun, la seule solution libidinale structurante valable; et, souvent, le rejet définitif, ce qui ne veut pas dire, à l'inverse, que l'entente sexuelle justifierait le mariage. Ce risque est toujours encouru dans les premières rencontres sexuelles, d'où, hélas, par manque d'éducation, un enfant (accidentel) est ainsi conçu d'une femme morte-née, mère traumatisée-traumatisante. Si, par chance, ce coït-échec a lieu hors mariage, pourquoi faut-il encore que la légitimation de l'enfant, absolument nécessaire au surmoi génital et à l'idéal du moi des deux partenaires, soit le plus souvent déniée par le géniteur, ou qu'elle serve de moyen de chantage, pour légitimer une union non préalablement concertée et catastrophique pour la santé mentale du trio?

Quelle charge inhumaine et aliénante, les témoins de tels mariages ne mettent-ils pas sur leurs conjoints et sur l'aîné d'une telle famille construite, sur la lâcheté parentale, devant l'épreuve de réalité d'un coït expérimental! Au lieu d'assumer génitalement leur enfant, par la reconnaissance de leurs responsabilités réciproques de devoirs et d'assistance, chacun, en se mariant à l'autre, veut tirer un profit des « droits de l'enfant » qui lui « appartient ».

Un slogan courant résume la loi soi-disant morale : « Il a fait une bêtise, qu'il fasse maintenant son devoir »; ce devoir consiste en fait à rectifier la première méprise par une seconde erreur, toute consciente celle-là, le mariage scellant une désunion, suivie d'autant d'autres bêtises que de coïts fécondateurs de ces époux, prisonniers l'un de l'autre, exemplaires du non-sens génital d'une vie. Ceci est toujours illustré par le climat névrotique étouffant de leur foyer. La liberté conservée de leur état civil de célibataire responsable de ses actes, chacun pour lui seul, est une épreuve d'insécurité nécessaire à ce travail de maturation, puis de fiançailles de leurs cœurs et de leurs corps, travail tout à fait indépendant de leur fécondité physiologique qui, dans les cas de « mariage hâtif », correspond à un transfert avec un *acting out*.

Combien de névroses familiales et de dégénérescences libidinales seraient évitées, par une éducation sexuelle, à la procréation concertée, jamais risquée avant l'accès à l'autonomie civique pécuniaire des deux éléments du couple, c'est-à-dire à l'état adulte de leur moi, et jamais avant l'accès à une volupté satisfaisante commune, c'est-à-dire à un échange libidinal, génitalement et génétiquement sensé! Tous les ajustements légaux du divorce sont des remèdes après coup, avec une perte d'énergie libidinale absurde, tant pour les géniteurs que pour leurs enfants. Mieux vaudrait prévenir les névroses et les psychoses que de tenter de les guérir! Il est probable d'ailleurs que bien des mariages se feraient entre les mêmes partenaires, après quelques années nécessaires à leur libre évolution vers l'accomplissement libidinal complet, c'est-à-dire la réalisation du sens de leur responsabilité génitale réciproque, face à leur destin émotionnel et personnel.

Un homme et une femme ne sont pas toujours trompés dans leur première attraction sexuelle, mais ils engagent souvent trop vite leur existence, avant même d'avoir atteint l'âge du désir de donner naissance à un troisième terme, l'enfant, avant d'être mûrs pour excentrer leur narcissisme dans le fruit vivant de leur amour. Cette dialectique génitale vécue, de fertilité sensée, n'apporte certes pas plus le « bonheur » que les autres dialectiques, pas moins non plus, mais elle annule, le jour où elle éclot, la validité des unions de commerce duel, à troc bénéficiaire ou à perte, des cœurs, des corps, et de leur sens symbolique. Les charges matérielles et morales, les joies et les peines émotionnelles et sexuelles qui surviennent dans la famille d'un couple sainement structuré (libidinalement), au moment de son option maritale, sont rarement source de régression en cas d'épreuve, tant pour les personnes des parents que pour celle des enfants auxquels ils servent d'imago au cours de leur croissance. Tel est le témoignage des psychanalystes d'enfants.

LA MATERNITÉ. SON RÔLE DANS L'ÉVOLUTION SEXUELLE DE LA FEMME.

Ce n'est pas seulement après la défloration désirée, par un homme à qui elle s'est donnée librement et qui a su comment la prendre, mais après une maternité corporelle effective, que l'évolution de la sexualité féminine est en situation d'atteindre véritablement à la totale résolution des résidus émotionnels œdipiens, au deuil possible du narcissisme phallique de son corps et de son sexe, à l'abandon de sa dépendance homosexuelle par culpabilité vis-à-vis de ses parents (surtout de sa mère), à l'investissement de son corps pour celui à qui son sexe appartient, à qui elle reste fidèle non par obligation, mais par libre option d'amour.

Le fait de cet épanouissement tardif chez la femme provient de ce que la scène primitive est très souvent retardée jusqu'à son premier accouchement, qui lui permet de revivre narcissiquement le viol centrifuge de sa mère à travers son fœtus, partie d'elle-même identifiée à la mère; en effet, la scène primitive telle qu'elle a pu être imaginée grâce aux connaissances de son enfance œdipienne ou de son adolescence, si elle a préparé la femme dans la fillette, ne lui a cependant pas permis de revivre le fait déculpabilisé de l'effraction maternelle et l'angoisse de castration (séparation), dans sa toute première origine fœto-natale.

L'investissement narcissique des voies génitales creuses, utéro-annexielles, est le fruit de cette maternité, et cela d'autant plus si elle a vécu comme une création génitale non possessive, un don au père de l'enfant qui l'a faite mère. En Chine, il est une phrase rituelle que la parturiente doit, paraît-il, dire à son enfant : « Je salue en vous, ô mon enfant, au nom de mes ancêtres, les ancêtres de votre noble père. »

L'option génitale de la femme est phallotropique. Le fruit de cette option est une fertilité désirée, comme pouvoir reçu d'un représentant phallique, tant personnel que social, porteur d'un appareil génital fécond, dont elle suscite l'attention, l'intérêt et le choix délibéré.

C'est relativement à la fertilité imaginaire et à l'accouchement nécessaire imaginé, viol centrifuge et castration viscérale, que la libido génitale peut investir secondairement, à l'arrivée dans le temps de la maternité effective, le corps génital féminin en tant qu'existence complémentaire du phallus.

Avant cette scène de parturition, vécue et dépassée, toute représentation narcissique est encore plus ou moins contaminée de représentations orales, anales, de viol centripète, ou de castrations distales mamellaires ou clitoridiennes, en résonance avec les angoisses complémentaires masculines. La gestation, puis la maternité, apportent, dans le corps de la femme, le danger ou la sécurité de l'identification génitale à sa mère, avec une modification radicale de sa psychologie moïque, décentrée de son corps sur celui de l'enfant, et de désinvestissement relatif de l'objet, jusque-là seul représentant phallique. On voit souvent, au cours de la première maternité – surtout s'il s'agit d'un enfant mâle –, la personne du mari n'être momentanément valable qu'en tant que père de l'enfant et mère phallique de la femme. Sa belle-mère (ses belles-sœurs) devient, pour la femme, l'héritière de l'hostilité qu'elle portait à son propre père, à une époque de son enfance où, mari de sa mère, il était son rival dans l'amour duel, oral et anal, qu'elle vouait à celle-ci ou revendiquait d'elle; elle redoute d'elle le rapt de son enfant, ses visites au domicile du jeune ménage qu'elle ressent comme un viol.

Sa mère à elle, pour peu qu'elle soit disponible, lui devient jumelle, ou grande sœur modèle expérimentée, ou encore servante masochisée; il s'établit entre elles un couple homosexuel latent, sacré, situation qui, si elles vivent effectivement proches l'une de l'autre, et pour peu que la grand-mère soit génitalement frustrée, favorite des régressions en chaîne, et la formation des familles névrotiques, au climat irrespirable pour leurs hommes et leurs enfants.

Son père devient son grand (ou petit) frère, il n'y a même plus retour à la situation œdipienne passée, car il ne subsiste rien de séducteur de la fille au père, l'Œdipe étant éclaté.

Oui, la maternité peut apporter à la femme le risque d'une éventuelle ouverture à la régression homosexuelle pré-œdipienne. Heureusement, cette transformation apporte à la femme la possibilité d'un investissement génital créateur de sa personne, devenue symbolique de ses voies génitales, dans leur validité matricielle centrifuge, que la maternité réussie a confirmées comme bien existantes et que son heureuse délivrance a de nouveau, pour un temps, laissé vacantes, mais sécurisées et humainement valables, si le mari se montre gratifié de sa paternité.

La montée laiteuse aux seins, jusque-là seulement spectaculaire, signe la transformation de la jeune fille, devenue source médiatrice de vie. Ici encore, le rôle du conjoint, s'il est l'amant trop fixé à l'intégrité juvénile phallique de sa femme, peut infirmer cette évolution génitrice, s'il se montre jaloux du nourrisson au sein (phénomène pas si rare chez les hommes, surtout s'ils étaient aînés ou derniers d'une famille nombreuse).

Il est probable que la pathologie des seins soit en rapport avec l'allaitement; la lactation touche le don phallique génital, qu'elle peut faire à son œuvre, pour la maintenir et l'invigorer par-delà les angoisses de castration qu'elle a vécues à l'époque utérine et nourrissonne de ses relations à sa propre mère. L'homme qu'elle aime peut la faire ressurgir en la dévalorisant narcissiquement à l'avance, se moquant d'un buste qui porterait l'affaissement que l'allaitement peut laisser. Ici encore, chez la femme, le rôle du désir de l'homme est prégnant et continue de lui favoriser ou de lui barrer l'évolution vers le décentrage de son narcissisme phallique, lié à son corps propre, vers l'œuvre commune qu'incarne l'enfant.

La paternité, à côté de la maternité, n'apporte à l'homme que charges et responsabilité morale, frustration momentanée de sa femme, alors que de son corps heureux à elle jaillit le lait pour le bébé, la nourriture primordiale. L'insécurité de la paternité biologique est tempérée, en général, par la certitude de sa paternité, confirmée devant la société, auprès de l'état civil où l'enfant est déclaré. Mais, tout au moins dans l'état actuel de nos mœurs, un coït triomphant immédiat, avec la jeune femme phallique glorifiée, ne lui est pas autorisé; il doit subir le rival et, officiellement, aimer l'intrus. Il y a plus grand danger encore pour l'homme devenant père, d'une régression homosexuelle, lors de laquelle il s'identifie à son père; s'il a sa mère, la reviviscence de l'Œdipe ou de son danger, si elle est seule, est aggravée du fait de sa continence forcée et du changement brusque des rythmes, dans sa vie de nouveau célibataire occasionnel.

On conçoit aisément le cap difficile à passer pour un couple à son premier enfant, et pour quelles raisons les thèmes du viol, de la castration, sont remaniés par l'inconscient des deux jeunes parents.

3

L'érotisme féminin

LES CONDITIONS PRÉGÉNITALES DE L'INVESTISSEMENT ÉROTIQUE DES VOIES GÉNITALES DE LA FILLE ET SON ACCÈS À LA POSE DE L'ŒDIPE. LE COMPLEXE D'ŒDIPE. SA RÉSOLUTION.

Dès la naissance, un bébé nouveau-né du sexe féminin, comme du sexe masculin, est sensible aux affects qui l'entourent. Tout se passe comme si les bébés enregistraient la signifiance de ce qui se passe autour d'eux les concernant et le climat émotionnel de la relation de ses parents à leur propos. Il faut savoir que le bébé reconnaît les hommes et les femmes avant même de voir; les filles – est-ce par l'olfaction, est-ce par l'audition de la voix? –, sont très sensibles à la présence masculine, particulièrement à celle de leur père. C'est tout le contraire pour les garçons, qui sont sensibles à toutes les présences féminines, et particulièrement à celle de leur mère. La fille est sensible à la présence de sa mère quand elle a besoin d'elle; lorsqu'elle est rassasiée et en bien-être, elle est plus attirée par l'homme que par une femme.

Il y a des attitudes inconscientes de la mère et du père, et des dires conscients qui, de la petite enfance à l'âge de la parole, entendus par le bébé, portent leur fruit symbolique dans la façon dont ce bébé-fille, puisque c'est d'elle que nous parlons, construit une image d'elle-même, narcissisée dans sa personne et dans son sexe ou non. Elle a l'intuition de sa féminité et de son sexe, en accord ou en désaccord avec le plaisir ou le déplaisir de sa mère, d'une part, et de son père à son égard, et avec le plaisir qu'en son corps les sensations de son sexe lui donnent. Si la mère est elle-même narcissisée d'être femme et heureuse d'avoir une fille, tout est en ordre pour l'enfant, pour qu'elle-même investisse sa féminité et son sexe de façon positive.

Lorsque l'enfant, par son développement psychologique et sa croissance, atteint l'âge d'exprimer des émois pour communiquer avec l'autre, elle le fait à partir de ce qu'elle se sent avoir valeur pour ceux de l'entourage. Cette valeur lui est délivrée au cours de cette première enfance, d'une façon tout à fait inconsciente, tant pour les parents que pour elle-même.

Une fille est un spécimen humain femelle, mais sa féminité lui est octroyée comme valeur dans le langage (étant entendu que ce mot ne signifie pas seulement le langage verbal, mais tous les échanges sensoriels et physiques qui permettent la communication avec le milieu humain). Avec ce milieu humain, l'enfant a des contacts de corps, qui prennent un sens d'accord ou de désaccord affectif et idéatif dans la relation de l'enfant aux autres, d'après les dires et les réactions des autres. Il se passe un phénomène que l'on nomme introjection, et la notion de sa féminité s'établit chez le bébé-fille par des octrois de valeurs symboliques positives qu'elle a ainsi reçues des autres, concernant son être au monde, son corps, sa présence et son aspect, son comportement.

Nous pouvons distinguer plusieurs étapes, dont on retrouve l'impact dans les psychanalyses, comme ayant marqué pour la féminité de la fille un signe positif ou négatif, quant à son narcissisme féminin et à l'intelligence de son sexe.

Première étape. Son accueil au monde : « c'est une fille », « vous avez une belle fille, madame, ou monsieur » et l'autre voix de la mère qui répond : « quelle joie! » ou « ah, comme c'est dommage! j'aurais préféré un garçon! ». A l'accueil de la mère s'ajoute l'accueil du père, puis surtout le prénom, féminin ou neutre.

Lorsqu'une fille n'a pas été prévue et attendue, on n'a pas de prénom pour elle, on est long à la nommer. C'est important. Il semble que cela ait marqué l'enfant; alors que, lorsque j'avais eu, dans l'anamnèse, le témoignage de la joie des parents de l'avoir attendue et qu'elle fût née fille, il ressortait le contraire chez l'enfant; quelques semaines après, d'elle-même, la mère, du fait de ce qui se passe de communication de l'enfant avec sa mère, la mère, en me parlant m'a dit : « Je vous ai dit qu'elle avait été bien reçue, mais nous avons tout de même mis quelques jours à nous y faire, nous aurions tellement voulu un garçon! » A ce moment-là, il est très important de confirmer à l'enfant qu'elle avait senti juste, que ses parents l'eussent préférée garçon. Et à l'étonnement des parents, tout ce qui était jusque-là négation de son sexe, essaie de se montrer quasiment neutre chez cette petite fille, disparaît, et la féminité de cette enfant peut s'épanouir, seulement parce qu'avec des *mots justes* on a touché une sensation, une *intuition juste,* qui n'avait jusque-là jamais été dite.

Donc, au cours de cet accueil, ce qui compte, c'est la joie, l'indifférence ou l'angoisse que cette naissance procure aux parents. Dans cet accueil aussi, il faut compter les propos concernant son aspect, sa santé, les inquiétudes qu'on peut avoir pour sa survie, et surtout l'ambiance agréable ou désagréable, que le bébé semble boire comme une éponge, dont il s'imprègne.

Deuxième étape. C'est le rôle de l'instance éducatrice, si ce n'est pas la mère elle-même, de faire savoir à l'enfant qui est sa mère, qui est son père, qu'elle vive avec elle ou qu'elle la voie de temps à autre, rendant visite à sa nourrice. Et même – et surtout peut-être – quand le géniteur est parti ou est mort. Ou encore, si l'enfant est abandonnée et destinée à être adoptée. J'ai vu des enfants perturbés en maison d'adoption, entre quatre et dix-huit mois, conduits en psychothérapie pour leur perturbation et boire mes paroles, lorsque je leur racontais le peu qu'on savait de leur histoire, mais la vérité. A l'étonnement des personnes de l'institution, les enfants ainsi ramenés à leur vérité originelle semblent trouver les moyens de guérir de ce qui les rendait malades.

Ces deux étapes signifient (la première) qu'il est délivré à la fille, dans des paroles, les deux racines de sa vie symbolique : la notion de sujet, son prénom réel, même si on lui donne aussi un surnom, et la notion de sa filiation. Elle est donnée par le patronyme, quand l'enfant est légitimé, mais la notion de son patronyme n'est pas donnée d'ordinaire en relation au nom de ses parents. C'est comme si elle n'était pas donnée.

Il n'est jamais trop tôt pour verbaliser ces deux vérités et les répéter fréquemment à l'enfant et, devant elle, à d'autres personnes. Tout nourrisson a droit à sa vérité. L'adulte qui a mission de l'éduquer enracine ainsi la vie charnelle à la vie symbolique.

Troisième étape. Entendre parler d'elle, en même temps que lui est donnée sa valeur de fille, comme par exemple : « tu deviens une grande fille, tu es comme une dame »,... etc. La fonction phallique de la libido signifie que tout ce qui a valeur éthique et esthétique donne lieu à des échanges de perceptions entre la mère et l'enfant : bien, mal, joli; laid, beau, fort, faible, pas bien, etc., bon, mauvais. Aussi, avoir un signifiant pour toutes les parties de son corps, en les lui nommant, ainsi qu'avoir un signifiant pour nommer son sexe est important, parce que ce qui n'est pas nommé, n'est rien.

Il est important que ce signifiant ne soit pas, le jour où l'enfant comprendra le langage, un mot qui ait un sens dévalorisant. Je me rappelle un petit garçon qui appelait son sexe : son péché. C'était ainsi qu'on le lui avait nommé. Il est dommage qu'aux petits on apprenne des noms ridicules. Il est si simple de dire pénis et vulve. Même, comme pour le prénom, si on leur donne un surnom; qu'un autre surnom soit donné au sexe, à condition qu'ils en connaissent le véritable signifiant.

Dès que la petite fille amorce une autonomie motrice dans son comportement, la référence de ce comportement – quand il s'y prête – à sa notion intuitive qu'elle veut agir comme sa maman, comme une dame, que c'est dans l'ordre, que c'est bien, est nécessaire. De même, c'est très tôt que la petite fille est attirée par son père et par les hommes, et il est bon aussi qu'au lieu de s'en moquer, elle en reçoive une parole qui signifie que sa mère trouve ça bien. A cette époque de l'observation et de la motricité qui se développe, l'enfant se livre naturellement à des explorations sur son corps. Il est important que ces explorations soient l'occasion de nommer toutes les parties de son corps, sans hésiter de nommer le sexe.

Quatrième étape. L'érotisation des parties génitales commence tôt, à l'occasion de ces explorations mais, si aucun mot n'est dit concernant le sexe, la manipulation érotisante du sexe devient parfois compulsive. Lorsque l'enfant manifeste un plaisir visible à cette masturbation génitale, il est nécessaire que la mère s'en apercevant lui dise, lui nomme à ce moment-là, le lieu où elle ressent visiblement du plaisir, en lui signifiant : *c'est là que tu es une vraie fille, tu es comme maman.* Cela suffit généralement à la narcissiser, à donner signifiance à ses perceptions et à empêcher la naissance d'une masturbation compulsive, lors de laquelle l'enfant peut se perdre dans des rêveries et se désintéresser du monde extérieur.

Dès que l'enfant parle, si elle est en confiance, elle déclare qu'elle a là un trou et un bouton. C'est vrai, devrait répondre l'adulte, au lieu de s'en horrifier. Aucun enfant ne recourt à la masturbation, sauf au moment de l'endormissement, s'il ne s'ennuie pas.

La masturbation, qu'elle soit orale (suçage de pouce), anale (jeu de retenir ou de lâcher les excréments), ou de tripoter l'anus (de jouer avec les excréments), tous ces jeux érotiques du premier âge sont des substituts d'une relation symbolique plus différenciée avec la mère. En effet, les zones érogènes sont des lieux de présence et d'échange agréable avec la mère, et, si l'enfant ne reçoit pas l'éducation au sens de l'éducation psychomotrice et de l'expression verbale et gestuelle de tout ce qui l'intéresse autour d'elle, elle est obligée de retourner à des manipulations de son corps et de ses zones érogènes.

L'éducation sexuelle du tout-petit, à part les mots justes dits sur toutes les régions de son corps, y compris toutes les zones érogènes, consiste à développer l'adresse des pieds, des mains, du corps, de la voix, de la bouche. Ce sont toutes les activités nécessaires à l'entretien de l'enfant, à sa nourriture, qui, en l'aidant à développer ses pulsions transférées sur des objets, évitent le retour à son corps intempestif et continuel, qui est déshumanisant pour l'enfant. L'éducation sphinctérienne, je le dis souvent, devrait être totalement abandonnée. Des mots justes concernant les excréments, des mots justes concernant le change, tout ceci suffit. Des mots justes expliquant à l'enfant quand il pose une question : « où vas-tu? », à l'adulte, et que l'adulte lui explique que le cabinet où il va est, pour lui aussi, « faire ses excréments », suffit largement pour l'éducation sphinctérienne de l'enfant.

La véritable éducation, ce n'est pas d'empêcher l'enfant de se salir ou de l'obliger à une régulation de ses émonctoires; c'est le transfert sur l'habileté de la faculté de maîtrise et de contrôle moteur qui, par lui-même, du fait de la maturation du système nerveux central, aboutit à la continence quand elle n'a jamais été demandée. Il n'y a que les humains qui peuvent rester incontinents sphinctériens plus longtemps que leur corps l'exige; ceci les rendrait propres, si jamais la propreté n'avait fait partie de la relation imposée par la mère.

Cette quatrième étape est donc l'éducation à la motricité et à l'autonomie dans l'attention de l'éducatrice, accompagnée de langage juste concernant toutes les activités de l'enfant et des compliments à chaque réussite.

Quand tout s'est bien passé dans l'élevage et l'éducation, l'enfant-fille de 21 à 22 mois est déjà très habile, très « petite bonne femme », très érotisée dans sa féminité, en tout cas, à 30 mois, cela est totalement acquis et elle parle très bien sa langue maternelle. A partir de cet âge, de 24 à 30 mois, c'est le rôle du valorisé implicite ou explicite, du permis ou du défendu par le milieu, qui est dominant pour former la sensualité saine d'une fille. Tout est en place dans sa sexualité, dès qu'elle a acquis spontanément la propreté sphinctérienne, et qu'elle a cette aisance dans sa vie quotidienne, pour que la petite fille soit déjà préparée à une vie saine de femme non frigide.

Cinquième étape. C'est la découverte de la différence sexuelle, à l'occasion de l'observation de la nudité des garçons. L'important au cours de cette étape, c'est la valorisation de l'observation juste de la fille et l'explication qui lui a toujours été faite, ainsi que la raison pour laquelle elle est une fille. Sa mère est semblablement faite. La fille alors pose la question de la poitrine de la mère, et il faut lui répondre qu'elle poussera aussi quand elle aura 12 ans, quand elle sera une grande fille, lui en montrer l'exemple sur des jeunes filles qu'elle connaît. A ce moment-là, la fillette oublie totalement son envie momentanée d'avoir un pénis centrifuge. Elle est fière de ce sexe dont elle sait le nom, et qui lui donne des plaisirs qui ne sont pas interdits et, de plus, lui promettent un avenir de femme.

Un moment est délicat : lorsque la fille, s'apercevant que les bébés avant de naître sont dans le ventre des femmes, s'imagine que les femmes les font par l'anus. Ce sont, pour elle, des cacas magiques. C'est un moment important, car un fantasme erroné comme celui-là, lorsqu'on s'en aperçoit, ne doit pas être laissé dans les engrammes des articulés mentaux de la fillette. Il faut lui dire : « mais tu te trompes, c'est par-devant que le bébé naît ». La question vient assez rapidement : « et par où il entre »? Alors par exemple : « ton mari, quand tu en auras un, te le dira ». L'enfant continue ses questions au jour le jour.

Lorsqu'un enfant ne continue pas de poser une question, il ne s'agit pas de continuer à lui donner des explications qu'il ne demande pas. La réponse doit toujours être parcellaire, juste, et laisser ouverte la possibilité d'autres questions, auxquelles il sera répondu au jour le jour, au fur et à mesure qu'elles viendront, jusqu'au jour où cette série aboutira à la notion que c'est des rencontres du sexe de l'homme avec le sexe de la femme que l'enfant naît.

A ce moment, l'Œdipe est très engagé, car c'est le père qui est l'objet des pensées, des rêves et des fantasmes de la fillette; il est tout à fait inutile de l'en dissuader, si elle ne verbalise pas constamment cet espoir, car une enfant qui verbalise constamment cet espoir à tout bout de champ, c'est qu'elle pose une question implicite. Il suffit de lui dire : « Tu crois? mais, moi (la maman répondant), je ne me suis pas mariée avec ton grand-père, qui est mon papa. » Cette réponse, parfois, suffit à libérer l'enfant, parfois pas, lorsque sa sensualité est très engagée. Vient alors un jour où faisant plus particulièrement la cour à son père que d'habitude, elle doit entendre de celui-ci, et non de la mère, les paroles libératrices : « Mais je ne t'aimerai jamais comme une femme, puisque tu es ma fille. » Cette verbalisation toute simple de l'interdit de l'inceste soulage la fillette, qui en reparle alors à sa mère. A elle de lui dire que toutes les petites filles sont comme elle, et ont commencé par croire qu'elles se marieraient avec leur papa.

Alors s'ensuit, bien qu'il n'y ait plus de contact désiré d'amour venant du papa, l'idée magique et le fantasme qu'elle aura tout de même des enfants dont le papa sera son père. Cette éducation à l'interdit de l'inceste dure entre six mois et deux ans chez les enfants, et lorsqu'elle est ainsi faite, au jour le jour, par des parents chastes et qui ne s'amusent pas à berner leur enfant, la résolution œdipienne se fait aussi très facilement pour la fille, car elle a généralement beaucoup de petits soupirants de son âge autour d'elle, avec lesquels elle commence à faire des projets. Un moment délicat pour le père, car il ne doit pas se montrer jaloux. La résolution œdipienne est un moment décisif pour l'avenir de la fille, et elle doit être accompagnée de l'interdit de l'inceste latéral avec les frères.

Sixième étape. La curiosité de la fille s'éveille de plus en plus et elle désire en connaître plus de l'intimité de sa mère et de son père. C'est là l'étape suivante. Car c'est une curiosité qui va apporter – si elle n'est pas blâmée, mais qu'elle est suscitée pour que la fille dise ce qu'elle cherche (savoir ce que père et mère font au lit) –, la réponse juste quant aux rapports d'amour et de contact physique entre père et mère. Il faut lui dire que la vie la conviera aussi à ces rapports lorsqu'elle sera plus grande, et surtout lui donner la notion que c'est grâce à cet amour et à ce désir de sa mère pour son père, qu'elle est née. Ce fantasme, qui est ainsi donné à l'enfant, de la scène primitive originelle à sa vie, lorsqu'il est verbalisé dans une bonne ambiance entre l'enfant, sa mère et son père (car c'est une conversation qu'on peut avoir à plusieurs), produit chez l'enfant la libération définitive de ce qui restait d'incestueux vis-à-vis de son père, en tant qu'hétérosexuel, et vis-à-vis de sa mère, en tant qu'homosexuel.

Le narcissisme féminin ressent un fléchissement au moment de la chute des dents de lait. Si l'Œdipe est prêt, s'il a été abordé en paroles, la résolution œdipienne se fait au moment où la denture définitive s'établit, et que la fillette trouve en se regardant dans la glace son sourire devenir celui d'une jeune fille. Tous ses rêves et ses fantasmes deviennent alors des fantasmes d'avenir. Mais la phase de latence physiologique arrive, et c'est dans la culture, la société, avec ses amis, dans des activités de toutes sortes, que toutes ses pulsions trouvent leur sublimation. A cet enfant, il a été délivré tout ce qui peut soutenir son narcissisme féminin.

Septième étape. La puberté. La puberté de la fille est parfois une surprise, lorsqu'elle n'a pas été préparée par sa mère. L'apparition de sang à la vulve est toujours un traumatisme, lorsqu'elle n'a pas été prévue comme le signe d'une promotion, le signe qu'elle devenait jeune fille. Cette promotion, par l'établissement des premières règles, peut parfois être traumatisante, lorsque la mère en parle au père, qui lui-même en parle à sa fille.

Il m'apparaît, dans l'expérience que j'ai, qu'au moment de la puberté la fillette ne doit pas être l'objet de la curiosité de son père, concernant l'établissement de son cycle menstruel. Le problème est complexe quand le père fait métier médical, et c'est toujours un traumatisme pour les jeunes filles, d'autant plus que certains médecins masculins pères ne comprennent pas la pudeur de leur enfant. Dans les cas ordinaires, c'est surtout de la complicité avec sa mère dont la fillette a besoin, au début de l'installation de ses règles; ensuite, cela n'a plus aucune importance, parce qu'au bout de quelques mois, la situation est établie. Elle-même, si la mère l'a éduquée à la simplicité concernant les choses du corps, dira très facilement à son père et à ses frères : « Aujourd'hui, je ne vais pas me baigner, parce que j'ai mes règles. »

En effet, la pudeur de la jeune fille est une pudeur de sentiments. Lorsqu'elle touche le corps, ce n'est qu'au début de l'installation de la féminité. Ce n'est pas une raison pour que les parents ne continuent pas d'avoir de la pudeur à l'égard de leur fille, et qu'ils ne lui enseignent pas la pudeur du corps à la maison. Parce que, de même qu'on enseigne à l'enfant de ne pas détruire le bien du voisin, ni le voler, même dans la famille, pour l'habituer à la vie sociale, de même l'éducation en famille est faite pour préparer l'enfant à la vie en public. Le manque de cette formation de sa féminité, par des comportements qui la valorisent (et la pudeur valorise la féminité) est un défaut d'éducation des mères.

La masturbation des jeunes filles peut continuer après la puberté, mais elle peut aussi ne pas exister. Ce n'est pas un signe de manque de sensualité. L'érotisme de la fillette et de la jeune fille, avec ou sans masturbation, lui donne des sensations voluptueuses du fait des rêves de sommeil ou des fantasmes qu'elle a, concernant les jeunes gens qu'elle voit, soit qu'elle les connaisse très bien, soit qu'ils soient à peine aperçus. L'éducation joue aussi un rôle sur ces flammes d'amour; qui parfois bouleversent la sensibilité d'une jeune fille. Il est rare qu'elle en parle à sa mère, il n'est pas rare qu'elle en parle à une autre femme, amie, ou de la famille. Le fait seulement d'en parler et d'entendre dire : « c'est normal, nous avons toutes été comme ça! », et tout rentre dans l'ordre. Sinon, la masturbation peut s'installer, entretenant des rêveries que la jeune fille croit ou coupables, ou malséantes et pas normales. Car la vie imaginaire érotique ne paraît pas normale à une fille, comme elle le paraît à un garçon.

Nous savons peu de chose sur l'investissement érotique des voies génitales de la jeune fille, et ce que nous savons, c'est surtout par les dires rétroactifs des femmes. Ce n'est pas sûr qu'elles se souviennent tellement bien de leur jeunesse, car lorsque nous sommes adultes, nous projetons des sensations et des sentiments actuels sur le passé. Nous connaissons mieux les effets d'un narcissisme qui n'a pas investi l'érotisation des voies génitales. Ce sont les troubles somatiques qui accompagnent les règles, ou qui accompagnent les désirs d'enfants par jalousie de la mère, quand celle-ci met au monde un bébé.

Il m'est arrivé de voir une fillette de 13 ans, réglée, et qui assez brusquement a présenté des métrorragies pour lesquelles, conduite chez *un* gynécologue, qui n'a pas pu l'examiner et qui a donné l'adresse d'*une* gynécologue, qui n'a pas davantage pu l'examiner et qui, croyant l'enfant psychotique, ou tout au moins très névrosée, me l'avait envoyée. C'était, en effet, une enfant qui vivait d'une façon térébrante la jalousie de la parturition de sa mère. Un dernier petit frère était né, qui remaniait toute la pose de l'Œdipe et le complexe d'Œdipe. Dans cette famille, rien n'était expliqué. L'état gravissime apparent de la jeune fille, tant organique que psychologique, fondit en trois semaines, c'est-à-dire en six séances où, derrière un mutisme misérable et dénarcissisé, des mots de ma part ont permis à la jeune fille de se sentir en confiance et de raconter ses désirs meurtriers pour le jeune frère. C'étaient ces désirs meurtriers qui avaient déclenché les métrorragies. En fait, ce n'était pas le jeune frère qu'elle voulait détruire, c'était *détruire l'objet qui faisait la fierté de sa mère*. Cette jeune fille n'avait pas été informée du rôle paternel dans la conception.

A partir du moment où la petite fille a accepté (et même accepté avec fierté) les caractéristiques de son sexe, et si elle connaît le rôle du père qui, sans lui être explicité en détail ne lui est pas interdit de fantasme et de parole, la libido génitale de la fille naît, relativement au phallus et au désir de l'intromission future. C'est pourquoi il est très important que la notion de l'érection, qui rend possible la pénétration, soit explicitée à la jeune fille. A défaut de cette explication du fonctionnement érectile du pénis masculin, qui correspond au désir sexuel éveillé des mâles, l'intuition de la jeune fille n'a pas de signifiant pour lui répondre. D'autre part, puisqu'elle ressent en elle l'émoi de la rencontre des jeunes gens, elle peut se sentir constamment en danger à leurs côtés, car le désir chez la jeune fille suscite en elle une méfiance d'elle-même. Ceci s'explique fort bien. Le désir d'enfant est toujours lié, pour les enfants et les jeunes filles, à la notion d'amour d'un homme. Et ce désir d'enfant est tout aussi intense que craint. Leur logique leur fait comprendre qu'elles ne sont pas mûres pour élever un enfant, et les fantasmes de viol qui excitent la féminité d'une fille, depuis l'âge œdipien, se confondent avec la réalité possible du viol, lors de n'importe quelle rencontre sociale de jeune homme. Ce qui entrave complètement la vie sociale de la jeune fille, par ailleurs saine. Mais on la croit névrosée. En fait, elle manque d'information.

De même que, lorsqu'elle était petite, c'est le langage qui a délivré à la fille la notion de sa féminité, de même, quand elle est devenue pubère, c'est l'échange verbal avec une femme de confiance, plutôt sa mère, si celle-ci est d'expérience et sans voyeurisme ni autorité freinant la liberté de sa fille, qui pourrait lui donner toutes ces informations à temps, c'est-à-dire dans les mois qui suivent l'installation des règles. D'ordinaire, ceci n'est pas fait. Aussi, cette éducation sexuelle revient au hasard des conversations de la fille avec des personnes de confiance.

On est étonné de voir et d'entendre des femmes parler de cette période, de voir à quel point les filles sont démunies devant le « baratin » que leur font les garçons, afin d'obtenir d'elles qu'elles se laissent pénétrer, dans un coït qui n'a de sens ni pour le garçon ni pour elles sur le plan symbolique, mais seulement, comme le disait l'une d'entre elles, pour « la petite expérience ».

Que ce soit dit ou non, c'est ainsi que les jeunes garçons et filles, et souvent, aujourd'hui, les filles, sont sollicités beaucoup trop tôt et avant qu'ils n'en aient le désir, à la réalisation de l'acte sexuel.

Je crois que, de nos jours, il est important que les filles narcissisées, féminines et conscientes de la valeur de leur personne et de leur sexe, reçoivent l'information éducatrice qui leur dit qu'elles n'ont pas à céder aux insistances d'un garçon lorsqu'elles-mêmes ne sont pas attirées par lui. Actuellement, l'éducation des filles, du point de vue sexuel, se fait surtout par les camarades d'école. Ce que l'on a introduit à l'école n'est pas de l'*éducation*, mais seulement de l'*information*, ce qui n'est pas du tout la même chose.

Il n'y avait autrefois, à l'école, que la répression, qu'on appelait de l'éducation, et l'ignorance qui était valeur éthique pour les jeunes filles. Heureusement, c'est changé. Mais, malheureusement, il n'y a rien qui est fait pour soutenir en elles le sentiment de leur valeur et, par rapport à la sexualité, pour les inciter à penser par elles-mêmes, au lieu de se laisser mener, par exemple, par les mouvements des mass media qui, pour des raisons commerciales, mettent en avant plus le « jouir du corps » que la symbolisation des valeurs féminines.

Dans l'expérience que j'ai pu avoir, lors des visites de jeunes filles en désarroi, il s'agissait toujours de suites de relations sexuelles qui n'avaient pas eu de sens pour elles, au moment où elles s'étaient laissées prendre aux moqueries de leurs camarades et des garçons devant leur réticence à se donner, alors qu'elles n'éprouvaient ni désir ni amour. Finalement, elles se laissent avoir pour ne pas paraître stupides, et aussi parce que court chez les jeunes filles la crainte d'être frigides. Or, bien sûr, elles se mettent justement dans les conditions de le devenir, si elles se donnent sans que ça ait aucun sens, ni éthique ni esthétique, ni symbolique, pour elles, au moment où elles se donnent.

Bien sûr, comme toujours, comme autrefois, le fait de se donner pour la première fois a valeur, pour elles, par le fait même qu'elles se sont données; l'abandon par le garçon, qui ne s'était d'ailleurs engagé à rien du tout, provoque une crise de dépréciation narcissique chez la fille. Elle craignait d'être frigide, et elle croit maintenant qu'elle en a la preuve. Et c'est d'ailleurs pour soigner leur « frigidité » que ces toutes jeunes filles viennent consulter les psychanalystes. Ce travail de psychothérapie est d'ailleurs fort intéressant pour des psychanalystes, parce qu'il permet de rencontrer des femmes à un âge où, auparavant, nous n'avions pas le contact avec elles; sauf si elles présentaient des troubles visibles pour la société, nous n'avions pas l'occasion de les aider à devenir autonomes, en gardant leur propre quant-à-soi.

Depuis l'existence et la libéralisation des moyens anticonceptionnels, deux sentiments apparaissent chez les jeunes filles. Le premier, c'est la peur d'être ridicule de n'avoir pas encore couché avec un garçon, alors qu'elles n'en aiment encore pas, et le second, qui fait souci chez les gynécologues, c'est qu'après quelques essais d'insensibilité sexuelle dans les conditions que j'ai dites, les jeunes filles cessent de prendre la pilule, par désir d'avoir un enfant. Non pas pour le garder et l'élever, mais, puisqu'elles pensent être frigides, pour être sûres qu'elles sont au moins femmes et qu'une conception le leur prouve. C'est alors le recours à l'avortement, qui est pris à la légère, pour la plupart. Ce n'est pas le cas pour toutes, et l'avortement nécessaire, étant donné la situation d'immaturité totale, tant sociale que personnelle, est un choc non pas pour la psychologie consciente, mais pour l'inconscient de la jeune fille.

L'IMAGE LIBIDINALE ÉROGÈNE DU CORPS ET DU SEXE CHEZ LA FILLE. LA SYMBOLISATION ESTHÉTIQUE ET ÉTHIQUE.

Dans le processus du développement sexuel de la fille, nous pouvons schématiser les étapes suivantes :

1. *La phase passive orale et anale.* Tout ce qui concerne les fonctionnements, les besoins qui sont toujours liés à des désirs, et à des désirs croisés à ceux de la mère, font que c'est beau, c'est bien de « bien manger » et éventuellement de « trop » manger. Ce n'est pas beau, c'est laid, de rendre. C'est surtout angoissant. Quant à l'érogénité anale, les selles doivent être belles, mais la maman qui paraît si heureuse de prendre au siège de l'enfant des selles quand elles sont belles, et qui présente une mimique angoissée quand ce n'est pas le cas, provoque un début des sentiments esthétiques qui consiste, dès que l'enfant peut volontairement agir avec ses mains, à tripoter la nourriture et à tripoter les fèces. A ce moment-là, cet objet partiel qui se trouvait beau d'être avalé, devient « pas bon d'être touché ». L'autre objet, qui était beau quand la maman le prenait, ce n'est pas beau quand c'est l'enfant qui le prend.

2. *La phase sadique orale et anale,* qui suit et qui s'intrique à la première, dès qu'il y a possibilité d'activité préhensive et d'activité de jeter, puisque les mains sont des lieux de transfert de la zone érogène orale et anale. C'est le faire avec la bouche et le faire avec l'anus qui se transpose sur le « bien » faire ou le « mal » faire avec les mains.

A l'époque de ces deux phases, dans la relation de communication langagière avec la mère et les familiers, s'établit, par le langage et les réactions de l'entourage, le désir transposé de l'enfant sur ses expressions motrices. C'est là que les échelles de valeurs fort compliquées s'entrecroisent et s'annulent. Lorsque le goût de l'enfant n'est pas satisfait d'un aliment, il le rejette : c'est laid. Alors que, s'il rejette quelque chose qui est brûlant, avec la main, c'est bon de rejeter. Lorsque quelque chose est bon et qu'il veut y toucher, ça peut produire une catastrophe, et il y a des choses laides qui font plaisir à toucher.

C'est pourquoi, à cette époque sadique anale, se structurent des échelles de valeurs contradictoires au désir et au plaisir de l'enfant, qui est aliéné au désir et au plaisir de la mère. Crier, lorsqu'on a un malaise, c'est bon, mais vu par les parents, c'est mal. C'est à cette époque-là que s'incarne, pourrait-on dire, la propension au mensonge, chez un enfant dont la libido est assez forte et qui reçoit une éducation inverse à ce qui lui semble bon. Inverse aussi, par rapport au rythme de la miction et la défécation, par rapport au rythme du sommeil. D'après son rythme spontané, l'enfant n'a pas sommeil : il faut qu'il dorme, il faut qu'il se taise, il faut qu'il soit dans l'obscurité et qu'il n'ait pas de joujoux. Tout ceci fausse le désir dans sa réalisation, en fait ni « bien » ni « mal », mais que le type d'éducation rend « mal ». Pour les enfants des deux sexes, une morale masochique peut s'instaurer à partir de cet âge, afin de rester en bonne harmonie avec les parents.

3. *La phase phallique*, qui a déjà commencé dans la valorisation du téton, objet partiel phallique pour la zone érogène orale, attractive et engouffrante, et de l'objet anal du boudin fécal, valable, expulsé et donné à la mère qui se réjouit tant de le prendre, avec cette complication de l'esthétique et de l'éthique, assez contradictoires avec les mimiques de la mère.

Mais la phase qu'on appelle phallique, quant aux génitoires, aboutit à l'observation de la différence sexuelle. Elle est plus ou moins tardive, quand des enfants-filles n'ont jamais eu l'occasion, avant 5 ou 6 ans, d'apercevoir des garçons faisant pipi.

Ce que les adultes doivent retenir, c'est que le sexe pour l'enfant n'existe pas encore; il s'agit de régions érotiques voluptueuses d'ensemble et, ce qui est spécifiquement érotique passant inaperçu autant à l'enfant qu'aux adultes, il s'agit d'émois ressentis dans la vulve pour la fille, et le vagin peut-être, et pour le garçon, d'émois érectiles de son pénis.

La phase phallique est donc *urétrale*. Sur le pénis du petit garçon, la première fois qu'elle le voit, toute fille veut se précipiter en disant : « C'est à moi ça, donne-le-moi, je le veux. » Ça provoque d'ailleurs une hilarité chez le garçon, et un dépit chez la fille, de voir que le garçon ne se sent pas vexé. Immédiatement, c'est le retour à la mère : « Pourquoi, moi, j'ai pas ça comme lui? » C'est là que la parole de la mère peut faire tourner le sens esthétique et éthique de la fille, par des paroles justes qui identifient son corps au sien. Et, dans le corollaire, le corps du garçon au corps du père. Immédiatement, ce qui est phallique chez la mère, les seins, pose question à la fillette : « Pourquoi pas moi? » Et la seule réponse, c'est : « Quand j'étais petite, moi non plus, je n'en avais pas, et ils ont poussé quand je suis devenue jeune fille. Quand tu seras grande, tu auras toi aussi des mamelles, des seins. » Il faut d'ailleurs dire le mot juste aux filles.

J'ai connu une fillette de cinq ans, qui appelait les seins de sa mère « ses gros ventres », ce qui nous en dit long au point de vue du signifiant du ventre chez la fillette, ce ventre qui aura tant d'importance plus tard, dans les troubles psychosomatiques des femmes, si elles deviennent des frustrées génitales.

A partir de cet âge de la castration primaire, la différence est patente entre les garçons et les filles. Les filles prennent tout ce qu'elles peuvent trouver pour mettre, enfouir dans des sacs, dans des coins cachés, tandis que le garçon prend les objets phalliques et va les cacher dans un endroit, heureusement toujours le même, où on sait qu'il faut aller chercher les clés, surtout les clés, d'ailleurs : *ce qui entre dans les trous.* Ceci montre de quelle façon cette esthétique spontanée et cette éthique spontanée se mettent à jouer chez les deux sexes. Même quand la fille ou le garçon n'ont pas reçu d'explication.

Relié à cette éthique inconsciente des deux sexes, il y a, en français, le sens incompatible pour une fille au sens qu'il a pour le garçon, celui du mot « tirer ». Pour la fille c'est tirer à soi, pour le garçon c'est tirer « pan... pan...! » Il y a une dynamique centripète chez la fille, reliée au mot « tirer », et une dynamique centrifuge chez le garçon. A cet âge-là aussi, commence le « jeter la balle », différemment pour les deux sexes. La fille jette la balle en supination. Le garçon reçoit la balle en supination, transfert de l'oral, et lance la balle en pronation.

Dans les sublimations orales, les filles prennent de l'avance sur les garçons. Elles ont, comme on dit, la langue « bien pendue ». Le garçon, rassuré d'avoir le pénis, n'est pas pressé d'avoir la parole. Un autre déplacement dans la motricité se voit : les filles aiment pousser un récipient alors que dans lequel elles ont mis des choses, le garçon déplace les objets pour le plaisir de les déplacer, (beaucoup plus que les filles d'ailleurs), et il préfère être dans la voiture que l'on pousse plutôt que de la pousser. Pour la fille c'est déjà une identification à la mère, alors que le garçon préfère rester encore l'objet partiel de la mère.

A partir du moment où la fille a accepté, comme preuve de sa conformité au corps féminin, d'être construite sexuellement comme elle l'est, il semble que cela provoque en elle un développement symbolique beaucoup plus rapidement visible que chez le garçon. La curiosité, le désir de « faire », le désir d'objet partiel, représentant des cases magiques ou des pénis à papa qui sont des poupées. L'entourage, ravi, pense qu'elles se comportent comme des petites mères, ce qui n'est pas faux; mais ce sont des mères sadiques orales et sadiques anales, ce ne sont pas des mères comme leurs mères adultes.

Lorsque le garçon joue aussi à cet âge à la poupée, il n'éprouve pas le besoin d'avoir un père, ni même une mère pour ses poupées. Tandis que les filles se disent leur mère, et déclarent que le papa de ses poupées, c'est leur papa. Il semble donc que, dès la phase sadique anale et phallique, le garçon continue une éthique de situation duelle, dans laquelle il représente par ses comportements tout autant la mère que le père, et les objets qu'il chérit (les animaux en peluche par exemple), sont une image de lui, lui étant une image de la mère.

La fille, au contraire, est percutée, lancée pour ainsi dire, dans une situation triangulaire de personnes, dans la vie imaginaire. N'avoir pas le phallus lui permet de symboliser le troisième objet, cet objet partiel que le garçon a entre lui et la mère, de le symboliser sur beaucoup de choses qui ont pour elle valeur de phallus partiel. La curiosité sur son corps et son adresse qui s'est développée lui permettent d'investir sa vulve et d'y faire des observations tactiles très justes, par lesquelles elle témoigne être en confiance, et que « ça n'a pas été dit laid ». Si ça a été dit « laid », elle continue de trouver ça bon, mais elle croit que c'est laid aussi, puisque la mère l'a dit.

Je me rappelle une petite fille à qui j'avais apporté une poupée, et qui, immédiatement, l'a mise à l'envers, a arraché la petite culotte en coutil, a tapé et a dit : « Elle a pas de bouton, elle est pas intéressante. » C'est la phase clitoridienne et vulvaire qui sont confondues à ce moment-là. Dans l'éthique et l'esthétique, c'est la valorisation des creux, des secrets, des cachettes, des boîtes, l'intérêt ménager pour les voiles, les plis, la dévalorisation des faux plis, inesthétiques, l'amour des boutons; c'est d'ailleurs une sublimation qui réjouit les petites filles, que celle d'apprendre à coudre des boutons, n'importe où, n'importe comment, mais mettre des boutons, c'est-à-dire mettre des mamelons et des clitoris partout, parce que « c'est beau ». Ces enfouissements dans les creux ou dans les trous, pour elle – pas dans les trous à l'extérieur, comme fait le garçon –, dans un sac dont elle ne veut pas se séparer, etc., sont le signe que la valorisation du phallus conduit la fille à la dynamique centripète.

4. La continuation de l'investissement vulvo-anal dans l'Œdipe qui commence. C'est la propreté sphinctérienne des filles, qui s'installe beaucoup plus vite que celle des garçons, et qui prouve qu'il n'y a plus jamais confusion, pour elle, entre l'urétral, l'anal et le vulvaire. C'est-à-dire le sexuel. Le désir d'intéresser les porteurs de phallus, les hommes, se montre par l'identification à la mère dans les soins ménagers, quand la mère est une bonne ménagère, et l'identification de son corps à un objet paré de signes qui la font regarder par les garçons, ou du moins se l'imaginent-elles. Les nœuds dans les cheveux, même actuellement, où ce n'est plus la mode, les colliers, les bracelets, et elle est pleine d'ingéniosité pour fabriquer elle-même tous ces affûtiaux, qui sont des surcompensations de l'absence de son pénis, mais qui prouvent aussi la dynamique centripète d'attirer à soi le regard et l'attention des hommes.

5. La démarche délurée, l'adresse physique et la grâce se développent chez les filles : tout ce qui va faire joli, être joli, contrairement aux garçons qui développent la force et l'acrobatie.

Elles développent la grâce et la danse. Lorsque garçons et filles entendent de la musique, les garçons sont mûs par une kynésie rythmée des membres squelettiques, alors que la fille est mue par des gestes ondulatoires et des secousses du bassin.

6. Le déguisement. Les garçons aiment à se déguiser en ce qui leur donne l'impression d'en imposer aux autres. Ils voudraient être des gendarmes, des soldats, des présidents de la République, des camionneurs, des chefs de trains; les filles, c'est être des mamans, des dames, des mariées, c'est s'envelopper de voiles, se mettre des bijoux, du rouge sur les ongles et du rouge aux lèvres, même quand il se trouve que leur mère n'en use guère.

7. La phase de l'entrée dans l'Œdipe se traduit dans l'esthétique par le désir, non plus de se faire à elle-même des bijoux, mais de recevoir des bijoux, ce qu'elle ne reçoit quelquefois pas; mais alors, elle raconte des hitoires, elle s'identifie à l'héroïne, et l'héroïne a un monsieur qui lui donne des bagues, des colliers, ou, maintenant, des voitures; mais, chose curieuse, maintenant que les femmes conduisent autant que les hommes, les filles aiment bien avoir une petite voiture parmi leurs objets hétéroclites, mais elles ne jouent pas à la petite voiture comme le font les garçons, qui s'engagent dans des jeux d'aller et venir, faire aller et venir leurs petites voitures, les faire se rencontrer; ils s'identifient au plus fort, alors qu'elle soigne son propre corps, comme signe d'être l'objet préférentiel de l'homme.

Les jeux moteurs dynamiques de la fille sont beaucoup plus statiques que les jeux des garçons. C'est sauter à la corde sur place, tourner autour d'un cercle par terre à cloche-pied, être deux filles ensemble qui se lancent la balle en ne bougeant pas trop, tout le contraire de chez les garçons. Lorsqu'on les voit jouer avec des cailloux, le garçon les lance aussi loin que possible, il ne va même pas les ramasser. La fillette, si elle lance un caillou, elle aime qu'il lui soit rapporté, ou elle va le rechercher. Ce qu'elle aime, c'est garder et jouer avec ce qu'elle garde. Il semble que leur éthique est autant anale que vaginale.

La fille commence à investir des garçons préférentiels. Elle les appelle des fiancés, elle cherche à se faire embrasser, elle obtient que le garçon lui tire les cheveux, puis qu'il lui dise : « On va courir. » Bon, elle le fait un moment, mais ça ne l'intéresse pas, ce qu'elle veut, c'est savoir qu'elle est sa préférée. Le garçon, ce qu'il veut, c'est jouer à des jeux moteurs avec elle.

L'imaginaire touchant à l'enfantement est chez les filles et chez les garçons différent aussi. Lorsqu'une fillette parle de « quand elle sera grande », elle aime à penser qu'elle aura des enfants avec un mari, et que les filles seront à elle, et les garçons au papa. Au contraire, lorsque le garçon imagine l'avenir, il n'aura généralement qu'un seul fils, mais la femme, il ne sait pas, il n'ose pas dire que c'est maman, et d'ailleurs il n'y pense pas, que ça serait sa maman. C'est lui qui serait à la fois le père et la mère.

Lorsque, dans une famille, le médecin pédiatre est femme, les garçons n'aiment pas jouer au docteur. Ou il s'y font entraîner par les filles, lorsque le jeu va permettre de sadiser un peu, comme le fait la dame docteur. Alors que, lorsque le pédiatre est un homme, les filles et les garçons aiment jouer au docteur, et les filles s'identifient au rôle, que ce soit celui d'une femme ou d'un homme. Les garçons s'identifient d'abord à la personne.

Les différences sont assez remarquables aussi, lorsque les enfants jouent à des jeux de métiers, qui sont des jeux d'échange où celui qui joue le rôle du métier donne un objet commercialisé, et le client mime de donner de l'argent et mime d'emporter l'objet. Eh bien, les filles ne jouent jamais au boucher, mais à la bouchère. Elles ne jouent qu'à des rôles qui peuvent être tenus par des femmes. Lorsqu'il n'y a pas de rôle à tenir par la femme, elles préfèrent être la cliente. Le garçon joue le rôle du marchand, il joue le rôle du client, mais jamais le rôle de la cliente. Ni le rôle d'une marchande. C'est dire à quel point, lorsque les enfants sont engagés dans l'Œdipe, ils ont en prévalence le souci de s'identifier à des rôles, mais aussi et surtout à la personne qui joue ce rôle.

Voyons les enfants qui fréquentent la maternelle. Les filles, en rentrant à la maison, jouent à la maîtresse. Jamais les garçons. Ils s'amusent parfois à refaire à la maison les travaux et les petits devoirs auxquels la maîtresse les a initiés. Ils jouent à « faire ça à l'école ». Mais ils ne jouent pas à la maîtresse. Alors que, lorsque les garçons ont, ce qui est de plus en plus rare, un maître quand ils sont très petits, ils aiment jouer au maître vis-à-vis de garçons. Et leurs animaux ne sont jamais des filles, toujours des garçons.

Nul doute que, pendant la phase œdipienne, qui peut durer jusqu'à 6-7 ans pour le garçon, et plus tard pour la fille, la libido du moi est gratifiée chez la fille par le non-souci de ce membre précieux, le pénis. Le narcissisme du garçon est pris dans la nécessité de défendre l'érectilité de son corps fort et adroit, habile, redoutable, alors que la fille qui a accepté son sexe semble ne plus rien craindre, sauf d'être agressée par qui ne lui plaît pas. Aussi, elle développe très bien l'évitement, la prudence, l'économie, le sens de conservation. Le camouflage de ses trésors aussi.

L'attaque risquée est acte de garçon. Quand la zone érogène est exposée à tous, comme elle l'est chez le garçon, il risque beaucoup. Étant jaloux du pénis de son père, il projette sur les grands qu'ils sont jaloux du sien. Il a donc peur d'être attaqué par des grands. En même temps, il désire les provoquer, pour camoufler la peur qu'il a. La fille, lorsqu'elle craint l'attaque d'un garçon, elle crie très fort, elle n'a pas du tout peur de montrer qu'elle a peur. Lorsque le garçon sent son érectilité, il lui faut partir en guerre pour la risquer, pour l'exhiber, pour faire de l'épate. Fendre et pourfendre, voilà son rôle, afin d'assurer la certitude de sa personne, par-delà les éclipses de son érectilité pénienne. Ces morceaux de bravoure et de prestance, quand ils sont répétés par les dires de l'entourage admiratif du courage des garçons, lui permettent de souffler pendant les moments dépressifs. Il peut espérer alors que ses prouesses sportives et guerrières le mettront à l'abri des vérifications de puissance génitale, localement pénienne. Curieusement, les garçons sont beaucoup plus douillets, comme on dit, que les filles. C'est-à-dire qu'à la moindre attaque de leur intégrité corporelle, revient le fantasme de l'agression supposée que les filles ont subie, et qui pourrait être le malheur qui leur arriverait.

Le garçon, l'homme, doit surmonter ses pulsions passives orales ou anales, car elles sont non seulement menaces de castration, mais peut-être aussi de viol anal. Ce n'est pas lui qui s'habille avec des plis, valorise les détails attrayants, les mouvements enveloppants, ce serait beaucoup trop dangereux!

Le garçon, en plus de lui-même, de son corps propre dont il doit conserver l'intégrité, doit aussi conserver et défendre ses biens à ciel ouvert, ses premiers biens, pénis et testicules. Et, de plus, protéger, défendre et tenir les engagements qu'il a pris. C'est là, souvent, que se joue de façon compliquée le masochisme masculin, dans le fait qu'il doit se refuser à une régression maternante, alors qu'elle serait souvent tentante et surtout nécessaire à la restauration du morcellement auquel il est beaucoup plus soumis dans ses fantasmes que les filles. Elles sont tranquilles, elles, c'est terminé : il n'y a plus rien à couper.

En effet, le morcellement castrateur, le garçon le risque réellement dans le corps à corps des combats. Il le risque imaginairement dans les fantasmes érectiles de conquêtes sexuelles, puisqu'elles sont toujours suivies de flexivité pénienne. Il le risque aussi symboliquement à travers son nom, dans les agissements extraconjugaux de sa femme, qui peuvent entacher son nom, dans les échecs de sa fratrie masculine qui porte son nom, de sa descendance qui porte son nom. Quant à son rapprochement de son père, dès qu'il l'ébauche corporellement et non fantasmatiquement, ou culturellement par une médiation symbolique, il peut être dominé par les affects qui découlent de ce qu'il projette sur le père, la jalousie de sa réussite, l'insuffisance de sa valeur par rapport à celle de son père. Et lorsqu'il est en état d'infériorité, quelle que soit la raison, et qu'il s'approche pour se faire un peu materner par ce père, une crainte liminaire est toujours là, celle de régresser, de devenir un bébé; ou, si le père est un homme très fort et haut en verbe, le garçon craint de lui dire ses faiblesses, de peur d'être ridiculisé.

Le dilemme du masochisme et du narcissisme est beaucoup

plus important dans l'enfance des garçons que dans celle des filles. Il est même curieusement étrange que cette condition libidinale critique soit jusqu'à présent passée inaperçue et que le sort des mâles soit aussi, par beaucoup de psychanalystes, jugé enviable. (Bien sûr ce sont là des psychanalystes masculins.)

Voyons à présent les *raisons d'angoisse*. Pour la fille, les raisons d'angoisse n'existent que lorsqu'elle désobéit à la mère, et elle peut penser que la mère le dira au père, et que celui-ci la dévaloriserait. Mais, vis-à-vis de sa mère, elle peut lui tenir tête fort facilement, pour peu qu'elle fasse semblant d'être d'accord avec elle. Quant au père, elle sait, elle a appris à savoir par quel moyen elle le désarme. Pour l'une, c'est en pleurant, pour l'autre, c'est en le faisant rire, pour une autre c'est en filant doux.

Elles échappent à l'angoisse. Le garçon ne peut pas y échapper. Il ne faut pas qu'il pleure, c'est une chose de fille. Il ne faut pas qu'il joue à la poupée, c'est une chose de fille. Et Dieu sait combien de garçons ont besoin de jouer à la poupée en cachette, pour s'affirmer père et mère, c'est-à-dire fort par rapport à lui-même.

Devant les filles, devant les femmes, devant le père, devant les rivaux, si le mâle ne s'exhibe pas, érectile, turgescent, négligeant les sarcasmes et négligeant les attaques dont il est l'objet, on va le juger faible, on va le plaindre, ou on va le rejeter, ce qui détruit la fierté masculine du garçon. A quelle dure condition de témoignage constant de sa forme phallique, doublement phallique – dans le corps et dans le sexe –, l'homme a-t-il le droit de se considérer porteur de son sexe? A ses côtés, la compagne riche de ce qu'elle cache, se construit des émois dont nul n'est témoin, dans une continuité, une stabilité physiologique rythmée sans caprices au rythme immuable des lunes.

Certes, la femme est toujours sûre de sa maternité, alors qu'un homme ne peut savoir sa paternité que par le dire de sa femme. L'enfant sait qui est sa mère, mais quant à son père, il ne le sait que par sa mère. La femme, pour être femme, n'a pas besoin que les autres, dans la vie, le lui disent constamment. Pour devenir génitalement mûre, il lui faudra un homme qui l'aime, mais nous parlons actuellement de la structure de la femme, dans son éthique et dans son esthétique. *Pour ma part, je trouve qu'au jeu des sorts narcissiques, la femme est la mieux pourvue.*

LES SENSATIONS ÉROGÈNES GÉNITALES CHEZ LA FEMME. L'ORGASME.

Les divers types d'orgasme féminin sont connaissables tant objectivement, par le témoignage des hommes, que subjectivement, par le témoignage des femmes. Une grande variété de témoignages permet d'approcher une certaine véracité et une certaine concordance quant au phénomène de l'orgasme pour les femmes.

D'origine endogène, les pulsions sont en relation avec la vie d'un organisme féminin. Le désir, quelle que soit sa provocation occasionnelle apparente, par une cause exogène sensorielle, le désir, une fois signifié aux sens de la femme, se focalise dans sa région génitale. Elle éprouve une sensation d'érectilité clitoridienne et de turgescence orbiculaire vaginale, accompagnée de chaleur et sécrétion humorale et de plaisir excitant d'intensité croissante jusqu'à un maximum, l'orgasme. Ce plaisir envahissant s'accompagne parfois d'une émission humorale encore plus nette que pendant la phase de croissance du plaisir, parfois non.

Après l'acmé de tumescence et de volupté, la sensibilité d'excitation décroît plus ou moins rapidement, jusqu'à l'apaisement total de tension, caractérisé par la détumescence de la zone érogène et l'arrêt du processus humoral sécrétoire, par le besoin local physiologique de repos, ce qui rend pénible et parfois douloureux les essais d'excitation artificielle par manœuvres externes. Après l'orgasme, la femme éprouve une détente corporelle générale, qui entraîne souvent un sommeil plus ou moins long.

On peut distinguer :

L'orgasme clitoridien.
L'orgasme clitorido-vulvaire.
L'orgasme vaginal.
L'orgasme utéro-annexiel,

que l'on confond à tort avec les orgasmes précédents, surtout avec l'orgasme vulvo-vaginal, parce qu'il n'est pas ressenti consciemment par la femme et qu'elle n'en parle donc jamais. Je pense qu'il doit être distingué, tant pour des raisons descriptives objectives que pour des raisons libidinales concernant la théorie psychanalytique [1].

Ces orgasmes peuvent être ressentis isolément ou en chaîne, l'un appelant les conditions qui entraînent l'autre, mais il peut arriver qu'ils soient non discernables les uns des autres, dans le plaisir de la femme.

A chaque niveau de progression du plaisir, le processus (comme dans les niveaux d'évolution libidinale) peut être interrompu, refoulé, nié, remplacé par un symptôme.

La durée nécessaire à la réalisation des orgasmes est très variable, même pour la même femme. Leur intensité et leur qualité aussi. Le temps de repos entre les coïts, pour qu'ils soient satisfaisants, est aussi variable. Tous ces facteurs dépendent non seulement de la femme, mais du couple qu'elle forme avec son partenaire en général, et dans l'instant. L'orgasme, une fois ressenti au cours d'un coït, est, en l'absence d'éléments très perturbants dans les relations d'un couple, toujours répétable avec une qualité et une intensité qui peut varier, mais sans descendre au-dessous d'un niveau minimum de plaisir. Je crois que *les variations de l'intensité voluptueuse et émotionnelle des orgasmes obtenus avec le même partenaire, sont le fait le plus spécifique de la sexualité génitale de la femme.*

Il est admis que l'excitation clitoridienne sert de déclencheur aux sécrétions vulvo-vaginales, et au plaisir attendu et demandé

1. La théorie psychanalytique doit compter avec la jouissance des organes, qui fait partie intégrante de l'inconscient.

par la femme de l'intromission du pénis dans le vagin. Ces sécrétions rendent la pénétration coaptante et voluptueuse pour les deux partenaires. L'excitation des mamelons doit (par clinique, et surtout par théorie) être rapprochée de l'excitation clitoridienne, c'est-à-dire qu'elle peut ne pas exister, comme peut ne pas exister l'excitation clitoridienne, ou au contraire, elle peut exister par compensation à une atrésie ou une absence de clitoris; elle ne peut apporter de plaisir au-delà du moment où l'excitation du vagin est entrée dans sa phase ascendante. Il y a même des vaginismes primaires, chez des vierges, qui ne sont dus qu'à la prolongation de la masturbation mamelonnaire, à quoi se limitent les rencontres corporelles avec leur amant qui atermoie trop longtemps l'intromission.

L'excitation clitoridienne ne peut être supportée seule longtemps et son orgasme, lorsqu'il survient avant le déclenchement des autres jouissances, est décevant, discordant, ambigu, contradictoire au plaisir vulvaire, qu'il a cependant déclenché. Ce fait est peut-être dû aux correspondances érectiles du clitoris avec le système musculo-squelettique, celui-ci étant médiateur de l'organisation et de la conservation de l'image kynétique du corps. Or, l'orgasme chez la femme ne prend son ampleur qu'avec le relâchement de tous les muscles de la vie de relation, à l'exclusion des muscles périnéaux, servant l'appréhension pénienne, et dont la motricité est très peu consciente, et des muscles abdominaux qui n'ont pas, eux, à s'investir dans la relation d'objet à l'époque phallique. D'autre part, le clitoris a peut-être été, à l'époque archaïque orale, associé à une langue ou à une dent, dont la protrusion s'accompagnait de sécrétions. Mais alors son importance exclusive n'amenait guère d'émois différenciés.

Contrairement à ce que pensent les hommes, bien des femmes n'ont pas de désir focalisé électivement dans le clitoris, ou en tout cas pas d'une façon constante, alors que beaucoup ont d'emblée, dans le coït, le désir focalisé au pourtour de la cavité vulvo-vaginale, le plaisir clitoridien étant comme accessoire au moment de la jouissance vaginale maximum ; et cela peut-être au moment de l'éveil du col utérin, qui est pour beaucoup de femmes un organe ambigu, dressé phalliquement au fond de la cavité vaginale, et dont elles ignorent souvent l'existence et, en tout cas, la sensibilité tactile, avant qu'elles n'en aient éprouvé le plaisir au cours du coït.

Bref, l'orgasme clitoridien qui survient seul n'apaise pas la tension sexuelle. Si cette évidence n'est pas davantage connue des hommes, c'est que ceux-ci désirent généralement donner aux femmes un plaisir qui leur paraît excitant pour eux, parce qu'ils y comprennent quelque chose, et que sans doute ce plaisir à l'érectilité de ce petit pénis de leur partenaire est pour eux amusant et moins dangereux que la béance désirante du vagin, fantasmé parfois comme un gouffre et même comme un gouffre denté.

L'excitation vaginale entraîne des sensations voluptueuses de tumescence des muqueuses vulvo-vaginales et des mouvements orbiculaires rythmés à progression ondulatoire, de l'extérieur vers l'intérieur, du corps de la femme. Ces sensations exigent impérieusement, à partir d'une certaine intensité, la pénétration du pénis, dont la représentation s'impose comme le seul objet adéquat et désiré. La coaptation ondulatoire que le vagin opère sur le pénis nécessite une tonicité minimum des muscles périnéaux. Elle est voluptueuse pour les deux partenaires et cette volupté est augmentée par les mouvements de va-et-vient masculins, concomitants des mouvements péristaltiques vaginaux et des pressions pariétales vaginales dues aux muscles périnéaux.

Cette motricité du vagin dans le plaisir est ressentie par la femme, mais n'est pas complètement maîtrisable. Cette motricité est en partie réflexe au plaisir. Pendant la phase de volupté vaginale et à partir de l'intromission, si la femme n'est pas frigide, une modification du tonus musculaire général se produit. Il y a relaxation des muscles du corps locomoteur et un relâchement parallèle de l'auto-observation et de l'autocontrôle.

Il semble que, dès la possession corporelle du pénis, la notion inconsciente ou préconsciente du phallus chez l'autre est dépassée et qu'avec elle disparaissent les références extérieures des corps. Le rythme, l'intensité, la qualité des échanges réceptivo-moteurs du coït semblent liés tant à l'entente formelle et posturale des partenaires qu'à leur entente émotionnelle.

De ces observations, on a conclu que le plaisir sexuel pouvait s'obtenir par une stratégie anatomo-physiologique relevant de la kinésithérapie. Il peut bien arriver que le contact simultané du clitoris et du col par le pénis de l'homme déclenche un orgasme jusque-là retenu, mais il s'agit beaucoup plus du versant masturbatoire et fétichique des rapports sexuels, satisfaisants pour le plaisir peut-être, que de leur versant génital et de ses effets symboliques dans la relation des partenaires entre eux.

La mésentente au niveau vaginal du coït peut venir de l'incompatibilité dimensionnelle des organes sexuels, ou de contradictions rythmiques entre les deux partenaires, ou bien d'autres dysharmonies, mais il faut aussi qu'elle soit liée à des représentations mentales et affectives discordantes qui, elles seulement, dénient au rapport sexuel sa valeur positive.

Dans le cas d'une entente entre les partenaires dont le rythme s'accorde, les mouvements orbiculaires ondulatoires vaginaux se propagent de façon inconsciente sur l'ensemble des parois du vagin qui coaptent le pénis et entraînent une turgescence sécrétoire du col utérin qui, s'il est atteint par les chocs ou le contact du pénis, provoque, au point maximum de l'excitation vaginale, des spasmes vaginaux dont l'effet sur l'appareil sexuel masculin est l'éjaculation spermatique au point maximum orgastique de la jouissance féminine. La femme agissant, et consciente jusqu'à ce point de sa volupté, ne peut plus être que passive, entièrement envahie de sensations réceptives, surtout après le déclenchement érogène du col utérin dont la participation provoque un orgasme authentiquement satisfaisant. La résolution tensionnelle qu'il apporte n'est cependant pas aussi durable que celle qui est apportée par l'association à l'orgasme vaginal de l'orgasme utéro-annexiel.

L'insuffisance résolutoire de la tension sexuelle par le seul orgasme vaginal peut, chez certaines femmes dont l'orgasme a été obtenu très rapidement, entraîner un spasme vaginal orbiculo-vulvaire de quelques minutes, plus rarement un spasme de l'anus, quelquefois douloureux, qui sont des signes d'une tension pulsionnelle rémanente dus au défaut d'entraînement du corps utérin dans les mouvements caractéristiques de l'orgasme chez la femme.

L'entrée en scène, dans le coït, de l'utérus et du ligament large est généralement déclenchée par l'excitation pénienne tactile du cul-de-sac postérieur du vagin, du col, ou par l'inondation spermatique du col utérin.

L'orgasme utéro-annexiel est caractérisé par des mouvements du corps utérin, qui bascule d'avant en arrière et d'arrière en avant, avec une certaine articulation rythmée du col sur le corps utérin, de mouvements ondulatoires du corps utérin continuant ceux du vagin, mais à type de succion-aspiration, au point que les spermatozoïdes sont projetés en quelques secondes dans les trompes, ce que l'observation a permis de confirmer (sans orgasme utéro-annexiel, leur temps de cheminement est beaucoup plus long). Ces mouvements de l'orgasme utéro-annexiel sont totalement réflexes, la femme est très rarement (et si elle l'est, très vaguement) consciente de leur déclenchement. C'est lui qui apporte la jouissance maximum, secrète et silencieuse, caractéristique de cet orgasme, jouissance tellement vive qu'elle n'est pas compatible avec la maintenance de la *sensation d'exister* pour la femme. Le partenaire de la femme en est le seul témoin. C'est, immédiatement après la fin de cette révolution organo-psychique résolutoire, que la femme retrouve sa conscience un moment disparue, emportée qu'elle se souvient d'avoir été dans sa jouissance au dernier point d'impact vaginal, emportée par le déferlement comme par une lame de fond, en même temps qu'elle en éprouve une sensation intense de bien-être et de reconnaissance envers son partenaire.

L'orgasme utéro-annexiel est pour une femme toujours pleinement satisfaisant, tant du point de vue émotionnel que du point de vue physique. Il n'est jamais suivi de douleurs spastiques, ni de vaginisme réactionnel passif ou actif. Son effet de rénovation énergétique se fait sentir dans tous les domaines psychosomatiques et émotionnels.

Devant les effets bénéfiques des orgasmes sexuels, on comprend qu'Aldous Huxley, dans son roman *le Meilleur des mondes* ait humoristiquement fantasmé l'organisation sociale de satisfactions orgastiques obligatoires. On voit aussi les motivations rationnelles théoriquement justifiées de certains psychanalystes qui, comme Reich, ont conduit à chercher une technique psychothérapique pour « entraîner » le sujet à l'orgasme. Cependant, l'absence totale de sens critique, autant de la patiente que de l'analyste au cours de ces « exercices », fait que la lecture de ses travaux est fort décevante. L'Idéal du Moi scientifique qui s'en dégage, idéal d'une fornication béate et thérapeutique, est un idéal pervers, qui soutient une pseudo-mystique dangereuse de la psychanalyse, ou plutôt sa déformation fétichique.

Tout autre est la valeur de l'orgasme survenant dans l'union de deux personnes liées l'une à l'autre par le lien de l'amour. Les coïts sont alors symboliques du don réciproque de leur présence attentive l'un à l'autre, et de leur existence sensée l'un par l'autre. L'éphémère pouvoir imaginaire qu'ils se promettent et se donnent réciproquement, dans la réalité de leur corps, d'accéder au phallus, focalise le sens de leur désir, c'est-à-dire de leur être tout entier [1].

Le fruit pour la femme d'un orgasme complet vaginal et utéro-annexiel éprouvé à l'occasion du coït est triple : l'apaisement de toute tension, la béatitude nirvanique et, chaque fois, la conviction d'un bonheur jamais encore éprouvé. Elle ressent un émoi de tendresse reconnaissante pour son partenaire, dont la

1. Il est significatif que ce soit dans l'étreinte des corps accompagnée d'orgasme que les plus chastes amours trouvent la représentation de leur bonheur.

personne tout entière, seul témoin humain de son existence pendant la faille de temps et de conscience de son orgasme, justifie peut-être alors sa « fente », sans lui injustifiable; la personne de son amant est associée à son sentiment et à son ressenti de rénovation.

Il s'y ajoute des résonances émotionnelles d'une qualité toute particulière, lorsque ce coït a des chances, même minimes, d'avoir été fécond, surtout si chacun des partenaires est prêt socialement à assumer cette éventualité. Ceci est certainement particulier à l'orgasme génital féminin.

Est-ce parce qu'il est un écho de l'archaïque désir du pénis paternel, à qui dans la petite enfance la poupée fétiche avait suppléé? Est-ce par l'ouverture des temps à venir d'un acte qui, en lui-même, déjà, totalement, alogique, est cependant pour la femme marqué de son acceptation la plus totale, et qu'alors l'enfant futur le situe dans une dialectique trinitaire de fécondité, signifiance de pérennité vivante de l'entente des amants, au-delà de l'éphémère rencontre duelle?

Le coït est bien l'acte surréaliste au sens plein du terme, un acte délibéré dans un temps suspendu, dans un lieu où deux corps se déréalisent, par la perte de leur commune et complémentaire référence pénienne au phallus.

Le point où se manifeste la puissance phallique impersonnelle, née de leur narcissisme abandonné, c'est l'acmé de la courbe de l'affrontement, dans chacune des personnes du couple, des pulsions de vie aux rythmes végétatif, circulatoire et respiratoire, intensifiés dans leur amplitude jusqu'au galop cardiaque, et des pulsions de mort, dans le silencieux, total et profond abandon de la conscience « consciente », c'est-à-dire la jouissance au cours de l'accomplissement orgastique.

L'accomplissement de son désir dans l'orgasme complet exige de la femme une totale participation dans la rencontre émotionnelle et sexuelle avec son partenaire, ce qui fait problème à ce qu'il y a de phallique dans son narcissisme, pour la liberté que ce narcissisme lui octroie, d'être disponible à la réception et à l'accord avec l'homme dans la réalité.

Le don de la femme à l'homme, son narcissisme l'ignore, quels que soient les fantasmes à propos du partenaire, et si positive affectivement que soit une femme à l'égard de l'homme aimé. Sans la présence effective dans la réalité du corps de l'homme, de son étreinte dans la rencontre corps à corps, dans ses jeux et le coït mené à son terme, le narcissisme de la femme ne peut qu'embarrasser de rêverie un échec prévisible si, dès le partenaire présent, ce n'est pas en lui, dans sa réalité ici et maintenant, que se situe le narcissisme phallique de la femme.

C'est encore dans un *champ surréaliste* que l'orgasme est opérant, quand il entraîne à sa suite – la conscience de soi revenue – une satisfaction irisée du prisme de la libido lié à son évolution génétique. On peut en effet analyser dans les effets ressentis d'une jouissance orgastique une sensation de plénitude sensorielle éthique, esthétique, de rassasiement au sens d'une libido orale apaisante, d'élimination de toute tension musculaire au sens d'une libido anale rénovante, d'une reconnaissance à l'autre, à son corps, au sien propre, au monde, une annulation totale d'angoisse de vie ou de mort, une *restitution ad integrum* de toute la personne, une remise en son ordre du narcissisme, un moment éclipsé dans un temps zéro, dans un lieu absent.

Chaque coït orgastique ne rejoindrait-il pas phylogénétiquement la scène primitive de chacun des partenaires, leur apportant ainsi, avec la régression ontogénique imaginaire, l'éprouvé constitutif triangulaire de toute personne humaine : deux êtres parlant d'un désir et d'un amour qui les conjoint, et signant ainsi leur accord d'un destin trinitaire du désir? Cette sécurisation totale du sujet, en cohésion parfaite avec son corps et dans une relation de totale confiance à son partenaire, est une sécurisation à la fois personnelle et impersonnelle, comme dans la conformité aux lois créatrices de l'espèce, elles-mêmes en conformité aux lois cosmiques.

L'excitation accessoire, parfois la défrigidisation de la femme par des comportements sadiques verbaux, mimiques ou corporels, du partenaire aimé, peut se comprendre à partir de ce danger narcissique pour la femme de se sentir *devenir rien.* C'est parce que l'homme est celui en qui elle remet dans le coït tout ce qui du phallisme provient des stades prégénitaux et de ce qui dans les pulsions actives domine les pulsions passives.

Des sensations liminairement douloureuses, à des parties du corps autres que les régions génitales, seraient un gage d'intérêt anal de l'autre pour elle, qui ne sent plus les limites de son corps, mais qui grâce à cet autre, se sent un objet durable. L'envie d'être contrainte, réduite à subir l'acte sexuel qui fait partie du plaisir pour certaines femmes, pourrait s'expliquer par l'impossible dérobade au danger orgastique auquel s'ajoute le danger rémanent des investissements sadique oral, sadique anal et agressif urétral de tout le corps, ainsi que le danger dû aux investissements passifs de tous les stades, y compris du stade génital dans le lieu même du sexe féminin.

Celui-ci, survalorisé d'être promu éventuellement au viol fantasmé catastrophique, n'en engage plus le Moi à la soumission, et le plaisir de ce fait pour les femmes, qui demandent à leur partenaire de recourir à ce moyen d'excitation, n'en est que plus intense dans la jouissance, après l'orgasme qui révèle à la femme la puissance qu'elle exerce sur l'homme en acceptant la sienne sur elle.

LA FRIGIDITÉ.

Si les représentants mâles de l'espèce humaine sont très généralement gratifiés par leur désir et par le plaisir de l'accomplissement sexuel, comment se fait-il que les femmes en soient si souvent privées? Serait-ce vraiment dû, comme on l'entend dire, à l'égoïsme masculin, aux nécessités d'une jouissance prolongée pour la femme avant l'orgasme et que les hommes ne lui accorderaient pas? Je ne le pense pas.

Les maladresses masculines, dans les premiers rapports déflorateurs, existent souvent. Elles pourraient être évitées, d'ailleurs, si les pères remplissaient vis-à-vis de leurs fils le rôle d'éducateur, et les mères vis-à-vis de leurs filles.

Un élan puissant du désir génital, chez une femme saine et amoureuse, peut emporter les inhibitions et les craintes dues au premier coït rendu douloureux par un partenaire maladroit.

Il arrive que la disparition de la frigidité se fasse à l'occasion d'une brève aventure de la femme avec un partenaire plus adroit, ce qui la réassure quant à son narcissisme, et permet au couple de partenaires, qui s'aimaient mais n'avaient pas encore trouvé l'accord, de le trouver; c'est-à-dire que si l'amour existe entre deux personnes, l'harmonie sexuelle s'ensuit.

Cependant, même dans ces cas, où apparaît à l'anamnèse le rôle déclenchant de l'homme dans l'installation de la frigidité chez une femme, c'est de la femme seule que dépend sa guérison à elle, et souvent l'harmonie retrouvée du couple. Il se peut d'ailleurs, à l'étude des événements qui se sont passés entre elle et son partenaire, que l'on découvre que ce soit la femme qui ait induit l'échec initial, en particulier dans le cas où son partenaire était un amant apprécié et réputé avant qu'elle ne le connaisse.

J'en ai pour témoignage la cure, ignorée par leur mari ou leur amant, de femmes frigides. On assiste à la transformation de leur seule subjectivité dans les rapports sexuels, et à sa conséquence, le plaisir que leur partenaire découvre à leur donner du plaisir, alors qu'il commençait à y renoncer. Ce n'est pas l'amant ou le mari qui a changé, c'est la femme qui, de nouveau, à la réalité de cet homme, dans la rencontre sexuelle, est devenue disponible, après avoir exprimé dans sa cure psychanalytique et ramené à leur source bien antérieure à sa vie génitale et à sa rencontre de cet homme, les processus inhibiteurs inconscients que le mari ou le partenaire n'avait fait qu'actualiser.

L'intervalorisation narcissique d'un partenaire par l'autre, dans les jeux sexuels préliminaires au coït et dans les échanges de langage et de mots amoureux après l'orgasme, est toujours importante dans la dialectique génitale, mais elle paraît jouer un moindre rôle pour l'homme que pour la femme, à qui la valorisation narcissique d'elle-même est fondamentalement nécessaire, surtout si elle n'est pas expérimentée en amour.

C'est de l'absence de ce savoir chez les partenaires masculins que proviennent des frigidités devenues habituelles chez des femmes capables d'orgasmes lorsqu'elles les ont connus, et qui le restent d'ailleurs, c'est-à-dire qui ont au moins abordé le début de la situation œdipienne, le moment où la petite fille veut s'identifier à la mère, et celles dont la première expérience n'a été ni précoce ni traumatisante.

L'ignorance érotique de certaines femmes n'a pas toujours son origine dans le refoulement des pulsions génitales, mais dans leur présence encore non dévoilée et dans leur investissement latent de régions encore vierges. Si l'homme aimé, en tant que personne et en tant que représentant phallique, se montre carencé dans son option objectale pour la femme, ou que, du fait d'une homosexualité insuffisamment sublimée ou d'une fixation à sa mère, il ne puisse verbalement valoriser sans danger d'angoisse de castration, en retour, le sexe de sa partenaire (sexe qui pour elle n'est encore qu'un trou au pourtour orbiculaire seul connu et sensible), celle-ci risque de ne pas investir narcissiquement les parois muqueuses et internes du vagin, ni les émois nuancés qui sont reliés par nature à ses sensations profondes.

Tant qu'elle n'a pas été reconnue dans la valeur du don qu'elle en fait, le sexe de la femme est inconnu pour sa conscience, quoique présent dans son efficience sublimée, industrieuse et culturelle. Le sexe de la femme est aussi engagé dans l'amour, indépendamment de la réussite sexuelle pour elle, car l'amour est, à tous les niveaux de la libido, la sublimation dans l'idéalisation de la personne dont le désir, quelles que soient les pulsions en jeu, fait qu'elle manque à celui qui l'aime, dans le sens où elle représente pour lui tous les repères du narcissisme.

Lorsqu'une femme est animée d'amour pour un homme et qu'elle éprouve pour lui du désir, si le coït ne lui a pas apporté un orgasme ressenti complet par elle, elle ne sait pas que c'est par son sexe qu'elle est fixée à cet homme, et elle n'est pas, quant à son narcissisme, libérée du souci permanent de sa personne, comme l'est une femme qui a été « révélée » par son partenaire, qui répond à son amour et qui sait l'emmener à l'orgasme.

Les effets de l'orgasme chez une femme amoureuse sont

symboliques et mutants. Ils la font accéder à la génitalité et à ses sublimations.

De même que les phonèmes, agréables sensations auditives, ont besoin d'être assemblés dans une organisation que les rencontres interhumaines constituent en langage, de même, dans la rencontre des sexes, les émois doivent s'échanger dans une médiation émotionnelle exprimée en paroles, pour que les jeux érotiques deviennent entre partenaires un langage d'amour humain, et pas seulement des figures de copulation stéréotypées ou acrobatiques, à effet hygiénique voulu et effet fécondateur éventuel.

INSATISFACTION GÉNITALE ÉROTIQUE OU AMOUREUSE ET REFOULEMENT.

Les rapports sexuels et amoureux entre deux partenaires qui ont atteint le niveau génital de leurs pulsions les conduisent, par une dialectique verbalisable pour eux seuls de leur union corporelle, à une connaissance réciproque. Mais l'absence d'accord charnel ne signe pas nécessairement, du moins pour la femme, l'absence d'entente créative. Il y a, pour elle, des modalités très variables de couplage qui satisfont et utilisent ses possibilités libidinales sans refoulement, sans névrose, avec seulement des symptômes réactionnels transitoires, dont la jouissance (au sens inconscient de détente de ses pulsions, selon le principe du plaisir qui est inconscient et peut s'accompagner de déplaisir conscient) que la femme en éprouve réconforte son narcissisme. Il s'agit de troubles psychosomatiques réactionnels à une absence de jouissance orgastique, qui n'est pas toujours ni signe de névrose, ni accompagnée de névrose.

La plasticité des femmes est très grande. J'en attribue le fait au moindre refoulement chez elles que chez les hommes et à une structuration moins précoce de l'Œdipe chez les filles, qui permet aux pulsions qui y sont engagées de rester plus longtemps labiles que chez les garçons.

Pour peu qu'une femme ait abordé l'Œdipe dans son enfance et se soit bien développée jusqu'à la puberté (y compris celle-ci), si elle est encore inexpérimentée et au cas où elle rencontre chez un partenaire une relative impuissance, ou même une perversion, elle organise ses investissements selon les exigences de l'homme qu'elle a choisi et qu'elle aime, peut-être pour le seul fait qu'il la choisie et donc narcissisée.

Les femmes sont beaucoup plus tolérantes que les hommes à la frustration orgastique, mais beaucoup plus intolérantes qu'eux à la frustration d'amour. On peut se demander, même, si une organisation génitale de la libido ne serait pas compatible avec de seules effusions à l'égard de l'objet d'amour dans des étreintes chastes, où serait essentielle pour une femme la foi qu'elle met dans la personne aimée.

Il faut remarquer enfin que bien des femmes narcissiques phobiques, obsédées, homosexuelles manifestes ou hystériques ou même psychotiques, ne sont pas frigides et peuvent éprouver non seulement des orgasmes clitoridiens, mais des orgasmes vulvo-vaginaux. Il est cependant douteux qu'elles atteignent l'orgasme utéro-annexiel.

En tout cas, ce n'est certes pas, à lui seul, un signe d'équilibre psychique d'éprouver des sensations voluptueuses au cours de rapports hétérosexuels, ni de savoir donner la réplique dans les jeux érotiques.

Il vaut mieux ne pas parler trop vite de névrose, lorsque l'on est en face d'une femme frigide qui vient demander de l'aide à un psychanalyste, alors qu'aucun autre symptôme n'apparaît et qu'elle ressent son attachement à son conjoint et à leurs œuvres communes, comme donnant un sens plein à son existence.

De nombreux hommes rapportent en effet qu'une femme qui se prétend sans besoins ou désir sexuel, mais qui se soumet sans déplaisir au coït, peut cependant éprouver après le coït un bien-être généralisé, alors qu'elle nie toute volupté consciente, sans pour cela avoir éprouvé aucun désagrément. Leur partenaire perçoit chez ces femmes des manifestations de leurs voies génitales profondes, l'entrée en jeu non ressentie par la femme du corps utérin, telle que dans l'orgasme le plus achevé. Ce sont les orgasmes clitoridiens et vulvo-vaginaux qui sont restés silencieux quant à la conscience de sa jouissance.

Le problème de la jouissance féminine n'est pas encore théoriquement résolu, comme on le voit. L'absence de sensibilité des voies génitales antérieures, la seule consciente, est probablement liée à l'éthique organisatrice de ses pulsions libidinales, que la femme soit ou non névrosée. Là encore, apparaît sa plasticité culturelle. L'absence de désir sexuel conscient et le fait que, néanmoins, sans éprouver d'orgasme quant à sa conscience, elle éprouve un bien-être des coïts avec son partenaire qu'elle aime, qui l'aime et la désire, que d'autre part ces femmes ne présentent pas de névrose, que d'autre par leur accord émotionnel avec leur conjoint soit excellent, leur efficacité dans la vie commune, leur disponibilité intelligente à l'œuvre de l'homme, le respect du père, le géniteur de ses enfants, dans l'amour qu'elle suscite en eux et l'ambiance qu'elle crée au foyer, le résultat de l'impact émotionnel de cette femme dans l'éducation et la résolution œdipienne chez ses enfants, sont la preuve que ses pulsions génitales sont en ordre.

Cela nous fait réfléchir quant à la jouissance ou à la frigidité consciente des femmes, et pose un problème théorique encore irrésolu.

Après avoir affirmé, parce qu'on les a découverts par leurs effets, l'existence de sentiments inconscients de culpabilité, la psychanalyse est-elle là en face d'une autre manifestation de la vie inconsciente et de sa dynamique qui serait des sentiments inconscients de félicité?

Sans aller jusqu'à me faire dire qu'une femme qui jouit dans les rapports sexuels est une femme infantile qui s'ignore, ou bien qu'une femme froide dans les rapports sexuels est le modèle des tendresses sublimes, je dirai tout de même que les valeurs éthique et esthétique de la personne, chez une femme, peuvent avoir canalisé, puis sublimé, une telle quantité de libido narcissique sur des activités industrieuses, sur des activités culturelles, que si son partenaire ne l'y entraîne pas en éveillant son érotisation, quant au désir partiel des zones érogènes génitales, elle n'est pas assez motivée par elle-même à rechercher des satisfactions au lieu partiel de son sexe. Elle ne projette pas sur le pénis, ni sur son érectibilité (si indispensable au narcissisme de tout homme), ni même sur les sensations de plaisir en son sexe à elle, son désir en ce qu'il a d'authentiquement génital. Celui-ci, c'est la personne tout entière de l'homme qui l'a investi, attendu et, quand cette femme a trouvé ou croit avoir trouvé l'amour d'un homme pour elle, dans sa personne tout entière, représentant phallique, elle peut par amour pour lui et par les preuves qu'elle en donne exprimer et symboliser toutes ses pulsions génitales, sans qu'à proprement parler la zone partielle sexuelle de son corps et la zone partielle sexuelle du corps de l'homme doivent à ses yeux se rencontrer, pour entretenir son amour.

Son sexe de fille, lors de la castration œdipienne, a subi l'échec de son désir génital premier, privé à vie du plaisir de conquérir les faveurs du pénis paternel pour une fécondité incestueuse.

La résolution œdipienne, si elle a été complète, n'a laissé en son sexe que ces profondeurs ignorées d'elle, sinon par de vagues sensations dues à des pulsions passives du corps utérin, sans objet partiel où les localiser. Elle se sait vouée à l'attente de sa « formation » à venir, pour un destin féminin hors de la famille. Si les pulsions orales et anales passives conjointes aux pulsions génitales passives au moment de l'Œdipe ont été, elles aussi, marquées de la castration œdipienne, toutes ses pulsions se sont, à partir de ce moment, investies ailleurs qu'en son sexe, dans l'accès des valeurs créatrices et culturelles.

Son sexe est demeuré silencieusement investi de pulsions génitales passives (la Belle au Bois dormant). La puberté, la tension constante que les menstrues éveillent la vitalité cyclée de ses voies génitales, l'apparence phallique de sa poitrine, suscitent, en même temps que sa conscience de devenir femme, la rivalité avec les autres femmes, et aussi avec elles la complicité auxiliaire vis-à-vis des hommes, tandis que sa libido suscite à nouveau l'investissement inconscient croissant, par les pulsions génitales passives, de ses entrailles féminines.

Mais elle se connaît en tant qu'être personnel, grâce à ce qui, de ses pulsions, a investi son corps de narcissisme. Elle se connaît aussi aux émois de tout son être sensible à l'approche et à l'attention des hommes. C'est parce que, sa génitalité, elle la sait médiatrice à l'accès au corps de l'homme, qu'elle se perçoit tourmentée et disponible à l'amour et elle sait aussi que c'est par sa génitalité qu'elle est promise à la maternité.

La maternité, elle en éprouve précocement dès la puberté l'envie, due plus souvent, je crois, aux pulsions de mort qu'aux pulsions passives génitales de sujet féminin. Par pulsions de mort, j'entends son statut féminin d'objet, de spécimen de l'espèce humaine, qui chez une fille peut prévaloir quand, lors de l'Œdipe, la résolution œdipienne n'a pas marqué son sexe de la castration des pulsions orales et anales, libérées alors pour des sublimations au service du sujet.

Cette envie d'enfanter représenterait le résidu des pulsions orales et anales de la fille. Lorsque, devenue pubère, elle est mue par le désir d'enfanter et des fantasmes qui s'y rapportent, elle en craint la réalisation, tant qu'elle n'est pas sûre qu'elle n'a pas trouvé, comme objet d'amour, celui dans lequel elle a pleine confiance. Aussi, pour le don d'elle-même, dans le corps à corps, auquel les pulsions génitales et l'amour l'engageraient, elle reste sur la réserve et peut-être que ces fantasmes d'enfantement, sans que la femme soit encore fixée sur un homme, sont suffisants dans les pulsions de mort, pour en provoquer certaines à la réalisation de ce désir, en se livrant au coït.

Le désir d'enfant n'est pas la preuve que la femme a atteint le niveau des pulsions génitales adultes. Ce désir existe chez les petites filles à l'âge prégénital. Mais il est possible qu'une jeune fille, qui n'attend pas avec impatience de devenir mère, ait peu de moyens pour investir ses voies génitales et qu'elle en ignore l'érotisation tant qu'un homme ne l'a pas révélée à elle-même.

D'autre part, une femme qui a de grandes satisfactions sexuelles, surtout si elles sont précoces, prégénitales, puis génitales, est beaucoup plus narcissisée qu'une autre. Elle introjecte le désir qu'elle suscite et, vivant de se sentir objet pour autrui, de ce fait elle se perçoit moins qu'un autre sujet, et moins portée à investir son désir dans des valeurs culturelles, à l'exprimer et à en trouver des satisfactions dans des sublimations et des rencontres sociales créatrices, langagières. Soumise à des pulsions génitales plus intenses à l'âge adulte, elle est probablement moins portée à intensifier la libido objectale différenciée qui caractérise les femmes en tant que sujet, devenues conscientes de leur désir sexuel, c'est-à-dire les femmes les plus évoluées au point de vue de leur génitalité, engagées dans des sublimations culturelles.

Bref, il y aurait une contradiction entre la richesse des investissements culturels chez une femme et l'investissement narcissique de son sexe, et même de sa recherche chez l'homme de satisfactions sexuelles. Je crois aussi qu'une femme, qui n'éprouve jamais de satisfaction sexuelle dans ses rencontres avec un homme et dans le coït, n'existe pas.

Quant au sexe de la femme, en tant que lieu, espace de son corps, trou sensible et sensibilisable par les jeux de l'amour et qui peut éveiller la femme à l'érotisme et lui permettre alors la découverte du langage inter-relationnel des sexes dans les rencontres avec ses partenaires, ce lieu peut rester pour elle lieu de méconnaissance, sans pour cela qu'il soit insensible.

L'absence totale de masturbation chez beaucoup de filles après la résolution œdipienne est un fait réel, aussi surprenant que cela paraisse aux femmes qui se souviennent de s'y être livrées fort tard et d'en avoir connu plaisir, culpabilité ou déception. Cette absence de masturbation n'est pas en soi un signe ni de santé, ni de névrose. Cela peut être dû à l'absence d'image partielle, convenant à l'intuition de son désir qui, ne visant plus d'objet partiel, oral ou anal, comme à l'époque prégénitale, ne visant plus de pénis paternel ni l'enfant incestueux, objet imaginaire d'un don du père dans la réalité, voue son sexe au silence, mais seulement par manque d'interlocuteur dans la réalité de son présent.

De toute façon, et quoi qu'il en soit de la masturbation de la fille ou de son absence avant sa défloration, la part dévolue aux caractéristiques du pénis d'un homme est exceptionnellement prévalente dans l'amour qu'une femme porte à cet homme.

C'est toujours un étonnement pour l'homme, si fier de ses prouesses sexuelles, et si critique de lui-même quant à son membre viril. J'en ai connu certains si convaincus d'être par la nature désavantagés dans la comparaison de leur sexe à celui des autres hommes, qu'ils ne comprenaient rien à la satisfaction et à la fidélité de la femme aimée d'eux et qu'ils aimaient. Le narcissisme des hommes et celui des femmes est très différent, tant dans son élaboration au cours de leur vie, que dans son entretien dans leur vie adulte.

La plupart des femmes peuvent arriver, avec leur conjoint de corps, si elles l'aiment d'amour, c'est-à-dire de cœur, et si avec eux des paroles sont échangées concernant ce cœur et ce corps, à des modalités de rapports sexuels à la fois satisfaisants et orgastiques.

Seules échappent à ce pronostic favorable les femmes qui ont été sadiquement déflorées, après un mariage dont elles ignoraient le contrat corporel et l'implication érotique, c'est-à-dire après un acte sexuel non désiré encore avec un homme qu'elles n'avaient pas choisi. Comme les femmes qui ont été violées dans l'enfance par un adulte estimé œdipiennement investi, surtout si cette « séduction » hors-la-loi a contaminé la fillette de la honte qu'éprouvait son agresseur délinquant de n'avoir su maîtriser son acte pervers et la contrainte qu'il lui a inculquée de ne jamais parler de ce qui se passait entre eux, ce qui bloquait complètement toute la vie symbolique de la jeune fille par rapport à sa sexualité.

Le traumatisme est plus grave encore si le viol a consisté en coït anal ou à la seule soumission passive à des pratiques masturbatoires d'un adulte incestueux.

Le viol, dans l'enfance, par l'intermédiaire d'animaux est très gravement déstructurant, car il est le fait de la promiscuité de la fille avec un adulte pervers et même psychotique.

Sont traumatisants aussi les viols devant témoin, même si ces viols ne sont que fantasmatiques, comme le sont les fessées dans une scène sadomasochiste dans laquelle l'enfant, en public, s'est ressentie la chose de ses parents, excités dans leur soi-disant correction.

Est encore traumatisme sexuel pour une fille d'avoir été soumise de la part de sa mère à des lavements répétés. Ceci signifie une angoisse compulsive de la mère qui s'ignorait perverse et que la fille subissait par complaisance ou par crainte de représailles, pires encore dans l'idée qu'elle s'en faisait.

J'ai vu les effets inhibiteurs, sur la sexualité, d'un narcissisme traumatisé par des dénudations complètes en public, imposées brutalement à une fillette lors de consultations hospitalières. Une maladie, une malformation, c'est un mal, c'est quelque chose d'anormal – et pourquoi cela intéresse-t-il ces yeux et ces mains de jeunes hommes et de jeunes femmes qui palpent, en s'intéressant et en parlant beaucoup entre eux de ce qu'ils touchent du corps de la fillette ou de la jeune fille, sans lui parler à elle-même? Ce sont des situations sociales où elle a été dépouillée de sa qualité de sujet. Cet événement rend son narcissisme exacerbé, ce qui peut entraîner une difficulté à la relation génitale lorsqu'elle est devenue adulte.

En effet, une femme pour investir sa personne comme génitalement désirable, doit être sûre que son corps est ressenti attirant par sa beauté, par ce qui, féminin dans sa personne, invite l'homme à lui parler et à en connaître davantage de sa subjectivité, lui laissant éventuellement les moyens de fuir, de se dérober au regard de qui ne lui plaît pas. Dans ces consultations publiques, où la fillette était mise à nu, cette valeur était inversée. La curiosité ressentie pour sa maladie ou sa malformation faisait que c'était une anormalité qui la rendait objet de regards, de toucher, de discours et d'intérêt.

Ces expériences pénibles, au moment où elles se passent et où les parents ne comprennent pas, grondant et tançant les enfants qui se dérobent à se dénuder totalement, laissent des traces érotiques ambiguës chez les fillettes et les jeunes filles qui ont eu à les subir de façon répétée au cours de leur jeunesse. Cela complique leur accès à l'érotisation sexuelle, en tant que génitale. Ces « exhibitions » imposées par les médecins à leurs jeunes patientes sont, pour elles, à l'insu des médecins, pervertissantes.

La même exigence au nom de l'intérêt scientifique n'aurait aucune importance névrosante chez l'adulte ou la jeune femme déjà en activité sexuelle. Il y a chez toute femme, entre le narcissisme de son corps dans les soins qu'elle en prend et l'apparence qu'elle aime à lui donner par les vêtements et son maintien, qui sont langage pour autrui, et le narcissisme de son sexe non visible, une antinomie dont le mode d'intégration spécifie dans chaque cas sa personnalité. Le corps tout entier peut, par déplacement et éventuellement désinvestissement du sexe creux, non éloquent hors des risques du coït, être investi secondairement par la fille après la castration œdipienne, en tant que représentant phallique, parce que c'est lui qui à distance engage les mâles à la désirer.

LA FRIGIDITÉ SECONDAIRE.

Lorsque pour une raison plus ou moins justifiée par les circonstances, un couple jusque-là heureux et accordé voit son ardeur sexuelle disparaître et que les partenaires n'osent en parler ni entre eux, ni à un médecin ou un psychologue, il devient très difficile, après un certain nombre d'échecs, tant pour la femme déçue, sans espoir ou revendicatrice tacite, que pour l'homme humilié et non moins revendicateur tacite, de redresser la situation. L'homme, avec le réveil de l'angoisse de castration, n'a ni le goût ni le courage d'aborder celle qu'il croit être un mur ou une panthère. Il rumine son échec [1], fantasme tout haut, par compensation ou par esprit de vengeance, de se dédommager ailleurs, le fait, ou devient impuissant. Il régresse à des

1. Car les hommes sont aussi masochistes moraux que les femmes.

sentiments d'infériorité œdipiens. « On » ne l'aime pas, puisqu'il n'y a plus de désir d'elle à lui. Il en viendrait à désirer que sa femme ait un amant, comme autrefois sa mère avait son père. Qu'à cela ne tienne, il fantasme qu'il est de trop à son foyer. Il se pense indigne de s'occuper de ses enfants autrement qu'en rabat-joie, impulsivement correcteur vis-à-vis d'eux, que pourtant il chérit. Il tente de s'absorber dans son travail, mais il manque de tonus, mécontent de lui, parce que dénarcissisé dans son sexe, il peut régresser dans le boire ou les maladies psychosomatiques. Le cercle vicieux s'installe alors.

La femme, dénarcissisée par les déclarations de son époux de n'être plus désirée, se replie masochiquement sur son malheur et sur ses activités ménagères, maternelles ou sociales d'une façon obsédante qui la déculpabilise du Sur-Moi génital d'incompétence [1]. Mais une régression latente se fait à des émois d'infériorité œdipienne et au rôle d'objet dérisoire qu'elle a été pour son père. Il lui semble en répéter le rôle.

Il faut une solide estime sociale et une longue période préalable d'accord sexuel pour que de tels couples tiennent unis, devenant peu à peu des couples fraternels, faussement chastes, où l'un des deux admet passivement ce qu'il croit être son impuissance génitale dans le couple, cependant que l'autre souffre de ce qu'il croit être provoqué par lui, autant que par son partenaire, mais qu'il ne veut pas admettre.

On voit de tels couples, culturellement et socialement valables, à l'occasion de consultations psychologiques d'enfants. L'enfant a été dans son être et généralement au moment de l'Œdipe le révélateur du conflit génital des parents. Quelque chose ne peut se faire dans la résolution œdipienne chez l'enfant et, pourtant, la personne des parents, de la mère en particulier, n'est pas cliniquement atteinte de symptômes névrotiques, le père non plus. C'est un des effets de sa jalousie sur l'enfant, garçon, dont il n'a pas pris conscience. Les parents souffrent et c'est l'enfant qui développe une névrose.

1. « Tu ne sauras jamais plus faire l'amour, tu es trop vieille. D'ailleurs, tu n'as jamais été faite pour ça. »

La tolérance sans symptômes de pareilles situations sexuelles peut durer assez longtemps, jusqu'à une poussée libidinale liée pour l'un des adultes à une tentation extra conjugale qui, si elle est refoulée, provoque alors des symptômes, soit chez la femme, soit chez les enfants, soit chez le mari, alors même que l'adulte tenté n'a pas cédé et que personne n'est au courant de ce qu'il vit. Si la tentation extra conjugale n'est pas refoulée, cela provoque sur le plan affectif une crise dans le couple, mais le soulagement de tension sexuelle est immédiat, tant chez le partenaire infidèle que chez les enfants de ce couple. Cela permet d'arrêter la régression, de parler et, bien souvent, après les remous de la crise, de retrouver l'équilibre du couple, en tant que couple sexuel; et, mieux que de se retrouver, de se découvrir l'un l'autre à nouveau, plus accordés l'un à l'autre qu'avant [1].

Dans ces frigidités secondaires, les émotions du moment pendant le coït jouent un rôle diffus, qui colore le climat émotionnel de tendresse ou d'animosité, de jeux érotiques ou de gestes agressifs. C'est cette sensibilité au climat affectif qui peut rendre certains coïts non orgastiques pour une femme, ce qui pour son partenaire, est pris comme un signe de rejet qu'il n'est pas. Il est un signe de l'inhibition transitoire de la femme. Mais cette absence d'orgasme chez une partenaire, qui en avait habituellement, dénarcissise son conjoint, surtout s'ils ne peuvent en parler.

LE MASOCHISME FÉMININ.

La modulation sentimentale entre les partenaires peut donc, par une intensité d'agression, entraîner la frigidité chez une femme, jusque-là non frigide. Il est certain que ce sont des composantes sexuelles et émotionnelles, anales et orales actives réactivées, qui débordent l'attitude génitale d'accueil à son partenaire. Cette ambivalence, due au parasitage des relations de

1. C'est une raison qui justifie que l'infidélité conjuguale en elle-même ne puisse être légalement une cause de divorce.

cœur sur les relations de corps, peut entraîner l'appel conscient ou inconscient d'un comportement agressif, soi-disant sadique du partenaire. Le but de ce fantasme, associé à un simulacre d'exécution, est d'annuler, par une maîtrise musculaire symbolique subie, l'ébauche de défense active phallique, qui parasite le désir de se donner chez la femme, et gêne l'obtention de la résolution musculaire qui est la condition indispensable à la primauté de l'investissement érotique vaginal, et surtout à l'orgasme complet utéro-annexiel.

Ces fantasmes, pas plus que ces comportements en réponse qui leur permettent d'avoir un début de réalisation, ne sont dus ni à une structure masochiste de la femme, ni à un comportement sadique de l'homme. Ce sont des adjuvants à l'intensification des pulsions passives génitales qui peuvent apparaître à l'occasion de la frigidité secondaire des femmes.

Les perversions masochistes, c'est tout autre chose. Là, c'est la douleur par contusion, effraction, qui entraîne l'orgasme, sans même le coït. C'est le propre d'homosexuelles, au moins latentes, au corps narcissiquement investi comme phallus partiel fœtal ou anal de leur mère, soumis et abandonné à un objet érotique actif jouant le rôle de mère (ou de père) phallique, en situation de consommation cannibale ou meurtrière anale imaginaire.

Il arrive que tous ces jeux préliminaires aboutissent au coït, mais dans les perversions masochistes ce n'est pas toujours le cas. Le traitement subi par le corps, en tant que phallique, suffit à la jouissance de la femme, et leurs partenaires sont, bien souvent, des hommes impuissants. On les voit rarement dans les cabinets des psychanalystes pour eux-mêmes, mais ils viennent consulter pour leurs enfants, qui ont des troubles divers de développement dus à une impossibilité de structurer leur libido œdipienne.

Le moindre des symptômes chez ces enfants sont l'énurésie, et surtout l'encoprésie des garçons. Les filles sont marquées après la puberté de retard affectif et d'absence de narcissisme pour leur corps. Bref, les enfants, filles comme garçons, ont une difficulté à se différencier au point de vue sexuel.

LE VAGINISME.

Je n'en ai rencontré que quelques cas. A première vue, on pourrait penser que le vaginisme est une exagération de la frigidité. Contrairement à elle, dans tous les cas que j'ai vus, il s'agissait d'un symptôme de refoulement majeur de libido de tous les stades, mais surtout du stade génital et oral.

Le refoulement culpabilisé provient de désir intense, très précocement hétérosexuel chez la femme, intriqué à une agressivité sans objet connu, ou dont l'objet imaginaire est doué de puissance magique terrifiante. C'est une névrose phobique.

Le vaginisme n'est jamais seul symptôme phobique, bien qu'il se présente comme seule souffrance de la femme et qu'elle ne parle de ses autres phobies qu'à l'occasion de la cure psychanalytique.

Le vaginisme est très souvent associé à une compulsion à sucer le pouce soit dans la vie consciente, soit pendant le sommeil.

Par ailleurs, dans sa personne généralement très féminine d'aspect, incapable consciemment d'agressivité défensive, les femmes vaginiques sont pour les hommes qu'elles aiment et qui les recherchent, pleines de charme, de douceur et de tendresse. C'est au moment du coït, qu'elles désirent consciemment, que l'intromission est arrêtée du fait d'une contraction musculaire inconsciente qui rend physiquement la pénétration impossible.

Les cas que j'ai vus étaient associés à des séquelles de viol par le père ou par un substitut du père, avant l'âge des fantasmes possibles de maternité matricielle.

Les rêves des vaginiques sont des rêves de dangers élémentaires cataclysmiques : fournaises, éclatement phobogène après le réveil, et à peine verbalisables.

A une étude sommaire, on a l'impression que le vaginisme essentiel se montre chez les femmes présentant dans leur psychisme des enclaves psychotiques.

Il m'a semblé que le vaginisme est une névrose plus facilement curable par la psychanalyse, si le psychanalyste est une femme. C'est un des rares cas où le sexe de l'analyste m'a semblé avoir de l'importance.

Est-ce parce que, chez les vaginiques, on retrouve toujours inconsciemment le fantasme précoce du viol éviscérateur par la mère, alors que la petite fille très précocement érotisée, même avant la castration primaire, désire le viol trucidant par le père?

Lorsque le psychanalyste est un homme, cela empêche la femme de parler. Je veux dire de parler d'elle, de parler vrai. Cela l'oblige à se taire ou à fuir, car elles ont consciemment et inconsciemment un très grand désir sexuel des hommes.

Les femmes vaginiques sont généralement traitées par les gynécologues. Les psychanalystes ne voient que les échecs, non seulement des traitements diathermiques, mais des traitements chirurgicaux, car cela existe.

Il faut dire que la réussite d'un traitement gynécologique par diathermie aggrave toujours les autres phobies de la femme, si elle annule l'effet bloquant de la phobie sur l'intromission du pénis.

Le vaginisme est donc, tant au point de vue clinique que du point de vue psychanalytique, totalement distinct de la frigidité.

4

Conditions narcissiques de la relation d'objet. La symbolique phallique

L'amour humain se construit, dès l'origine de la vie, sur la confiance dans l'autre. L'effusion du cœur pour l'autre est liée à des perceptions externes et internes, à l'occasion d'échanges avec le milieu de vivance de notre organisme.

Dans leur genèse, les émois de cœur sont liés étroitement aux sensations de corps, et à la mère nourricière qui est, pour le corps du bébé, soutien et provende. Sa présence porteuse, palpante, manipulatrice, est aussi présence répétitive, source de bien-être, libératrice de mal-être. Cette présence, masse dans l'espace, est morcelable. Le bébé, lui, saisit avec la bouche une tétine d'où jaillit le lait qu'il déglutit. Cette présence est aussi morcelante, quand elle sépare la masse du corps du nourrisson de la chaleur du berceau et quand elle lui prend au siège le gâteau odorant de ses excréments, qui tactilement irrite ses téguments.

Cet autre premier, la mère, est donc vitalisante pour le bébé, par la médiation de perceptions et de sensations qui la font ressentir partiellement morcelable à la bouche et partiellement morcelante au corps, dans sa masse totale et dans la région du siège.

Ce qui est répétitif pour les besoins, c'est électivement la bouche et l'anus, régions cutanéo-muqueuses, limites entre l'extérieur de l'organisme et l'intérieur. Par la disparition de leur tension, au contact du corps de l'autre, et la réapparition de leur tension pendant l'absence, quand l'enfant éprouve des besoins, ces régions de reconnaissance du bien-être sécurisant deviennent zones érogènes, d'où l'origine des termes qui, en psychanalyse, ont fait parler Freud de libido au stade oral et de libido au stade anal. Et, par raccourcissement libido orale passive, parce que les pulsions ne sont pas exprimables et actives – dans la mesure où les pulsions sont exprimables.

La libido chez l'être humain est donc indissociable de sa relation à l'autre.

Pendant les absence de la mère, lorsque l'enfant ressent, par le fonctionnement de son organisme, des variations métaboliques, son besoin de réconfort lui fait désirer sa présence. Elle est liée, cette première autre, à sa vitalisation de façon rythmée et répétitive. Il la connaît et la reconnaît grâce à ses pas, à l'habitus de ses gestes, à l'odeur de son haleine et de son corps, au timbre de sa voix. Et, avant même que ses yeux ne puissent distinguer les traits de son visage, il reconnaît le double éclat qui brille dans le visage de celle qui, elle aussi, le connaît et le reconnaît. Ces perceptions qui, lointaines d'abord, deviennent de plus en plus précises, accompagnent l'approche promise de ce qui manque à son bien-être et créent entre l'enfant et sa mère la confiance.

Au cours des tétées et des changes de ses langes, la sensation de manque diminue, ainsi que le mal-être. Puis, toute sensation désagréable disparue, avec l'apaisement des besoins que médiatisent des échanges substantiels, les zones érogènes, bouche et anus, sont au repos. Et s'ignorent. Mais dans les bras de sa maman, repu et changé, l'enfant exprime sa satisfaction par des modulations sonores, des réminiscences labiales sensori-motrices qui traduisent son plaisir et qui donnent à entendre aux oreilles de la mère le bien-être de son nourrisson qui, pour elle, sont gratification et joie. La première image que nous avons de notre bien-être et de notre bonheur, c'est donc ce visage retrouvé, image complémentaire à la masse de notre cœur, c'est la voix modulée des propos cajolants dont elle nous a entouré, c'est son odeur et la paix de ses bras nidants.

Cette présence qui pacifie les besoins est aussi, dans les moments de tension, l'image à laquelle se réfère la faim et la soif, que le bébé signalise par ses cris, cris dont il perçoit qu'ils la font revenir à lui, soucieuse de ce qui lui manque. Voit-elle qu'il n'a besoin de rien, qu'elle le rassure par quelques paroles, lui enjoigne de dormir et le quitte à nouveau.

C'est de sa présence pour la communication dont il a besoin, ou dont il a désir, besoin et désir sont à ce moment-là encore si mêlés. Et c'est elle qui, par sa complicité et sa compréhension, lui fait entendre qu'elle a d'autres choses à faire que de s'occuper de lui, et le bébé, après quelques cris impuissants à la faire revenir, s'endort.

Chaque retour de la mère sur le fond répétitif sensoriel, celui des échanges substantiels connus, apporte des perceptions renouvelées et d'autres, inconnues, nouvelles, qui viennent informer l'enfant des modulations de son désir, par ses variations vocales, ses mimiques, sa kinésie différente, selon ce qu'elle fait pour lui et avec lui, qui sont le langage de la communicaton complice entre chaque bébé et sa mère nourrice, langage qui devient l'image subtile du narcissisme premier de son être, en son corps et en ses fonctionnements, et enracine au ressenti charnel par le souvenir des perceptions subtiles qui ont accompagné le réconfort du corps, l'intelligence de la langue maternelle et du code de communication psychomotrice entre chaque enfant et sa mère.

Une trop longue attente peut épuiser le potentiel de la cohésion existentielle ressentie par le bébé. Cette cohésion dépend de l'entretien de la vitalité de ce lien, déjà symbolique à cet être unique pour lui, la mère, qui ainsi peut, du fait de la distension de ce lien dans l'espace et dans le temps, en provoquer la dissociation [1].

1. Le *spliting,* c'est la dissociation du sensori-psychique côté bébé, du kinétomimique côté mère. La voix dissociée de ces deux moitiés qui font la complicité du lien enfant-mère dissocie aussi la cohésion narcissique du nourrisson ou du bébé, parce que cette voix n'est plus référée à des corps en relation de langage, mais, dans son souvenir, qui n'est pas soutenu par des retours qui la remodulent au plaisir et au bien-être de l'enfant, devient signal de danger pour le système sensoriel ou pour le système psychique. Ce qui en est de la voix l'est aussi pour le visage, qui ne revenant pas alors qu'il est attendu, parce qu'il est remplacé par un autre visage que l'enfant ne reconnaît pas, provoque en lui cette dissociation qu'on a nommée « spliting ». Si cette dissociation se répète souvent, l'enfant peut entrer dans cette modalité particulière de la psychose infantile qu'on appelle l'autisme.

Cette dissociation, due à la perte de la mère, à son absence trop longue et répétée ou aux changements successifs de placements nourriciers, laisse toujours des traces d'angoisse dues à la fonction symbolique humaine, toujours en activité chez l'enfant éveillé. Le désir de communication liée à la confiance, elle-même liée à la complicité et à la reconnaissance de l'autre, entraîne le réveil de l'angoisse, alors que le corps du bébé est, par une remplaçante inconnue dans les échanges substantiels, apaisé quant à ses besoins.

La distinction entre désir et besoin est alors patente. Lorsque ces épreuves ont été vécues avant 6 à 7 mois, on en perçoit toujours les effets dans les retards de langage et de développement psychomoteur langagier, parfois même dans des troubles organiques et fonctionnels associés au sommeil, de l'appétit et du transit digestif.

Jusqu'à la conquête du langage par l'enfant, qui lui permet des contacts à toute autre personne en confiance, confiance enracinée dans la connaissance de sa mère, et jusqu'à la conquête de son autonomie motrice et de sa continence sphinctérienne, qui font de sa mère l'auxiliaire élective de son corps et de ses fonctionnements, de ses déplacements dans l'espace, la santé, comme la maladie, sont toujours chez l'enfant psychosomatiques, comme nous disons, ou plutôt psychophysiques. Et ces malaises, ces disfonctionnements, traduisent des atteintes de sa sécurité tant dans son corps dont les sensations qu'il en a sont toutes reliées au souvenir de sa mère, que dans sa relation de confiance avec les autres, qui découlait de sa complicité avec sa mère dans le bien-être et qu'il ne retrouve pas.

Il n'est plus disponible pour créer, si sa mère n'est pas avec lui dans son épreuve, des liens de complicité avec l'entourage, et cela jusqu'à sa sécurité retrouvée.

Si le bien-être physique peut se retrouver en l'absence de la mère, l'association de ce bien-être physique à son psychisme ne peut se retrouver, si la séparation pendant la maladie l'a fait souffrir du manque de communication avec sa mère. Alors, son corps en tant que chose peut devenir pour lui fétiche, ou certaines de ses sensations référées à un souvenir archaïque de sa mère, peuvent devenir des sensations fétiches qui l'isolent de la communication avec le monde extérieur, tout en lui donnant une sécurité narcissique. C'est pourquoi tout enfant souffrant et malade ne devrait pas être séparé, quand il est petit, de sa mère et quand il est plus grand, de la visite fréquente de ses familiers ou de sa mère.

Ce n'est pas la maladie qui est à l'origine des perturbations graves que nous voyons chez des enfants, dont on allègue les graves maladies du petit âge pour expliquer leur inadaptation actuelle, ce sont les conditions de relation symbolique perturbée, conditions prolongées trop longtemps de l'absence de la mère et des familiers, qui ont entraîné des blessures symboliques irréversibles pour certains enfants malgré la très bonne santé physique revenue.

Trop de temps, trop de choses, trop de sensations se sont passés en l'absence complice de la mère, qui fait que quand ils la retrouvent, ou quand ils retrouvent leur famille, ils ne les reconnaissent pas. Car, dans leur souvenir, il n'était pas le même et, de ce fait, eux ne sont plus les mêmes que ceux qu'il s'attendait à revoir.

Revenons à l'enfant et à sa mère, par laquelle il se connaît. L'enfant et la mère ne sont pas seuls au monde. Très tôt, il entend sa mère parler à d'autres. S'activer dans l'espace où il l'observe à des occupations qui ne lui sont pas destinées. Tout ce qui se passe dans son champ de perception complice à la mère fait partie autant de lui que d'elle. Les familiers sont associés à elle, en tant qu'attributs et compléments de son être et du sien, dans un agir que sa mère traduit et auquel ils s'associent.

Lorsque ainsi associés à elle, ses familiers relaient la mère dans les soins au bébé, établissent avec lui des liens de proximité agréable, ces autres associés à son premier autre, la mère, étoffent la présence de la mère des perceptions venues d'eux, qui l'initient au monde humain et à la société. Ils reprennent avec leurs voix différentes les phonèmes prononcés par la mère. En s'adressant à lui, le même phonème revient constamment, celui de son prénom, et en s'adressant à eux, la mère prononce aussi, et les autres prononcent aussi des phonèmes qui s'attachent à leur présence et aux dires les concernant.

Ainsi, l'enfant se reconnaît et reconnaît dans ces autres une complicité de désir qui organise le champ de plus en plus étendu de son langage, au sens large du terme, qui est encore un langage réceptif, tant qu'il ne peut pas lui-même s'exprimer dans la langue maternelle.

Cependant, alors qu'un nourrisson a dans ses cordes vocales la potentialité de tous les phonèmes de toutes les langues humaines, très rapidement un enfant élevé dans telle ou telle langue maternelle n'a plus la possibilité de prononcer les phonèmes des langues étrangères. Ce qui prouve que le corps lui-même est potentiellement langage de communication, déjà codé selon une cybernétique des mouvements fins de sa musculature interne en rapport avec ce qui rend le désir de communication réalisable. L'initiation de l'intelligence et du cœur passe par le corps qui en est informé. Ses fonctionnements les plus subtils sont marqués de l'écriture, pourrait-on dire, comme un réseau de lignes de force, de traces, laissé par le langage interrelationnel.

Avec toutes ces personnes de son entourage ainsi connues, son désir de communication organise un système complexe interrelationnel, allant de lui aux autres, parmi lesquels certains de ces autres deviennent des élus dans la confiance et la complicité partagée. Le désir quant aux objets se différencie par la modulation des émois qu'il éprouve à l'égard de ses amis. Leur départ, leur absence prolongée, leur disparition, lui est souffrance. Mais la personne essentielle à l'origine de toutes ces relations, qui est sa mère, lui reste encore la plus essentielle des présences sécurisantes dans la souffrance de toutes les autres séparations.

A ces premières références archaïques de la relation aux autres, s'articulent ensuite toutes les situations de rencontre significative de similitude émotionnelle, avec des partenaires liés par l'évocation commune d'un plaisir retrouvé du contact de leur personne. On s'accorde dans la joie des retrouvailles, et on s'accorde dans le regret des séparations.

Si nous n'avions jamais été séparés dans le temps et dans l'espace de ceux avec qui nous avons éprouvé le plaisir d'être ensemble, nous ne saurions pas ce qu'est aimer.

Aimer est ce mouvement du cœur vers l'image de l'absent pour soulager en soi la souffrance de son absence. C'est la mise en pensée et en actes de la mémoire des moments de sa présence, c'est l'invention de moyens de communication avec cet autre, à distance, c'est l'investissement des lieux, des temps, des objets témoins de ces rencontres, qui servent de support au lien symbolique.

Le langage échangé avec l'autre, le souvenir des paroles dites, l'invention de paroles pour ressertir de sens les souvenirs que nous avons d'eux, créent un langage intérieur. Le corps lui-même devient, par certaines de ses perceptions, occasion de réminiscence des autres.

La souffrance de la séparation ressentie en soi-même, et dont l'autre de son côté, témoigne par-delà la distance et lorsqu'ils se retrouvent, fait que deux êtres humains se sentent accordés en désir et en amour par la blessure de leur image du corps, pour chacun d'eux référée dans l'inconscient à l'absence de cet autre dont son cœur a souffert.

Si des souffrances du cœur peuvent avoir des répercussions sur des fonctionnements végétatifs du corps, c'est que tout autre est un objet de transfert de liens, beaucoup plus archaïques, qui s'étaient établis à une époque où le fonctionnement biologique et végétatif était lié au désir de communication et s'en était constitué.

Toute absence d'un être cher élu, même à l'âge adulte et alors que le lien aux parents archaïques est depuis longtemps oublié, l'autre élu de chair et de corps, dans son absence, réveille les souffrances de l'absence de l'autre primordial, la mère. Et en l'absence de paroles échangées avec l'être aimé, tout individu retrouve le langage de son corps sous-jacent au langage des paroles, soulagement de sa souffrance, à partir du moment où l'enfant peut exprimer ses sentiments. Et quand l'adulte ne peut plus les exprimer, son corps parle à la place de son langage verbal.

Il n'y a pas que le langage verbal, il y a aussi le langage créatif, mais celui-ci ne devient langage autonome qu'à partir de l'autonomie motrice totale de l'enfant, c'est-à-dire assez tard, et lorsqu'il n'a plus besoin en rien de l'auxiliariat d'un adulte pour son corps. C'est alors que l'industrie de ses mains lui permet d'agir et de créer. C'est pourquoi la créativité dans le travail, dans toutes les formes d'art, qui sont des codes de communication avec les autres, et d'expression de soi pour soi-même, sont des remèdes à la souffrance que la fonction symbolique humaine trouve pour son soulagement dans les épreuves du cœur.

Tous les témoignages de la culture sont des effets des souffrances ou des joies du cœur de ceux qui ont ainsi agi et laissé des preuves de leurs émois, caractérisant leur communion émotionnelle à distance avec un *aimé* dont ils étaient séparés; lorsque nous sommes émus de leurs œuvres, nous accomplissons cette rencontre décodante de leur langage qui cherchait à communiquer ses émois à travers leur art. Tous les autres, avec qui nous communiquons directement ou indirectement de la sorte, ou qui communiquent ainsi avec nous, nous font ressentir notre semblable constitution émotionnelle d'êtres humains qui fonctionnent semblablement, et c'est par eux que nous savons qui nous sommes et les joies qu'ils nous donnent nous permettent de nous reconnaître unifiés, dans notre être et dans nos fonctionnements, exactement comme lorsque nous étions des bébés, la retrouvaille de notre mère et du langage complice nous faisait nous retrouver heureux.

Mais qu'en est-il des émois concernant le sexe de chaque individu humain?

Très tôt, tout bébé, par ses perceptions subtiles, reconnaît chez les humains, à partir de ses familiers, la distinction entre masculins et féminins. Ce qui différencie garçons et filles, c'est que le premier autre du garçon, la mère, par sa féminité, est complémentaire de ses pulsions génitales confuses précocément en activité, tandis que c'est le père qui répond à ce qui dans la mère n'a pas de réponse au guet du désir sexuel de la fille.

La mère, en tant que premier autre pour les bébés des deux

sexes, informe moins de la nécéssaire triangulation humaine existentielle, pour la plénitude de la communication, le garçon que la fille. Si, dès la naissance, les bébés ne trouvaient que tutelle masculine, ce serait le contraire.

L'homosexualité et l'hétérosexualité des êtres humains est en relation génétique à cette période passive de la petite enfance, où le garçon peut être entièrement satisfait avec sa mère, lorsqu'elle vit sans homme et dans un monde exclusif de femmes, tandis que la fille, dans un monde de femmes, sans la présence d'aucun homme, ne peut sentir son désir sexuel s'éveiller. Sa mère seule est alors dans sa relation de complémentation à elle, la référence de son sexe indifférencié quant aux hommes et aux femmes.

De même que la faculté de parler est présente chez tout enfant dont le larynx et l'appareil auditif sont physiologiquement sains, mais qu'il lui faut entendre son premier autre, la mère, parler à un objet autre que lui-même, le bébé, pour accéder au langage, de même la fille qui est physiologiquement saine, sexuellement doit non seulement avoir connu des hommes, étant enfant, pour ressentir le désir de communiquer avec eux à travers sa mère et comme elle; mais il faut qu'elle voit sa mère en accord électif avec un homme, et qu'un homme au moins soit attentif au bébé-fille, pour que son sexe s'éveille à son désir féminin, en conformité au comportement de sa mère, et pour savoir que son désir de communication dans le langage, qui peut se satisfaire quant à lui avec les femmes dans une dialectique alternée passive et active, est différent quant aux émois qu'elle éprouve lorsqu'elle parle avec son papa et différent aussi quant au ressenti sexuel attractif qu'elle éprouve, à son égard et à l'égard des autres hommes.

Pour la fille, dès la vie fœtale, puis orale, la référence phallique de la mère qui, à elle seule, la lui représente, construit bien une image phallique de son corps propre, par introjection de la forme du corps phallique de tout adulte. Mais le narcissisme premier de l'enfant, qui se construit dans la dialectique libidinale interrelationnelle, au cours de la vie fœtale, puis orale et anale lorsqu'il n'y a que la mère, se construit dans une attitude passive dominante des pulsions qui ne sont actives que dans la parole et le faire, anal et manuel, qui est transféré de l'anal.

Pour le sexe et son style féminin attractif, dans sa dynamique centripète en relation au phallus objet partiel sexuel génital, elle ne peut le construire. On comprend alors que l'absence de représentant masculin dans le cadre familier de sa vie au foyer, représentant masculin qui s'intéresse à l'enfant et à la mère, ce manque invertit le génie sexuel féminin à la racine même du narcissisme de la fille.

Il n'est pas étonnant alors, puisque la situation triangulaire œdipienne ne peut pas s'établir, que l'enfant, chose vivante sortant du corps des femmes comme paraît en sortir un excrément, puisse paraître pour la fille l'objet partiel phallique, substitut soit de fèces magiques, soit de pénis, à ses dépens morcelé et que, devenue adulte sans avoir vécu d'Œdipe, l'enfant qu'elle met au monde ne lui soit pas un rival, mais au contraire gratifiant et annulant la castration primaire, tout au moins si c'est un garçon, pendant tout le long de sa vie, et si c'est une fille, jusqu'au moment où elle est attirée par les garçons. Ce qui, pour sa mère, est quelque chose d'évidemment monstrueux, puisqu'elle ne l'a pas connu.

Elle l'a pourtant eu, cet enfant-fille, me direz-vous, des œuvres d'un homme adulte. Oui, mais cela ne prouve pas qu'elle ait désiré cet homme adulte, et ça ne prouve pas non plus qu'elle ait vis-à-vis de l'enfant une attitude d'amour, qui réfère son bébé au géniteur de ce bébé; il peut très bien être référé seulement à sa dépendance amoureuse à la grand-mère maternelle. C'est dans ces cas que la fille, en se développant et en se dirigeant vers son géniteur non aimé et non désiré de sa mère, la fille sert alors d'objet de transfert de sa propre mère en tant que petite fille, et comme le développement de la libido est toujours possible et à tout âge, c'est la fille qui est la rivale de la femme vis-à-vis de son mari. Ce sont des situations pathogènes pour les filles.

Voyons ce qu'il en est pour le garçon qui n'est pas éduqué depuis son petit âge avec un homme au foyer. Il est, comme la fille, dès la vie fœtale, puis orale et anale, soutenu dans la référence interrelationnelle phallique représentée par la mère, à se développer dans une image de son corps phallique qui soutient son narcissisme. Mais, au point de vue libidinal, il est à la fois passif oral et actif oral, dans la parole, et phallique anal et urétro-génital, dans son désir masculin pour sa mère. Ses pulsions premières, urétro-génitales, dans le génie de la dynamique centrifuge masculine, peuvent très bien se développer et donc soutenir complètement son narcissisme masculin.

Au moment de l'interdit de l'inceste, il y aura des difficultés caractérielles, sans doute, mais avec la puberté et le savoir que les fils ne peuvent pas accomplir leur désir sexuel, dans un corps à corps génito-génital à la mère, il ne reçoit pas une véritable castration, mais seulement une information qui l'introduit à la société.

Son désir est réprimé, mais il n'est ni refoulé ni sublimé, puisqu'il faut une sublimation pour que le refoulement donne aux pulsions leur satisfaction créatrice. Sa mère vivante continue d'être investie par lui d'amour, alors que pour son sexe, selon l'intensité de ses pulsions, il cherche des satisfactions avec des femmes partenaires de passage.

Dans le cas où sa mère est défunte, ou si sa mère n'est pas négative à une des femmes qu'il voit, il peut désirer, comme tout petit garçon le désire, avoir un enfant avec cette femme, qui en fait est un enfant de désir œdipien transféré sur elle.

Si ce bébé, qui naît de ses œuvres est un garçon, il a vis-à-vis de lui immédiatement une attitude rivale, car il est le tiers gêneur pour sa relation à sa femme, et il retourne alors à la relation duelle à sa mère, en négligeant à la fois la mère et l'enfant.

Si c'est une fille, il peut être momentanément gratifié, quoi que les relations de corps-à-corps du nourrisson à sa maman sont aussi pour lui vues comme une part de sa femme, qui est soustraite à son désir oral pour toute sa personne.

En se développant, la petite fille fera attention à lui, du fait de son désir à elle, mais lui n'aura pas vis-à-vis d'elle une attitude paternelle, il aura toujours tendance à ramener cette fille à sa propre mère, la grand-mère paternelle de l'enfant, en mettant en rivalité sa femme et sa mère, par rapport à la façon de s'occuper de cette enfant.

Quant à son, ou ses fils, ils sont pour lui dès l'origine des rivaux : rivaux vis-à-vis de sa femme, mais aussi rivaux vis-à-vis de la grand-mère paternelle, quand elle investit normalement ses petits-enfants, garçons ou filles. Mais le père est beaucoup plus sensible à l'élection que sa propre mère fait de ses fils et c'est à ce moment-là aussi que lui vit sur son fils la rivalité meurtrière œdipienne qu'il n'a jamais vécue vis-à-vis d'un homme.

Quant au petit garçon, dont le père est ainsi constitué dans son narcissisme, il ne peut pas investir cet homme d'amour, puisque pour qu'un petit garçon s'intéresse à son papa, il faut que ça soit le père qui montre à son garçon une attention élective, une affection, et un soutien à ses impuissances, quand il veut s'affirmer petit garçon, dans des activités personnelles industrieuses, risquées et sociales, que les mères ont tendance à freiner, ce qui rend le petit garçon beaucoup plus sensible à une aide virilisante du père. Avec un tel père, le fils ne l'a jamais.

On comprend ainsi le rôle, à la deuxième génération, de l'absence de père à la première génération, que ce soit pour le géniteur ou pour la génitrice, alors même que consciemment ces adultes, qui n'ont pas eu de père, vous disent qu'ils n'en ont pas souffert.

Laissons pour l'instant ce problème de la formation première des pulsions génitales. La dépendance de l'enfant à tout adulte, pendant sa première enfance, jusqu'à l'autonomie qui permet la marche et la station debout, provoque dans le sentir et l'agir de tout petit des hommes sa compréhension de tous les comportements, comme des effets de dépendance observés en lui par rapport à l'adulte, hors de lui entre les adultes, ou obtenus de lui quand les adultes agissent à son égard. Et tous ces rapports de dépendance, il les prend pour des apparentements.

Tout apparentement de dépendance est partitif, dans le sens d'une paire que font les partenaires, puis il s'agit pour l'enfant d'un couple dans l'opérationnel oral et anal, où l'un des agissants le fait pour l'autre, qui le fait agir. Un des éléments domine ou est dominé. Rapport de forces qui n'obéit pas qu'aux relations de masses individuées. Là, le petit d'homme est toujours dominé. Il l'est aussi par son impuissance motrice et son manque de coordination gestuelle, par rapport aux adultes dont sa survie dépend, et cela plus ou moins longtemps, selon la liberté d'initiative que l'adulte, attentif à le protéger de grands dangers, lui laisse prendre.

C'est par l'écoute de la parole d'un être humain en réponse à la parole d'un autre humain, autre que lui-même – sinon c'est la situation dominant-dominé –, qu'il accède à l'éthique du couple qui, auparavant, est un couple magique, sans éthique. Deux créatures humaines ne le sont pour lui que s'il les observe capables de coopération ou de non-coopération concertée dans leurs paroles. En effet, un enfant, dès qu'il parle, parle aux objets, parle aux animaux, et ce n'est que parce que ceux-ci ne répondent pas qu'il fait la différence entre les choses, les êtres animés/animaux et les humains.

Cette conformité du sentir et de l'agir complémentaires, nés de la coopération à ses besoins et à ses désirs concertés, ou du refus de l'adulte à ses désirs, n'entretient sa vie symbolique humaine que s'il y a parole d'une part et que, d'autre part, cette entité maternante, dont il dépend pour tout, a semblance humaine référée à d'autres humains.

Ceci nous fait comprendre le cas particulier des enfants élevés par des animaux, qui se développent alors qu'ils sont potentiellement des humains, en s'identifiant à des animaux et perdent toute relation possible avec des êtres de leur espèce. C'est du fait de la fonction symbolique humaine que ce résultat dans l'évolution de l'enfant le sépare de son image humaine et de sa capacité de reconnaître des semblables, ailleurs que dans l'espèce animale de la femelle qui lui a donné son lait, et des congénères qui, grâce à elle, ont été à son contact.

La plasticité extraordinaire de l'être humain, et en particulier de son larynx, lui permet d'émettre des signaux de la même sorte que les appels de ces animaux, et ce qui aurait pu devenir un langage au contact d'un code de langage humain, devient une impossibilité pour cet être humain de jamais être introduit au langage des humains adultes, même dans le cas où il est retrouvé par des humains et recueilli par eux.

On voit que le corollaire de cet état de fait entre l'enfant et sa nourrice est la totale, inaltérable et aveugle confiance dans la relation coopérante et coaptante pour la survie qui, dans une identification passive, lui permet de grandir à l'image, en miroir vivant, de qui le représente dans la paire d'apparentement qu'il forme avec l'autre. Soutenu par sa croissance et son développement, par le désir aussi, de nouvelles potentialités du côté de l'enfant par introjection suivie d'identification active de l'enfant à l'adulte nourricier, le rendent une petite personne qui s'ignore encore. Son corps propre, il se le représente à la semblance de l'adulte; quant à son visage, il l'ignore, bien qu'il connaisse la masse de sa forme céphalique, et qu'il ait les zones érogènes dans le visage, mais l'aspect formel de son visage a, pour lui, image du visage de l'adulte.

C'est l'épreuve au miroir qui révèle à l'enfant l'apparence de son corps, de son visage et les limites de son individu dans l'espace. Ses mimiques, ses gestes, ses paroles face à cette image de lui, qu'il suppose être un autre enfant apparu dans son champ de vision, qui ne répond pas de façon complémentaire ni concertée, ne lui parle pas, mais réagit toujours par une imitation inversée de ses gestes : c'est après s'être heurté à la surface mystérieuse et plane du miroir, troublante et insolite expérience, qui ne lui délivre son sens de miroir que s'il voit aussi s'y refléter les familiers proches dont la présence n'est pas une illusion, que l'enfant commence à saisir la différence entre l'image visuelle que donne à voir son propre corps et sa face et l'image ressentie, la seule qu'il avait jusque-là, l'image de son désir.

La différence entre l'aspect visuel et plastique des autres et leur représentation réduite et immobile, sensoriellement partielle – portrait, photographie, sculpture, cinéma –, grâce à l'expérience du miroir, il comprend que ces images agrandies ou réduites des personnes de son entourage ne fait que les évoquer dans les pulsions scopiques, ou tactiles quand il s'agit de sculptures, motrices quand il s'agit de cinéma. Il saisit, à cause de son absence de communication avec lui-même dans le miroir, il saisit que le désir d'échange et de communication avec l'évocation seule de l'autre, il ne peut pas l'avoir, car lui n'est pas reconnu par l'autre pendant le même temps qu'il le reconnaît, comme dans l'authentique rencontre dans l'espace-temps commun, où les deux apparences, l'une pour l'autre, signifient que les désirs sont présents chez les deux interlocuteurs partenaires, complémentaires dans la recherche d'un accord pour leur satisfaction.

Il n'empêche que, toute la vie de l'adulte, l'évocation d'un autre, alors que cet autre n'est pas présent, provoque inhibition ou excitation du désir, selon cette évocation. En sont la preuve les silhouettes en contreplaqué de cuisiniers sur les bords des routes, ou les silhouettes en contreplaqué des gendarmes qui débordent d'un arbre comme s'ils étaient prêts à s'y cacher.

L'image d'un être humain, avec l'attribut de ses fonctions, suscite immédiatement un effet sur le désir du sujet qui l'aperçoit. La représentation scopique ne joue pas comme telle, mais elle joue du fait de la concertation du langage, resté en mémoire, de la relation inter-personnelle entre le sujet et des adultes qui, par leur apparence, pour les pulsions scopiques, rappellent à son souvenir les relations de langage inhérentes à leur fonction de cuisinier, ou de gendarme.

C'est cette évocation qui suscite le souvenir du langage interrelationnel, qui est à l'origine de la structure psychique de la libido; *ça* les pulsions, actives et passives, *moi* les pulsions à la similitude de l'autre premier qui a éduqué l'enfant et à ses relations de langage concerté avec les autres, *moi idéal* l'adulte en conformité de qui l'enfant veut développer sa libido et *surmoi* l'inhibition du *ça* au service de ce *moi idéal*.

C'est à cause de ces expériences du miroir plan, du cinéma, de la photographie, de l'audio-visuel, et de l'enregistrement vocal, que l'enfant – l'enfant ou l'adulte, d'ailleurs – par personne interposée présente dans ses expériences, comprend l'image qu'autrui se fait de sa personne par le voir, l'entendre, comme lui en a une différente des autres, par des pulsions partielles qui sont médiatisées par des images scopiques et auditives.

C'est aussi à cause de ces expériences que l'être humain perçoit l'inexorable solitude dans laquelle il est, du fait que le ressenti de son désir, dans son authenticité, ne s'exprime jamais complètement et qu'aucune complémentarité d'un être humain ami et si proche soit-il, ne peut savoir ce qu'il souffre, ce qu'il jouit, et qu'il lui` faut absolument exprimer pour souffrir moins de sa solitude, que le narcissisme maintient en équilibre et en cohésion un certain temps, mais qui doit toujours être revivifiée par les contacts avec autrui.

C'est aussi parce que cette connaissance qu'il donne de lui-même par la parole et qu'il a des désirs des autres par leurs paroles, véridiques ou mensongères, émane de la voix par le souffle dont le siège est le thorax, que le lieu symbolique de la rencontre des émois du désir et de leur émission et réception est situé dans une masse viscérale symbolique qui répond à la masse charnelle du cœur. D'autant plus que, dans de forts émois, l'être humain sent battre son cœur à un rythme différent de son habitus courant, et que c'est l'alerte à son désir, alors qu'il ne s'y attendait pas.

C'est par la perte ou l'absence, la séparation d'avec ses amis (ceux qui avec lui peuvent faire un couple concerté qui ressource son narcissisme) que l'être humain connaît les épreuves du cœur qui structurent sa personne en tant que lieu et source de désirs qui par les autres peuvent se satisfaire.

L'être humain découvre alors par ses expériences que, s'il ne peut s'exprimer par le langage et comprendre le langage des autres, il est seul, au milieu d'une multitude où ses choix électifs ne lui permettent que de rencontrer dans les autres le dérisoire écho, miroir auditif, de son cri indifférencié d'abandonné.

LA LIBIDO EST PHALLIQUE.

Quel que soit le lieu érogène de ses désirs partiels, l'objet de satisfaction partielle du bébé se réfère au phallus. Pour la bouche, c'est le téton érectile qui s'y coapte et d'où jaillit le lait, pendant que ses mains pressentent la forme rénitente et gonflée du sein maternel. Pour l'anus, c'est la forme des fesses et des fèces. Pour le bébé-garçon jusqu'à 25 mois, c'est l'érectilité pénienne dont jaillit le jet urinaire. Ensuite, c'est l'érectilité pénienne au service du plaisir seul, en attendant la puberté avec l'émission spermatique qui conclut l'érectilité érotique. *Toutes les formes partielles érogènes sont des formes pleines, qui se réfèrent au phallus, soit le pénis désirant, soit le désir du pénis.*

La silhouette générale du corps devenu adulte, dans la station debout, pour l'homme comme pour la femme, renvoie aussi, morphologiquement, au phallus; de même pour les formes sexuées : pénis renvoyant à la flèche, pour l'homme, seins renvoyant à des dômes de formes diversement phalliques, pour la femme, objets d'attraction pour les pulsions scopiques et tactiles.

Le corps propre, donc – objet total phallique, les zones séductrices pour les zones érogènes – aussi phalliques, mais partielles dans leur volume. Quant aux valeurs subtiles ressenties avec les oreilles, les yeux, le nez, la tactilité, elles sont aussi valorisées en référence au phallus, forme oblongue ou trou, qui se complémentent.

Le corps des femmes est pour l'homme référé aux valeurs archaïques de sa mère, dans la plénitude de sa poitrine, et dans son sexe prometteuse de l'accueil de son pénis érectile, pour lui narcissiquement valeureux.

L'homme, pour la femme, est référé aux valeurs phalliques de la différence des sexes découverte dans sa petite enfance, et dans le corps à corps et le désir que son sexe a du sexe de l'homme se trouve la promesse de sa fécondité.

Cet enfant qui, lorsqu'il naîtra, sera le symbole du phallus symbolique, union incarnée de leur double désir de géniteurs.

Ce *phallisme séducteur,* caractéristique de tous les aspects de la libido de l'être humain, est pour ce qui est du substantiel référé à toutes les turgescences formelles du corps, promesse d'une force jaillissante autochtone qui a laissé au narcissisme de chacun un souvenir réunifiant, dans la jouissance éprouvée de l'apaisement de ses désirs; de cette promesse d'une réconciliation de son corps et de son cœur, la tension de sa libido croît en des zones érogènes, devenues érogènes du fait de la séparation et du retour espéré, et de la nouvelle séparation, qui donnait valeur à l'objet du désir lorsqu'il s'éloignait.

C'est pourquoi c'est toujours une représentation imaginaire phallique qui focalise le désir dans son appel à l'autre, pour une communication aussi bien inter-psychique qu'inter-corporelle, qu'inter-émotionnelle rénovatrice et recréante pour chacun, s'il atteint son plaisir. Celui d'une intégrité vivante, retrouvée par la grâce de deux désirs accordés dans leur référence au phallus symbolique, que l'un par l'autre ils s'entraident à conquérir.

Mais, comme nous l'avons vu, c'est à cause de cette distance de l'objet désiré dans son entier, distance ressentie comme absence lorsqu'elle est spatiale, ressentie comme passée ou à venir lorsqu'elle est temporelle, que l'objet du désir de possession charnelle a pris une signifiance imagière et créative phallique, chez l'être humain, quel que soit le lieu érogène de ses désirs partiels, quel que soit l'objet que le sujet désire, et quel que soit son sexe.

Mais chacun d'eux, chacun de ces humains est fonctionnellement et créativement impuissant, lorsqu'il est réduit à son existence d'individu solitaire, toujours stérile hors des rencontres émotionnelles.

Or, cette distance des corps, grâce à quoi les émois qui ont fait connaître l'amour sont nés, cette distance s'abolit entre les corps enlacés et entre les sexes con-pénétrés dans le coït.

Les désirs du cœur sont-ils contradictoires aux désirs du corps? Oui, certes, quand c'est à l'union sexuelle seule que se réduit le langage entre désirants humains, centré sur les sensations de leurs corps perdus l'un dans l'autre (ne dit-on pas : ils sont éperdus d'amour?). Si nulle parole entre eux ne continue d'élaborer le langage de leur amour et les modulations de leur émois, dans la jouissance qu'ils se sont donnée, puis dans l'attente l'un de l'autre où ils sont, alors l'espace et le temps disparus dans le coït les fait l'un pour l'autre accéder à l'inhumain.

N'est-ce pas là l'épreuve narcissique frangée d'agonie qui accompagne l'éphémère de toutes nos joies érotiques terrestres? L'angoisse est proche du désir, d'autant plus proche que le désir est plus grand.

Scandée par la naissance, le sevrage, la marche, la continence sphinctérienne, l'autonomie physique et fonctionnelle totale dans l'espace de l'enfant vis-à-vis du corps d'adulte, la différence morphologique des sexes, la disparité des âges, la mort, la corruption de la chair, apparaît *notre impuissance à nous signifier, autrement que par l'autre et par nos différences :* à part celles des corps, visibles, toutes les autres sources de dynamique, de communication, nous ne pouvons les connaître que par le langage, véridique ou pas, qui témoigne de ces différences de pensée et d'émotion entre les êtres.

Toutes ces épreuves mutantes et progressives de l'évolution de la libido sont accompagnées d'angoisse. Elle est inhérente à notre condition d'êtres humains, et trouve dans la fonction symbolique soutenue par l'imaginaire le langage qui nous permet de l'assumer en l'absence d'un autre, pour entendre ce langage; grâce au narcissisme qui nous fait nous prendre nous-mêmes comme objet relais dans l'absence d'autrui, nous élaborons un langage intérieur, nous nous livrons à l'agir créateur; grâce à cette fonction symbolique et par la médiation des paroles, de l'écriture, des arts et des industries, nous trouvons un relatif atermoiement à notre souffrance, sans que cependant, jamais, les pulsions de mort tentatrices et consolatrices pour le sujet solitaire, qui s'épuise à désirer la rencontre d'un autre, ne nous laissent longtemps apaisés.

L'abandon au sommeil réparateur, hélas, est de courte durée pour qui souffre de désir et d'amour. Au réveil, les pulsions tentatrices et dynamiques de vie reprennent l'être humain aux entrailles. Les remèdes même que la fonction symbolique nous permet de trouver, lorsque ces remèdes sont solitaires, sont dangereux et à leur tour sources d'angoisse.

Le langage de la vie intérieure peut obnubiler la vie de l'intelligence dans la ratiocination et la vaticination solitaires. La reviviscence des souvenirs peut corrompre le cœur dans un narcissisme solitaire et la rumination du passé, ou corrompre le désir dans la masturbation mentale de vains projets d'avenir. L'agir créateur lui-même, lorsqu'il est solitaire et que personne dans la société ne le reçoit, ne le reconnaît, ne l'estime, devient un piège et une fuite des autres, si le sujet ne trouve pas un autre qui s'intéresse à son œuvre.

Les enfants eux-mêmes, dont les géniteurs attendent tant le jour de leur naissance lorsqu'ils les ont désirés, leur échappent rapidement, et s'ils ne leur échappent pas, c'est l'échec de leur descendance. Toute la vie de l'être humain se passe en espoirs de la conquête phallique, en trouvailles et en joies de l'avoir enfin possédée, et en déceptions de l'avoir perdue et de désirer à nouveau. Il en est ainsi jusqu'à la vieillesse.

Peut-être est-ce différent dans la dernière étape, où enfin rassasiés d'illusion phallique nous acceptons de nous découvrir voués à la mort.

Peut-être alors le désir dégagé des valeurs que ce corps et ces conditionnements nous ont guidés à chercher, atteint-il à la seule symbolique a-sensorielle, a-spatiale et a-temporelle, à la dynamique sans représentation du désir, qui peut-être pour le sujet annonce la jouissance spirituelle tant attendue.

Peut-être est-ce cela mourir. C'est à l'arrivée au port, aux franges de l'atteinte jouissive, faute d'en connaître, que nous pouvons nommer qui nous attendons, le phallus symbolique en personne, en personne ignorée, en personne source de la parole des paroles, réponse à nos sens en étant le sens de nos sens.

Par-delà le sensoriel, notre dernier souffle nous ouvrira-t-il le mystère du sens qui nous fait vivre et désirer, et mourir de désirer?

Après le voyage d'une vie dans l'espace-temps de ce corps, est-ce là le destin féminin de la libido? Oui, je le pense, et je pense que c'en est aussi le destin masculin. Le saurons-nous jamais?

Et pourquoi notre existence humaine ne serait-elle pas une mesure pour rien, comme la mesure qu'on scande avant de commencer une exécution musicale?

Et puisque nous parlons de mesure, toute notre vie est à la mesure de nos conditionnements aux autres étroitements mêlés dans la communication, aux autres accordés ou non, nous l'avons scandée, cette musique intérieure, nous les avons scandées, nos paroles expressives.

Au quitus de notre corps, nos derniers émois d'amour dits à nos compagnons avec notre dernière parole, peut-être sommes-nous comme l'instrumentiste qui dépose l'instrument, grâce auquel il jouait la musique pour les oreilles des hommes et pour les siennes.

C'est alors une musique inouïe que notre entendement se met à espérer, des émois au-delà de ceux que notre cœur fermé a pu nous faire connaître et qui tous se sont originés des temps de souffrance de nos séparations.

Après que notre corps, retourné à la terre, dont il est de tous les éléments assemblés constitué, quelle parole allégée de signes, allégée d'émois, quelle parole imprononçable par notre larynx d'homme, entendrons-nous qui signera la vérité de cette longue vie, longue vie d'un instant dans l'éternité?

Mais, au cours de cette vie, de jour en jour et d'heure en heure, les femmes rencontrent, ou croient rencontrer les hommes; même si c'est pour rien, au sens de la fin de chacun de nous, et de la fin des fins de tous les êtres humains, ces rencontres donnent dans leur espace-temps, jour après jour, un sens à leurs émois, à leurs désirs, à leurs pensées, à leurs actes, et c'est l'objet de notre propos. Aussi, continuons.

LE COMPLEXE D'ŒDIPE, L'ANGOISSE DE CASTRATION,
LA SOUMISSION À LA LOI ENDOGÈNE DU DÉSIR,
LE RENONCEMENT À L'INCESTE.
L'IMPORTANCE GÉNITALE DE LA CHUTE DES DENTS.
LA RÈGLE DES QUATRE « G ».

Les marques de cette épreuve initiatique inconsciente qu'est la chute des dents de lait se retrouvent dans beaucoup de rêves associés à un travail de désinvestissement narcissique archaïque du sujet, comme exprimant dans l'épreuve émotionnelle qu'il vit, le sachant ou non, une sorte de mort partielle acceptée comme seule issue à un conflit libidinal.

Le rêveur exprime symboliquement, par le fantasme rémanent de son enfance, celui de la modification de sa bouche qui perd ses dents, que l'agressivité réactionnelle ne lui sert à rien, et qu'il doit l'abandonner dans l'épreuve qu'il traverse. Un autre mode d'adaptation aux événements doit se faire jour en lui qui, au prix d'une mutation, va lui permettre de dépasser le malaise existentiel qu'il éprouve.

Ce fait d'observation dans le contenu onirique des rêves d'adultes me fait penser – et en effet on en a la preuve en observant des enfants – qu'il ne peut jamais être question de complexe d'Œdipe avant l'âge révolu de la chute des dents de lait, et suivi du début de l'acquisition de la dentition adulte. De plus, surtout chez la fille, il ne peut pas être question du complexe d'Œdipe, avant qu'elle ait renoncé à tout secours de corps à corps auxiliaire de la part de sa mère. Ce renoncement, amené pour la première fois d'une façon spectaculaire par la chute des dents de lait, s'inscrit à la suite du quitus donné à l'adulte, encore jusque-là auxiliaire occasionnel, dans le corps à corps, des impuissances d'un enfant d'avant six ans.

Ce quitus avait déjà été précédé du renoncement à la mère dyadique, renoncement rendu possible des deux côtés par l'acquisition de la marche, puis de la déambulation autonome, accompagnée chez l'enfant d'initiatives motrices.

Ce renoncement à la mère dyadique était lui-même venu quelque temps après le renoncement à la mère symbiotique qui s'est fait au moment du sevrage, précédé lui-même de l'émoi d'impuissance éprouvé au moment de la naissance : perte de la relation ombilicale jusque-là vitale pour l'individu humain qui, puisqu'il a survécu, a muté ses sensations de symbiose, dans le sein, en sensations de respiration aérienne et de nourrissonnage au sein de sa mère.

Le sevrage et le langage parlé (lien symbolique subtil entre la bouche de l'enfant et l'oreille de la mère, substitutif au lien de bouche au sein dans le corps à corps du bébé à la mère allaitante) sont deux moments mutants signifiant pour l'enfant sa promotion dans son développement vers sa stature adulte future, et ces deux moments, ce sont les dents qui les avaient rendus possibles.

Ces partitions successives, inscrites inconsciemment en mémoire dans le corps, privilégient la zone érogène dévolue au corps à corps par-delà la dernière séparation, la dernière en date étant la séparation du corps à corps pour la motricité dans la vie sociale.

Voyons ce qu'il en est de ces zones érogènes premières.

L'une, la bouche, est marquée de déréliction narcissique par la chute des dents.

L'autre, la zone cloaco-génitale, a subi en son temps la déréliction qui, en désaffectant l'excrémentation dans la relation d'échange esthétique et éthique avec les autres, n'a laissé que le plaisir érotique de ses fonctions solitaires et, grâce au refoulement des pulsions anales lors de la continence sphinctérienne, a suscité le jeu de ces mêmes pulsions sur le faire industrieux et créatif narcissique et langagier.

Il demeure les pulsions auditives, pour le plaisir de l'écoute, les pulsions scopiques pour le plaisir du voir et la curiosité, bien connue des filles, il reste le goût des aliments, mais la morsure impossible et la manducation difficile, l'agacement des gencives travaillées par la poussée de la deuxième dentition modifient le plaisir des gratifications orales.

Mais ce qui reste est très important. C'est l'érogénéité génitale, et le sens du désir dont nous avons dit que, par rapport au phallus, il est centripète pour l'objet élu incestueux. Et la fille s'engage entièrement vers ce désir génital premier, lorsqu'elle a été, au moment de la castration primaire, fière de sa qualité de fille qui lui a été délivrée dans des paroles de ses parents, et surtout de son père qui la trouvait mignonne et gentille.

Les adultes familiers jouent aussi leur rôle, en la déclarant, comme on dit, « tout le portrait de sa mère ». Et, comme toute petite fille, quelle que soit sa mère, la trouve le modèle des beautés, cette parole la gratifie et lui permet de passer très facilement la castration primaire et de développer la fierté de son corps féminin et de son sexe, sans plus jamais envier les garçons et leur pénis centrifuge.

Le désir de la fille à qui la féminité a vraiment été délivrée comme une valeur se détache aussi du fantasme anal de la gestation et de la parturition, et sa libido génitale s'engage vis-à-vis de l'objet partiel pénien, dans un désir avisé centripète.

La chute des dents de lait donne un élan nouveau à son désir d'autonomie par rapport à l'aide de sa mère et de toute femme qu'elle repousse (elle veut, par exemple, choisir dans sa garde-robe ce qu'elle estime la parer au mieux, refusant de mettre les vêtements que sa mère veut lui imposer, elle veut se coiffer à son gré, etc.). Elle veut montrer aux autres et à elle-même, se regardant dans la glace, qu'elle est belle, désirable, et qu'elle sait tout faire aussi bien, sinon mieux, que sa mère au foyer, d'où ses prouesses d'habileté et d'adresse industrieuse. Bref, elle « met le paquet », pour plaire au père et lui faire dire qu'il la préfère à toutes les autres.

C'est l'époque pour les petites filles de la prédilection pour les chansons et les contes où la pauvrette gagne les faveurs du roi, à son défaut du prince, le fils du roi (un frère aîné), après l'avoir séduit : « Ils vécurent heureux et eurent beaucoup d'enfants! » Grâce à ce qu'elle a de beau et d'invisible au sexe et qui appelle le pénis de l'homme, elle en obtient la conquête. (Coquette, c'est aussi référence à quéquette, pénis.) Le paternel conquis, c'est la jouissance de valeurs émotionnelles phalliques et narcissiques, le bonheur et la certitude d'une descendance merveilleuse, phalliquement incestueuse.

N'est à proprement parler œdipienne chez l'enfant des deux sexes (ici nous parlons de la fille), que la combinaison des pulsions archaïques dans ce qu'elles ont de sublimé avec le désir sexuel génital premier que l'enfant vit intensément pour le père, en vue de se marier (mot qui signifie pour l'enfant le couple, dans tous les sens du terme; encore dans notre langage métaphorique d'adulte, on marie des couleurs, on marie des goûts) et qui implique d'en finir avec l'infériorité ressentie jusque-là à l'égard de la mère. L'enfant veut en finir avec cette triangulation, où se mêlent confusément amour et désir.

Le désir génital parle, veut emporter l'amour de l'homme et gagner les prérogatives réservées jusque-là à la mère, la couche du père et la maternité des œuvres de chair avec lui accomplies. On doit, pour savoir de quoi on parle – et c'est très important dans les actes thérapeutiques vis-à-vis des enfants –, réserver le nom de complexe d'Œdipe à ce désir qui occupe tout l'imaginaire, celui d'enfantement d'un couple génito-génital dans l'étreinte d'amour et le coït avec son propre géniteur hétérosexuel, adulte surestimé, phalliquement solaire aux yeux de la fille, éblouie par lui et subjuguée dans son émotivité et dans son sexe. Sans cet élément, l'Œdipe n'est pas encore complet, et la résolution par la compréhension du dire de l'interdit de l'inceste n'a pas de sens.

Les filles qui ont déjà l'intelligence du langage social, de ce qui se dit et de ce qui ne se dit pas, n'expriment pas toujours ces sentiments d'amour d'une façon ni verbale, ni claire, dans leur comportement; et pourtant ces fantasmes ne sont pas seulement inconscients, mais aussi conscients. Ils font le sens de leur désir, ils sont toujours accompagnés de sensations génitales. Parfois, la fillette ignorant le sens érotique de celles-ci, peut se croire « malade » et attirant l'attention de sa mère à cette zone de ses voies génitales d'une façon vague, provoquer les inquiétudes de celle-ci qui, par ses questions, induit l'enfant dans des maladies réelles psychosomatiques.

En fait, elle est malade d'amour. Parents et médecins cherchent en vain la cause organique qui, soignée, ferait cesser le symptôme érogène devenu pathogène, dans des signes que l'on prend pour des symptômes organiques. Combien de soi-disant cystites, de soi-disant appendicites, d'irritations vulvaires sont de ces émois cachés les traductions somatiques!

Dans un cas que j'ai vu, des spasmes utérins réveillaient l'enfant hurlante la nuit. Une autre avait tellement de ballonnements nerveux qu'on pouvait croire à une grossesse. Après un seul entretien avec les deux fillettes, où elles m'avaient mise sur la voie par leurs dessins et leurs légendes, j'ai pu comprendre que le moment était venu de leur révéler l'interdit de l'inceste, à ces innocentes perdues dans l'impasse, et l'on pourrait presque dire le cul-de-sac psychosomatique d'un Œdipe impossible à résoudre.

Ayant compris que leur féminité était en jeu dans ce conflit qui faisait de leurs parents des marionnettes angoissées, sans même rien en dire aux parents, ce qui les aurait inquiétés (les gens sont peu enclins à comprendre de pareils désirs qui leur semblent, chez des fillettes, des signes de perversion, qu'ils ne sont pas), j'ai expliqué à chacune l'interdit de l'inceste et la confusion que toutes les petites filles font entre l'aimance manifestée de leur père à leur égard et l'amour avec désir sexuel qu'il éprouvait pour sa femme, mais non pour elle.

J'ai ajouté le dire consolateur que sa maman, comme toutes les autres femmes, avait été aussi une petite fille amoureuse de son papa, le grand-père maternel de l'enfant, et que c'était en comprenant cette loi de la vie des êtres humains que l'on devenait une grande fille.

J'ajoutai qu'elle grandirait, qu'elle deviendrait comme sa mère, et qu'elle pourrait aimer des garçons, se choisir dès maintenant des amis, des fiancés et, quand elle serait grande, jeune fille, avec un corps de femme, un jour elle aussi aurait un mari, comme leur mère qui avait connu leur papa quand ils étaient tous les deux jeunes gens, et que c'est pour cela, parce qu'ils se sont aimés et désirés dans un rapport sexuel, qu'elle-même était née.

Ces deux fillettes ont été guéries en moins de deux séances, et toute leur évolution s'est faite ensuite d'une façon tout à fait favorable.

Une autre fillette m'était un jour amenée dans un état d'angoisse indescriptible : elle ne pouvait plus avancer qu'en donnant la main à un adulte, et en cachant ses yeux avec l'autre main. Cet état s'était déclaré à la suite d'une opération d'appendicite. L'enfant déclarait qu'elle voyait devant elle une porte fermée et qu'elle allait s'y cogner. Elle marchait donc derrière l'adulte qui la conduisait.

On avait consulté un psychiatre qui avait parlé des effets de l'anesthésie générale, et prononcé le mot d'hallucination. C'est lui qui avait donné l'adresse d'une psychanalyste, qui se trouvait être moi. A l'anamnèse, l'enfant avait présenté des vomissements qui avaient entraîné « par prudence » une appendisectomie dont le diagnostic était douteux, et l'appendice avait été trouvé sain. Mais la mère était au cinquième mois d'une quatrième grossesse. Ses grossesses étaient bien supportées, mais à leur début elle avait eu des symptômes de vomissements. La fillette de six ans était l'aînée et, en confiance avec moi parce qu'elle était assise, parlait de ses frères et sœurs plus jeunes qu'elle (pas de beaucoup!) comme une aïeule de ses petits-enfants, attendrie et condescendante.

On la disait, jusqu'à la brusque éclosion de ses symptômes en chaîne, une vraie petite femme à la maison, attentive à ce que sa mère se reposât (jusqu'à la mort!) et que son père ne manquât de rien. Elle était, par ailleurs, très intelligente et brillante scolairement pour son âge. Pour elle aussi, c'est la révélation de l'interdit de l'inceste qui fit disparaître sa « folie » et lui permit de marcher à nouveau, et enfin de vivre comme une fillette de son âge, plus intéressée à ses amis, à ses jeux, qu'à ses frères et sœurs et à son père.

Entre nous, le symbolisme de la porte fermée hallucinatoire n'a jamais été abordé. Il avait immédiatement disparu. Mais elle-même avait abordé un fantasme important, celui des microbes que l'homme donne à la femme pour lui faire des bébés. Comment le fait-il? Il les lui met dans une merveilleuse liqueur qu'il lui fait boire, et puis aussi avec son pipi, là, en montrant le sexe, par là où il va sortir (le bébé).

J'avais hésité à accepter d'entreprendre le traitement de cette enfant, car étant moi-même enceinte, je savais devoir interrompre mon activité psychanalytique pendant la période de l'accouchement et des semaines qui suivraient. J'avais tort, ma situation un peu en avance sur sa mère par rapport à la grossesse a, au contraire, permis à l'enfant un transfert immédiat sur ma personne, et certainement donné crédibilité aux vérités que je lui disais.

Bien avant mon propre accouchement, l'enfant était déjà totalement rétablie. Mais, par prudence, je proposais aux parents de me la ramener peu après la naissance de mon bébé. Vous ne serez pas étonnés de son intérêt pour le fait de la naissance de cet enfant, que d'ailleurs elle ne vit pas, elle en parla seulement, mais dans l'appartement elle entendit les cris du nouveau-né. Et c'était un régal de l'entendre se moquer de moi qui pouvait m'intéresser à un bébé qui criait comme un chat imbécile, qui devait être laid, horrible, affreux; enfin, sur ce bébé j'en ai entendu de vertes et de pas mûres, et des représentations en dessin qui la faisaient se tordre de rire, d'autant plus que c'était un garçon et que, dans sa famille, elle aurait voulu, elle désirait que sa mère eût pour ce quatrième enfant, une fille.

C'est alors que je dus répéter que, même si c'était une petite fille, elle ne pourrait pas jouer à la maman avec elle, car ce bébé aurait son papa et sa maman, comme elle, et qu'il lui faudrait attendre d'être femme, d'avoir un mari à elle, pour avoir elle-même des bébés. Sa mine en fut déconfite. Elle m'a dit : « Tu es méchante! » Nous nous sommes quittées là-dessus.

Les parents me parlèrent ensuite devant elle, enchantés de sa guérison totale, de sa gaieté retrouvée, et même de ses petites piques vis-à-vis de ses parents, en prévision d'un enfant qui serait un garçon, car elle voulait une petite sœur, et elle avait demandé à en être la marraine, ce que les parents se proposaient de faire. Mais là, j'intervins, et dis : « Je ne crois pas que ça soit favorable que votre nouveau bébé, si c'est une fille, ait sa sœur comme marraine. »

Ce lien de substitut parental n'a aucun intérêt pour le bébé à naître, de redoubler le lien de responsabilité qu'une grande sœur peut avoir plus tard sur une petite sœur. Au contraire, le fait de choisir une marraine parmi les amis donnerait à la nouvelle-née non seulement ses parents, ses frères et sœurs aînés, mais une autre personne hors de la famille qui pourrait l'aimer et se substituer aux parents en cas de malheur.

Les parents, heureusement, m'écoutèrent, car il est toujours nocif qu'un enfant œdipien puisse investir un petit frère ou une petite sœur comme le substitut de l'enfant incestueux qu'elle aurait voulu avoir. Non seulement c'est mauvais pour l'aîné, mais c'est catastrophique pour le bébé, de six à sept ans de moins, dont l'image maternelle est dichotomisée sur, d'une part, la mère, et d'autre part, la grande sœur qui s'estime des droits maternels, généralement sadiques, sur sa petite sœur, sa pseudo-fille.

Mais laissons là ces exemples, que je n'ai donnés ici que pour illustrer mes dires. Les fantasmes œdipiens peuvent être verbalisés comme des faits de réalité. Le désir du sujet pour l'objet incestueux est déclaré comme ayant entraîné leur satisfaction de la part de l'objet (mythomanie fréquente qui, transférée du père sur un adulte familier entraîne parfois des conséquences d'erreurs judiciaires), ou, au contraire, une accusation injustifiée de mensonge, socialement dégradant pour une fillette œdipienne qui ne fait pas encore la différence entre l'imaginaire et la réalité, ce que l'on peut très bien constater dans le flou ou l'invraisemblable de ses témoignages concernant des faits connus de tous.

Une enfant que le père négligeait un tant soit peu après l'avoir adulée quand elle était petite, mais qui lui préférait une sœur plus jeune, jeta son dévolu sur un jeune professeur, le seul professeur masculin de son institution. Elle s'en déclara enceinte. Il se serait à sa demande introduit dans sa chambre par sa fenêtre laissée par elle ouverte à son intention. Malgré les dénégations horrifiées du jeune homme, l'histoire eut les développements qu'on imagine. La fillette était une des plus brillantes de sa classe, assez développée au point de vue physique, elle avait déjà eu une ou deux fois de façon irrégulière des menstrues. On n'était pas encore à l'époque des examens biologiques de la grossesse.

Renvoi du professeur, puis renvoi de la fillette qui avait mis le pensionnat en émoi, et comme il s'agissait d'un milieu aisé, l'enfant fut emmenée en Suisse... Après l'examen, négatif, de la commission spécialisée, les médecins de Suisse conseillèrent aux parents de la laisser dans un pensionnat là-bas, où elle profiterait d'une psychothérapie dans laquelle les parents avaient confiance, atterrés qu'ils étaient de cet incident qui avait fait tant de bruit dans leur milieu.

C'est de la bouche de cette fillette devenue femme que j'ai connu cette histoire, et en essayant de comprendre avec elle ce qui s'était passé, elle me dit qu'elle n'avait pas compris qu'il s'agissait de quelque chose de grave, à l'époque, lorsqu'elle a commencé ses dires mythomaniaques. Elle savait bien que ce n'était pas vrai, mais elle avait parlé à ses camarades, c'était venu aux oreilles des professeurs, etc. Elle ne pouvait pas revenir en arrière sans perdre la face.

Que s'était-il passé avec ce professeur? Était-elle en amitié avec lui? Pas du tout, c'était le professeur de gymastique, et elle présentait une petite obésité de fillette. Un jour qu'elle n'arrivait pas à faire un exercice, il lui avait dit : « C'est parce que tu es trop grosse, tu devrais manger moins! » Cette parole l'avait profondément vexée et, sans doute, avait inconsciemment bouleversé les données œdipiennes premières, à l'époque où sa mère était enceinte de sa sœur, et où le père, après la naissance de celle-ci, sembla négliger son aînée. Il lui fallait se venger.

Mais, à l'époque, elle ne l'avait pas du tout compris.

« D'ailleurs, disait-elle, j'en rêvais toutes les nuits, qu'il venait me rencontrer dans mon lit. » « Je me rappelle, disait-elle, que tous les soirs je faisais une comédie à mes parents, disant que je craignais que des voleurs entrent dans ma chambre et m'emmènent, et j'obtenais ainsi de laisser la porte de ma chambre ouverte, et que mes parents laissent aussi leur porte ouverte. Ainsi je pouvais les guetter. Mais, de mon côté, j'entrouvrais ma fenêtre sous les rideaux, en espérant que peut-être quelqu'un viendrait dans mon lit, comme dans mes rêves. »

Cette fillette devenue femme était tout à fait saine, elle avait ainsi passé son Œdipe d'une façon assez dramatique pour sa famille, et même pour elle, à son insu.

Différemment, mais aussi mythomaniaques et calomnieux, car dans le premier cas la fillette ne se doutait absolument pas que ses déclarations étaient calomnieuses pour le jeune professeur de gymnastique, ces fantasmes de désir peuvent être projetés comme venant d'un adulte que la fillette accuse de la tourmenter de sa poursuite.

Ces fantasmes peuvent venir d'un rêve œdipien censuré et où la personne du père est remplacée par une image d'homme prise dans son entourage, parmi même des étrangers qu'elle ne connaît pas du tout. Ils peuvent encore donner lieu à un véritable délire de persécution dont l'enfant serait l'objet de la part de sa mère (les méchantes marâtres des contes) qui soi-disant, veut sa mort, ou veut l'empoisonner, ou lui faire quitter la maison, jalouse qu'elle est – dans l'imaginaire de l'enfant – de l'amour de son mari pour sa fille.

Il y a des cas où l'enfant œdipienne arrive à désunir le couple de ses parents par la ruse de ses médisances sur sa mère, auxquelles la pauvre femme ne comprend rien, et le père encore moins. Les pères sont aveugles, bien sûr, puisque l'aimance autant que l'amour est aveugle.

Ces fantasmes peuvent parfois, dans certains cas où l'angoisse de castration inhérente à la crise œdipienne est très grande, conduire la mère à demander aux organicistes pour l'enfant, au psychiatre pour le père ou pour l'enfant, ou maintenant aux psychanalystes, de l'aide dans le cas de fantasmes qui prennent la forme pseudo-délirante ou celle de comportements « dingues » de l'enfant qui bouleverse l'équilibre familial.

Dans la plupart des cas de la vie courante, ces fantasmes sont assez bien refoulés chez les filles, ou même s'ils ne sont pas refoulés, du fait du style de la libido génitale et du désir dont la dynamique par rapport au phallus est centripète chez elles, les filles peuvent rester sans manifester, guettant des réactions du père supposé séduit par elles. Mais elles ne savent si elles peuvent oser y croire. En fait, toutes les filles au moment de la crise œdipienne sont des « érotomanes au petit pied à l'égard de leur papa ». Dans leur sommeil, des rêves délicieux où les pulsions du désir sont satisfaites alternent avec des rêves d'angoisse, la mort de la mère, la mort du père, ou une poursuite affolante d'un méchant gorille qui aurait le visage de papa. Les fillettes ne racontent pas facilement à leur mère ces rêves. Elles les racontent plus facilement à leur père, mais surtout à leurs petites copines, à l'école, et des fantasmes vont rebondissant dans le groupe des petites filles, toutes aux prises avec le même problème.

Toute théorie du complexe d'Œdipe doit, me semble-t-il, poser ainsi les caractéristiques constitutives de l'approche du moment de la verbalisation claire de l'interdit de l'inceste, accompagnée des promesses du désir autorisé dans les relations extra-familiales et d'un avenir où les désirs génitaux de la fille dans la loi (cette fois, la loi de la relation entre adultes), pourra lui apporter, si elle s'y prépare, les joies qu'elle attendait des rencontres incestueuses.

Pour clarifier les idées sur ce problèmes œdipien, j'ai élaboré la règle suivante, que j'appelle la règle des quatre « g ». Lorsque nous avons à soigner une fillette perturbée – pour un garçon cette règle est la même d'ailleurs –, par les associations libres, les récits de l'enfant, ses fantasmes, c'est-à-dire une fois que l'enfant est mis en confiance et qu'il parle volontiers de toute sa vie fantasmatique, il s'agit de repérer si sont bien groupées les quatre représentations subjectives (fantasmes) concernant un désir conforme au sexe qui est le sien.

1. L'objet hétérosexuel géniteur est valorisé et, de façon directe ou indirecte, son sexe est aussi valorisé.

2. Le sexe de l'enfant est pour lui un objet de fierté, sa féminité ou sa masculanité, sa féminité ici puisqu'il s'agit des filles, et sa personne est pour elle objet de son narcissisme. Elle se trouve jolie.

3. Les relations génito-génitales sont intéressantes et elle en est curieuse.

4. Elle désire avoir des enfants, et dit facilement que ce serait son père leur papa.

Enfin, l'enfant parle de ses rêves agréables, qui sont des satisfactions de désir génital à peine déguisées, où le père joue un rôle et des rêves d'angoisse où la mère joue un rôle néfaste, ou bien des rêves où l'enfant est au désespoir de malheurs qui lui arrivent. Cependant, si l'interlocuteur dit : « et si ça arrivait pour de vrai, et pas dans un rêve », l'enfant enchaîne immédiatement en disant : « mais je m'occuperais de tout à la maison, je ferais tout ce que maman fait ».

Enfin, ces fantasmes ne sont œdipiens, en tant que mûrs pour que l'enfant reçoive l'interdit de l'inceste, que si le sujet est parvenu pratiquement à l'autonomie de sa conduite, de son entretien, c'est-à-dire que si la fillette est capable, dans sa réalité, de se passer de toute aide de l'adulte, ce qui implique que son insertion au groupe est entièrement médiatisée et symbolique quant à la puissance libidinale d'une enfant de son âge.

Ces longs développements ont leur importance, pour expliquer les écueils des poses incomplètes ou perverties quand le désir est investi par rapport à l'objet, ou que l'enfant dénie valeur à sa féminité, et par conséquent, lorsque, la notion sociale de l'interdit de l'inceste arrivant au cours de la croissance de l'enfant, la résolution, en tant que libération du conflit d'angoisse et désir noué, ne peut se faire. Non libéré de ses désirs archaïques génitaux et de son angoisse à représentations castrantes, mutilantes, éviscérantes, l'enfant, d'une part, est fragile en société au int de vue psychique, d'autre part ses pulsions ne sont pas à son service pour être utilisées dans des sublimations créatrices.

Il faut dire que les écueils sont très souvent provoqués par les difficultés sociales et familiales exogènes, alors que tout du conflit œdipien est endogène. Ces difficultés venues du milieu extérieur provoquent des névroses surajoutées à la névrose due à un conflit non résolu. Elles peuvent être provoquées par un contre-Œdipe de parents névrosés et encore infantiles, ou par l'absence de ceux-ci ou de l'un des deux, ou encore par leurs attitudes réellement perverses caractérisées.

Surimposées au sujet arrivé à l'âge de résoudre le complexe d'Œdipe et concernant leurs fantasmes et leur effleurement à la conscience, ces difficultés rendent parfois impossible la pose de l'Œdipe à partir de trois ans, puis son développement jusqu'à son acmé, la crise œdipienne, et la résolution de ce complexe spécifique de la formation de la personne humaine.

Résumons ainsi cette théorisation de l'Œdipe :

Les conditions libidinales endogènes théoriquement nécessaires à l'atteinte du niveau de résolution du complexe d'Œdipe sont : l'existence subjective des fantasmes des quatre « G » et l'existence subjective, en milieu social mixte d'âge et de sexe, de l'autonomie pratique en ce qui concerne tous les besoins corporels du sujet et ses libres initiatives les concernant.

J'ajoute qu'il n'y a pas de complexe d'Œdipe véritablement abordé tant que l'enfant n'a pas perdu sa denture de lait, et qu'il ne peut pas y avoir de résolution œdipienne, au sens des symbolisations qui accompagnent ce moment déterminant, avant que la bouche de l'enfant n'ai retrouvé une denture tout à fait fonctionnelle (c'est-à-dire ait conduit sa deuxième dentition jusqu'aux dents de 12 ans encore à paraître après l'Œdipe). Ceci vient de l'angoisse qui accompagne la perte des dents de lait, angoisse structurante, qui soutient l'enfant à dépasser l'angoisse liée aux conflits archaïques, qui se réveillent au moment de la castration œdipienne.

L'observation des enfants en psychanalyse, comme celle des enfants en cours de croissance, nous montre que le terme de complexe d'Œdipe ne doit être réservé qu'aux phénomènes sexuels conflictuels, qui surviennent après la constitution de l'autonomie de la personne de l'enfant, dans ses rapports d'entretien et de maintenance de son propre corps : c'est-à-dire, pour la fille, quand elle sait vivre en société en l'absence de tutelle maternelle dont elle doit s'être sevrée d'elle-même, mais surtout quand elle sait consciemment qu'elle a accepté le fait que le couplage, dans des rapports sexuels procréatifs entre deux corps, est concerté entre deux personnes adultes et libres.

Les conditions mêmes pour l'obtention de cette image du corps complet et génitalisé impliquent toute une dialectique émotionnelle de la libido, archaïque, orale et anale (dans son érotisme additif et dans son érotisme soustractif) et un développement physiologique et émotionnel que l'enfant n'atteint qu'après un minimum d'épreuves angoissantes vécues dans son propre corps; épreuves synonymes pour lui de promotion, quand elles sont dépassées et qu'il en constate après coup la valeur mutante dans ses relations à tout autrui des générations précédentes à la sienne, et des générations postérieures à la sienne dans sa famille, et pas seulement lorsqu'il est sans conflit avec ceux de sa classe d'âge.

Il faut savoir que, dans les familles nombreuses, l'existence de frères et sœurs aînés ou puînés complique la résolution œdipienne, du fait de la rivalité des aînés vis-à-vis de leurs cadets, et inversement dans les prévalences affectives qu'ils essayent d'obtenir des parents, et que d'autre part les plus jeunes peuvent servir à obturer l'angoisse et la stérilité incestueuse, par la représentation d'enfants incestueux.

Cette phase œdipienne qui, de sa pose à sa résolution, ne devrait, pour une santé psychique de femme, durer que jusqu'à 8 à 9 ans maximum (constitution de la nouvelle denture) se prolonge parfois indûment, du fait de l'impossibilité pour la fille de poser une des valeurs fantasmatiques que j'ai nommées sous le nom de « quatre G » ou encore la condition corollaire, qui est l'autonomie effective dans sa conduite.

Une des entraves fréquentes à la pose de l'Œdipe et à sa

conclusion dans la résolution œdipienne, l'abandon de l'amour incestueux, est la confusion subjective des entrailles excrémentielles avec les entrailles utéro-annexielles. Cette confusion est, d'une part, le fait de l'angoisse endogène de castration et de viol ressentie par la fille à cause de son désir de l'objet incestueux, relié à sa localisation génitale d'échange corporel (que la notion du tabou incestueux, tant homosexuel qu'hétérosexuel, n'a pas éclairé par sa verbalisation claire), et, d'autre part, le fait d'une relation souvent névrotique de la mère et du père de la fillette, jouant à son égard leur position œdipienne résiduellement non résolue [1].

Après la perte des espoirs œdipiens, toujours narcissiquement éprouvante, le fonctionnement interrelationnel vivant et créatif de la libido de la fille se rétablit. Mais un mode de vie est résolu. Une mort sexuelle à la famille, après une mort sexuelle de ses parents pour l'enfant, a été vécue de façon irréversible, sans qu'aucun être vivant prothétique phallique maternel ou paternel puisse en éviter l'épreuve endogène, spécifique de la croissance humaine.

Et c'est cette irréversibilité spatiale et temporelle entièrement acceptée et qui consiste à s'accepter veuve de son père et bréhaigne, qui permet la sublimation des pulsions ainsi refoulées quant au désir, en ce qu'il a d'incestueux à tous les niveaux de la libido, et l'obtention du fruit de cette expérience dénarcissante et doublement mortifère, qui porte le nom de résolution œdipienne pour la fille.

Une des épreuves organiquement perceptibles et réflexivement angoissantes pour tous, est la chute des premières dents, parce qu'elle angoisse tous les enfants. Elle les fait mourir à un mode de sentir et d'agir d'une zone érogène, qui a été élective et qui l'est encore, entre 6 et 7 ans. Tout ce qui touche à la bouche et au

1. Voir, au chapitre I, les observations de la fréquence de la non résolution œdipienne chez la femme et ses conséquences cliniques, l'homo et l'hétéro-sexualité concomitantes, la contamination névrotique des descendants, c'est-à-dire des enfants en cours d'Œdipe, par des parents qui n'ont pas résolu l'Œdipe.

goût, à la parole, pour les filles (qui ont la langue bien pendue) est très investi de libido active et passive orale, dans toutes les pulsions sensorielles de la sphère orale.

Le pouvoir séducteur du sourire a disparu, une bouche édentée n'est pas belle à voir, et le plaisir gustatif est très obéré par les difficultés fonctionnelles de la mâchoire. La fille est non seulement gênée pour le plaisir de parler, de manger, pour se faire entendre, parfois même elle est ridiculisée; la chute des dents de lait l'enlaidit à ses yeux dans le miroir, et en face du visage pour elle parfait de sa mère, le sien ne fait pas le poids pour séduire les mâles.

Pour certaines filles qui ont eu une grande difficulté à accepter le caractère non pénien de leur sexe, la chute des dents réveille une angoisse de castration de cette époque qui pouvait paraître endormie, et les rêves des petites filles en disent long sur ce réveil d'une mauvaise acceptation de la castration primaire, que grâce à la perte des dents de lait elles peuvent alors surmonter, quand elles ont la certitude que les dents définitives repoussent et leur font un sourire de jeune fille.

Il n'y a pas de mère imaginaire ou réelle à qui régresser, qui puisse empêcher cette épreuve réelle, sensorielle, organique, narcissique et interrelationnelle. Lorsque sa denture définitive a remplacé la précédente, cette expérience physiologique a porté son fruit physiologique, et c'est cette intégrité nouvelle de la bouche, après sa dévastation, qui est par elle-même inconsciemment, et consciemment, le dépassement d'une épreuve qui s'est montrée initiatique pour triompher d'une angoisse, celle d'une zone érogène archaïquement dominante blessée, puis rénovée, transfigurée.

Un exemple. Une jeune femme venue en psychanalyse pour un vaginisme qui empêchait les rapports sexuels avec un jeune époux duquel elle était très amoureuse (et lui autant d'elle), au cours de sa cure psychanalytique, après un certain nombre de mois, bien sûr, a rêvé qu'elle donnait à manger du beefsteack à son vagin, et que son vagin trouvait ça délicieux.

Les associations portaient sur l'époque de sa perte des dents de lait, où la mère puritaine n'admettait pas que sa fille ne mangeât pas la viande pas tendre qu'elle l'obligeait à ingurgiter, de même qu'elle lui interdisait les plaisirs de gourmandise que toutes les petites filles aiment, avec des desserts agréables. Et cette enfant, en revivant ces scènes dramatiques d'impuissance à manger cette viande et les punitions qui s'ensuivaient, éprouvait encore la souffrance qui avait été la sienne de n'être en rien, dans ces difficultés de fillette, comprise par sa mère.

Bien sûr, ce n'était pas la cause à elle seule du vaginisme, mais c'est un exemple de ce que l'agressivité dans les voies génitales féminines, agressivité de défense contre la mère inhumaine, peut, chez la fille, lui faire souhaiter des dents au vagin ; à tel point, que ces dents fantasmatiques dans ses rêves, traduisaient non pas son agressivité vis-à-vis de son mari, qu'on aurait pu croire être la cause de son vaginisme, mais au contraire le signe qu'elle réinvestissait tout son corps et son sexe du narcissisme oral, qui lui avait été interdit par sa mère.

Dans ses souvenirs d'enfance, elle se rappelait que son père, rarement là, car il avait un métier de voyageur, disait quand il revenait à sa femme, que son beau sourire et ses dents éclatantes ne quittaient pas son souvenir quand il était loin d'elle. La petite fille entendait ce compliment d'homme amoureux, et son infériorité narcissique à l'époque de la chute de ses dents, conjointe à la soi-disant sévérité de sa mère vis-à-vis des devoirs et des plaisirs qu'une petite fille doit toujours soumettre au contrôle de sa mère, avait donné une configuration particulière à son Œdipe, qui avait joué autant sur sa personne vis-à-vis de son père que sur le nécessaire réinvestissement oral de son vagin, avant que la guérison totale de son vaginisme ne puisse advenir.

C'est après avoir analysé ces rêves cannibaliques vaginaux qu'elle put les raconter à son jeune époux, ce qui les mit tous deux en hilarité, hilarité qui se conclut une semaine environ après ces rêves, par enfin la défloraison, jusque-là impossible, et un plaisir orgastique complet.

Chez cette femme, ce rêve de vagin denté était articulé à une absence de frigidité envers son homme; au contraire, dans les cas que j'ai eu à analyser où les femmes souffraient de frigidité, mais non de vaginisme, ce sont des rêves de chute de toutes leurs dents d'adultes qui accompagnaient chez ces femmes la retrouvaille de leur féminité sensible dans le coït.

On voit là qu'un même rêve, quand on l'analyse et selon la période de la vie à laquelle l'analyse du contenu latent du rêve se réfère, peut signifier chez une femme le contraire de ce qu'il signifie chez une autre. Dans le cas de ces femmes frigides, la chute de la denture était une acceptation de la perte de la mascarade féminine, qui camoufle chez beaucoup de femmes une inversion du désir; les dents, dans le cas des femmes frigides, peuvent être le symbole du pénis qu'elles veulent s'imaginer garder, dans une revendication masculine axée sur un désir centrifuge génital, alors que les pulsions génitales de la femme vaginique dont j'ai parlé plus haut étaient, par rapport à la dynamique phallique, centripètes.

Pour en venir et en finir avec les castrations archaïques qui précèdent les autres castrations chez la fille, il me faut parler de la cicatrice ombilicale, première expérience mutante, tout à fait oubliée. Cela n'empêche que la masturbation ombilicale peut exister chez les filles qui n'éprouvent pas de tentation, ni même d'image de masturbation vaginale, ni clitoridienne. La chute des dents s'inscrit comme une semblable expérience mutante, mais cette fois consciente.

Il m'a paru dans les observations qu'elle existait encore, présente de différentes façons parmi des représentations inconscientes de la castration, comme blessure narcissique réveillée par des épreuves de la vie des adultes, encore plus chez les filles qui ont été nourries au sein, que chez celles nourries au biberon, et plus chez celles nourries au sein plus longtemps que d'autres.

Le sevrage oro-mamellaire de la mère (charnellement et expérimentalement phallomorphe partielle pour la zone buccale partielle), serait donc pour la fille dans l'arrière-plan du renoncement génito-génital (que ça soit au père ou à la mère), un signe de recherche de refuge dans une homosexualité réconfortante, plutôt qu'un signe d'impuissance à séduire les hommes.

Le premier phallus, en image formelle et fonctionnelle, serait le mamelon perfusant. Sa première perception sensori-émotionnelle et imaginaire complémentaire de forme, serait la langue en U coaptée au palais, et sa première condition de fonction vitalisante serait la succion, qui établit le continuum muqueux oral de l'enfant, avec les muqueuses du sein maternel.

Ce serait le premier mode de relation vivante scandée par des sensations rythmiques pulsatiles, amorties sur un fond pulsatile circulatoire et respiratoire, entretenu et modulé pour le plaisir, autant par la satisfaction d'un besoin que par celle du désir de reconnaître l'odeur de la mère qui, lorsque l'enfant la contemple et que la mère parle (surtout quand elle parle en même temps qu'elle donne le sein à l'enfant), établit une continuité vibratoire entre le corps de la mère et le corps de l'enfant pendant la tétée, avec une symbiose des états affectifs de la mère et de ceux de l'enfant.

LE RISQUE FÉMININ ET LA DIALECTIQUE PHALLIQUE.

L'enfant introjecte une manière de sentir dérivée du sexué que les voluptés orales et anales ont préformée, en référence à la dialectique des fonctions complémentaires de zones érogènes passives et de l'objet partiel érotique présent-absent. Cette manière de sentir à la phase d'intérêt dominant pour le sexuel génital, qui commence après la continence sphinctérienne et la marche délibérée, apparemment sans liaison à des besoins, et sans autre but que le plaisir qu'au toucher l'enfant trouve à sa zone vulvaire, est signalisée par le petit phallus partiel, ce bouton que la fille a à son sexe, mais qui lui fait réaliser qu'elle n'a pas le pénis, et que ce petit clitoris dérisoire, peut-être érogène, n'est pas spectaculaire. C'est cependant parce qu'elle ne l'a pas que la fille apprend qu'elle est une fille.

Les filles se dessinent avec un sac contenant des biens consommables, alors qu'elles dessinent les garçons avec une canne ou un bâton, et qu'elles dessinent différemment le bas du corps des filles vêtues, qu'elles ne dessinent les garçons. Les filles ont des jupes, et deux jambes terminées par de jolis petits souliers pointus, mais, de nos jours surtout, les filles peuvent avoir des pantalons dans les dessins des fillettes.

Cependant, ce qui est manifeste dans tous les dessins d'enfants, c'est que les pantalons de filles ont deux jambes de même dimension, alors que les pantalons de ces messieurs, les garçons, ont toujours une jambe qui, à la racine du bassin, est plus large que l'autre, comme si, d'une façon inconsciente, elles laissaient dans la forme géométrique qui représente une des jambes de pantalon la place pour y camoufler le pénis qu'elles savent toujours présent chez les garçons.

Quant à l'éthique orale et à l'esthétique, dans ces dessins, elles sont représentées par la pipe, la belle cravate, chez le garçon, et chez les filles le bon goût des nœuds, des coiffures, des bijoux. Aux fillettes on octroie, parfois, une belle fleur sur la robe à l'endroit du sexe, et dans les bras un poupon.

En introjectant une éthique sociale à travers des médiateurs référentiels culturels oraux de son sexe – par exemple, le beau visible, le bon goût, le bien-parler –, l'enfant développe des qualités sociales de personne correspondant à l'éthique anale, où tout échange juste est un troc à sens utilitaire, où l'additif et le soustractif sont toujours profitables.

Ce troc additif se porte au bénéfice de sa sexualité diffuse, dans et sur tout le corps, mais ressenti gratification clitorido-vulvaire dans la solitude masturbatoire. Dans l'imaginaire, cette sexualité, encore non humanisée, puisque l'Œdipe n'est pas vécu, est représentée par un objet à roulettes, ou à pattes – animal, camion, train, tout jouet que l'enfant tire, articulé à lui d'une façon cordonnale, dépendante de lui, comme lui l'est à son père et à sa mère, et plus tard sur lequel il s'assoit, l'enfourchant pour le localiser en son sexe.

Tout ceci ressort de l'observation de dessins d'enfants, dans lesquels ils se montrent narcissisés. C'est leur portrait, avantageux,

Tout objet du désir libidinal, quel que soit le stade considéré, est préfiguration du phallus, jusqu'au moment génital de la claire option sexuelle pour la dominante érogène de l'ouverture attractive vulvo-vaginale, signalisée par l'ambiguë excitation phallique clitoridienne, et l'excitation érectile du pourtour vaginal.

Cette dominante sexuelle génitale est orientée par le désir du pénis masculin pour qu'il y pénètre, c'est-à-dire un désir centripète qui valorise la fillette, et ce qu'elle ressent, c'est la disponibilité orbiculairement turgescente et castrée de pénis d'un sexe ouvert, que la fille ne connaît qu'indirectement, par l'attraction de sa personne focalisée par l'autre, le personnage masculin possesseur d'un phallus, dont elle espère qu'il le gratifiera d'une pénétration jouissive au lieu électif de leur disparité corporelle génitale.

L'enfant en arrive donc, dans la dialectique sexuelle génitale phallique, au désir de pénétrance effectuée ou subie – selon qu'il est garçon ou fille –, mais ce désir réveille l'angoisse de castration de style dental-oral (morcellement) et de style expulsif lingual ou anal (séparation). Sans compter que l'accouchement de sa mère, pour cet enfant, a pu être critique, pour le fœtus qu'il était avant de naître, l'angoisse de castration réveillant une insécurité de toutes les images du corps, quel que soit l'objet avec lequel son désir brigue d'entrer en relation de corps à corps génital.

Cette dialectique de pénétration voluptueuse centripète, subie ou désirée (que l'on fait subir à l'autre dont le sexe est troué, pour le garçon, avec sa dynamique phallique centrifuge), réveille chez la fille l'angoisse de viol articulée au naître (au trop manger) oral, qui fait menacer d'éclatement l'intérieur, aux maux de ventre spastiques de l'époque anale, à toutes les sensations trop violentes pour les oreilles, pour les yeux (tics des yeux, surdité, bégaiement) et, chez les filles particulièrement, une angoisse de viol de leur corps par la mère, auquel leur corps s'identifie si elles osent imaginer une naissance consécutive à la pénétration correspondant aux réalités biologiques du coït. Comment se vengera-t-elle, celle-là?

L'importance chez les enfants des deux sexes de l'angoisse de castration et de l'angoisse de viol, liées à la tentation génitale que l'adulte suscite dans l'enfant, le situe par rapport au sexe, pénétratif phallique chez le garçon, attractif phallique chez la fille.

C'est le phallisme urétral et non le phallisme anal du garçon qui, chez lui, va dominer, car il a l'expérience des retours réguliers d'érections, comme du retour régulier des excréments. Il se sent conservateur, puisque son pénis est toujours là, gardien et maître du phallus, grâce à la pérennité de ce sexe dans sa forme flaxide pendant les intervalles des érections, alors qu'il n'a rien qui demeure à l'anus pendant les intervalles des défécations. Le garçon est moins castré phallique devant, que derrière, à la période ano-urétrale.

Quant à la fille, l'angoisse de castration primaire suractive l'investissement plastique et sténique membré de sa personne. L'angoisse latente se traduit, chez elle, très souvent par des gestes de membres collés au corps, alors qu'au contraire le sentiment de sa fierté féminine lui donne des gestes de grâce de ses bras et de ses jambes, dans tous ses jeux de danse, auxquels elle aime tant se livrer pour plaire à ces messieurs. Dans les formes représentées, quand la fille est encore sous le coup de la castration primaire, elle évite que les prolongements phalliques des objets, les membres des animaux, les branches d'arbres, les bras des humains, puissent être atteints par des éléments supposés castrateurs (mutilateurs) : c'est dû à l'angoisse de castration et de viol rapteur projetée sur autrui et émanant de leur comportement actif oral sur leur désir de rapter le phallus, et toute représentation phallique qui s'y associe allégoriquement.

Le mouvement des petites flles refermant les bras sur leur poitrine, serrant les cuisses, refermant les bras sur les poupées fétiches du pénis paternel, fétiches de leur propre boudin fécal, fétiches de leur phallus moral (tous les discours, monologues, psychodrames, avec leurs poupées) et la protection des seins encore absents sont les gestes traduisant ces mécanismes gestuels de défense à cette angoise de castration inconsciente, *grâce à laquelle elles se sentent davantage filles.*

Quant à l'*angoisse du viol,* chez le garçon comme chez la fille, au moment de la castration primaire, elle réveille toutes les sensations trop fortes, subies douloureusement dans les divers lieux réceptifs du corps, particulièrement dans les lieux creux et sensibles, la saignée du coude, le creux poplité aux membres inférieurs, les trous auditifs, oculaires, et les issues limites cutanéo-muqueuses – bouche, anus, méat urinaire, narines.

Chez le garçon, l'investissement de cette angoisse de viol provoque une image trouée de sa personne, en contradiction avec le génie masculin qui l'habite, et qui lui fait valoriser davantage tous les investissements actifs et phalliques. Afin de fuir ses angoisses de castration imaginaire consécutives à la découverte de l'absence de pénis chez les filles, le garçon investit davantage, en compensation, tous les comportements phalliques de sa personne et de son sexe. De ce fait, s'engageant très tôt dans une dialectique spectaculaire et exhibitionniste phallique (dès l'époque ano-urétrale), il va développer une sensibilité pénienne et, avec elle, les fantasmes de pénétration de l'objet préférentiel, la mère, et entrer beaucoup plus vite que la fille dans la période de la situation œdipienne et des composantes qui entraînent fatalement l'angoisse qui l'accompagne.

C'est, pour un garçon, une économie de libido narcissique s'il peut prêter à son père la responsabilité causale de son renoncement au retour régressif (« marsupial ») à sa mère, ou aux tentatives de possession agressive, au viol de sa mère, dont le désir pour elle est tout à la fois revendicateur, récupérateur et destructeur du dangereux idéal maternel, qui avait été le sien avant de savoir qu'elle n'avait pas de pénis. L'angoisse de castration relative à la personne du père est, du fait de tout cela, une nécessité chez le garçon, ainsi que l'imaginaire certitude de la présence du pénis paternel inclus dans le vagin de la mère, comme si, derrière l'image qu'il se fait de la mère, le père en était le gardien jusqu'à l'intérieur de celle-ci.

Chez la fille, c'est différent. L'angoisse de viol valorise chez elle l'image phallique de l'autre, qui lui donne de plus en plus de sensations aux zones creuses et trouées des issues de son corps, aux orifices muqueux. La terreur qu'elle a de ce viol, dans les fantasmes, valorise sa féminité et entretient le fantasme de la pénétration au-delà de tous les anneaux orbiculaires frontières surinvesties, orifices vulvaire et anal en particulier. (Le symbolisme des bagues avec la pierre, représentation métaphorique du clitoris à l'ouverture vaginale.)

Axé dans une dialectique phallique, possédant le pénis et cherchant à l'enfouir dans les trous passifs de l'autre, ou ne possédant pas le pénis et cherchant à l'attirer dans ses trous actifs, tel est le génie de la dialectique phallique des sexes, garçon et fille, au début de l'âge œdipien, et au cours de la pose des composantes de l'Œdipe, quant à l'investissement du fantasme érogène génito-génital.

Pour le garçon, l'objet électif est la mère et les parents féminins proches qui intéressent le père; pour la fille, c'est le père en tant qu'objet de désir sexuel de la mère s'il l'est, ou tout autre homme qui l'est. C'est le père, cependant, même si un autre homme existe, c'est le père, indépendamment du fait qu'il vive ou ne vive pas avec sa mère, qui plus que tout autre homme est représentatif du style patriarcal que la société lui confère; puisque c'est son patronyme que légalement la fille porte; si elle ne porte pas le nom de son père, c'est celui de son grand-père maternel qu'elle porte, dans le cas où son père ne l'a pas légalement reconnue.

Après l'Œdipe résolu, qui s'accompagne obligatoirement de la scène primitive vécue, c'est-à-dire le fantasme du coït des parents et le fantasme insupportable de n'avoir pas existé avant, et d'être né de *ça,* la dialectique phallique restera la même, mais le renoncement à l'enfant de l'attraction incestueuse permet au sujet de surmonter les plus grosses angoisses de castration et de viol, grâce à l'investissement d'une responsabilité des voies génitales qui lui a été dévolue par les explications des adultes, en réponse à ses questions.

La fille projette alors dans l'avenir la réussite de son désir génital, puisqu'il lui est permis que son corps, devenu femme, puisse plaire à des garçons extra-familiaux. Cette réussite promise, dans la loi, lui fait espérer une réussite sociale et une fécondité humaine pour laquelle, dès la résolution œdipienne, elle se prépare par des sublimations de toutes ses pulsions, et l'accès aux puissances féminines en société.

Pour que l'on puisse parler de libido génitale en tant que telle, et non pas seulement d'érotisme partiel génital, il faut encore que le don de soi à l'autre, pour le plaisir de l'autre, autant que pour le sien, soit valorisé par une promesse du plaisir, reconnu valorisant éthiquement pour les femmes que la fillette voit couplées avec des hommes dans la société; et il faut aussi qu'elle sache que l'*homme valorise* la femme qu'il gratifie de son pénis dans le coït, la femme qui l'accueille et y prend du plaisir en même temps que lui.

La mutation de libido post-œdipienne en libido génitale vraie n'est achevée que lorsque la libido narcissique de la femme devenue mère se décentre et investit son enfant ou l'œuvre commune à elle et son conjoint, non pas possessivement, mais pour la joie d'y voir signifier leur commune participation à cet enfant ou à cette œuvre; ce qui veut dire que la mère permette, par son comportement nourricier et éducatif, à l'enfant d'acquérir jour après jour son autonomie en se séparant d'elle, et de librement accomplir son Œdipe, c'est-à-dire son destin personnel et sexuel.

On voit que le rôle des paroles entendues par la jeune fille des personnes qu'elle estime dans la société, et le rôle d'exemple reçu des femmes dans leur comportement maternel peuvent jouer sur leur éthique génitale et fausser l'évolution de sa génitalité, pourtant passée par la résolution œdipienne.

Il n'est que d'entendre certaines femmes mépriser les prostituées, non pas parce qu'elles font un métier qui concerne l'activité sexuelle dans des coïts peu satisfaisants pour elles (autrement que sur le plan économique), mais parce que pour elles, pour les femmes dites sérieuses, les prostituées sont des femmes qui, à leurs yeux, « aiment ça », et « aimer ça », c'est pas bien, c'est pas joli.

Quant à ce que l'on entend dire sur les attitudes maternelles, il n'est pas rare d'entendre des femmes se targuer fièrement d'être plus mères que femmes; entendons par là qu'à partir du moment où la vie leur a donné des enfants en charge, c'est sur eux qu'elles investissent leur libido raptrice, orale et anale, et sans le savoir, leur libido génitale incestueuse, rémanente de l'Œdipe.

Quand une jeune fille s'est constituée entière, féminine au sens social du terme, et féminine au sens affectif et sexuel potentiel alors qu'elle est encore vierge, c'est que la passivité et l'activité de ses pulsions sont mises au service de sa personne pour des réalisations sociales, et que les pulsions passives ont investi son sexe d'une façon conforme à la dynamique centripète de l'érotisme génital féminin par rapport au pénis. La fille peut alors se développer vers une discrimination de l'objet, discrimination qui n'était pas possible tant que, n'ayant pas vécu la scène primitive, chaque garçon porteur de pénis représentait pour elle tout le phallisme subjugant, d'autant plus attirant que la fille veut ignorer, par refoulement, le désir qu'elle a de son propre père et de son pénis.

Elle attend alors, en le déniant ou en l'espérant, de la rencontre de n'importe quel mâle porteur de ce pénis envié, la certitude d'être femme.

Après la scène primitive, vécue imaginairement comme une sorte de choc salutaire, où sa tierce participation dynamique dans l'incarnation de son être à son origine lui a été signifiée comme un désir de l'être avant même que de le savoir, *elle peut dire oui ou non,* à ce qu'elle désire et à qui lui demande d'être sa compagne, parce qu'elle sait que la complémentarité génitale prend sa valeur d'une entente, à la fois charnelle, affective et intellectuelle (dans les cas les plus heureux), et qu'elle engage sa responsabilité sans se soumettre, subjuguée, à qui la désire. Elle peut ainsi devenir femme et secondairement peut-être, mère, d'une façon tout à fait saine.

Mais il est rare qu'une jeune fille, qui se targue de se marier pour avoir des enfants, soit une jeune fille saine. C'est généralement, entre 12 et 18 ans, le cadet des soucis d'une fille. Elle est engagée dans un narcissisme qui doit servir sa recherche des garçons qui lui plaisent, et c'est parce qu'un garçon lui plaira et qu'elle l'aimera, qu'alors elle souhaitera un enfant, avec une libido authentiquement génitale.

Une jeune fille saine n'attend pas du seul contact des corps le droit d'avoir un sexe, ni celui d'être une personne à part entière. C'est la connaissance claire du désir de sa mère dans la vie génitale avec l'homme qui a été son géniteur, qui lui en a délivré la possibilité. On peut dire qu'elle a introjecté sa mère, sauf son sexe génital, son père sauf son sexe génital, et elle situe son Moi dans le devenir de sa personne devenue *sensée,* c'est-à-dire autonome quant à son sexe, qui a sens du fait de son désir totalement castré de ses visées incestueuses archaïques.

A l'identification de sa mère et des femmes, elle est motivée par son propre sexe féminin, médiateur du phallus dans l'amour, pour celui par qui elle choisit de se faire choisir, comme vecteur de son désir et compagnon de vie.

Une jeune fille ou une femme qui aime un homme, au moment de ce choix, fantasme que ce choix est définitif, même si l'expérience montre qu'il ne le sera pas, parce que le don qu'elle fait d'elle-même n'est valorisé dans sa dialectique sexuée féminine que s'il est total, complet, engageant sa vie, son corps, son cœur, et sa descendance, et qu'elle assume à la fois le risque du viol et celui de la mort, ultime castration. La valeur subjective du phallus pour la femme vient d'une rencontre à ce prix.

LA DIALECTIQUE IMAGIÈRE DE LA RENCONTRE, LE CORPS ET LE CŒUR, LE DÉSIR ET L'AMOUR.

Les désirs partiels sont sexués dans la dialectique des zones érogènes et de leurs objets partiels. Le désir de communication entre deux individus est métaphore d'objet partiel, quand il n'est pas échange d'objets partiels. Ces échanges dans la communication sont créatifs de sens entre deux êtres présents et accordés sur le même sens ou sur le même désir.

Le désir a pris son sens dès l'époque des besoins, de ne jamais se rassasier de la présence de l'autre par les plaisirs substantiels du corps qui satisfont les besoins. Le désir se caractérise par sa maintenance d'une continuité de lien à l'autre, par lequel il se connaît et le connaît, et par lui est initié au monde. Cette maintenance est entretenue par la variation infinie de plaisirs subtils sensoriels à distance de cet autre qui, par les perceptions que l'enfant en a, est reconnu de lui.

Comme tout être humain est sexué, les perceptions sensorielles que, dès la naissance, nous avons des autres, sont aussi en similitude ou en différence de sexe. Un lien de paroles et d'émois s'établit entre l'enfant et le premier autre – sa mère – et l'autre de l'autre, et ainsi de suite, au jour le jour cela fait que, en même temps que l'enfant se connaît masse dans l'espace-temps continu par son corps, s'élabore un lieu d'émois de cœur à cœur, qui rythment son temps et donnent valeur à son être.

Les valeurs qui investissent son individu viennent des plaisirs et peines qui modulent pour l'enfant, dans sa rencontre avec les autres, ce lien d'aimance, et qui l'initient aux valeurs que lui délivre l'autre aimé et qui l'aime. Ces valeurs qui se modulent proviennent chez l'enfant de sa confiance en qui détient, pour lui, valeur de représentant phallique.

L'adulte pour l'enfant, à son insu, est son image future d'individu quand il aura atteint sa pleine stature après la croissance; il est grand, debout, fort, multipalpé, et gratifiant par toutes les sensations de vitalisation qu'il apporte à l'enfant, gratifiant aussi par les perceptions qu'il en a – odeur, audition, vision.

L'enfant incorpore partiellement quelque chose de cette grande masse adulte en lui, et exprime quelque chose de lui que l'adulte prend, reçoit, en modulant son langage ou non. L'enfant garde en lui l'image des variations modulées des perceptions de cet autre, de ces autres valeureux, grâce auxquels il conserve aussi en mémoire un savoir qu'il en a reçu, à l'occasion des échanges corps à corps, et des échanges subtils à distance des perceptions dans l'espace.

Des échelles de valeurs s'élaborent ainsi, dans leurs rapports au *phallus réel* et au *phallus symbolique,* qui est toujours informé d'une ligne imaginaire de ce lien de l'enfant à l'autre adulte, modèle envié de lui-même. Les valeurs de plaisir pour l'enfant se heurtent aux valeurs de déplaisir que ses comportements provoquent à l'adulte. Tout ce qui vient de l'enfant monte vers l'adulte, et tout ce qui vient de l'adulte descend vers l'enfant. C'est là la symbolique phallique, encore dans les valeurs éthiques et esthétiques.

L'enfant est initié ainsi au phallus réel et au phallus symbolique, par la crédibilité concernant la réalité qui s'incorpore à son être, liée auditivement et visuellement au manifesté par l'adulte concernant ses agissements, et donc les désirs qui ont commandé à ces agissements expressifs de ce désir. Quant à l'enfant lui-même, il est référé au phallus quant à son sexe, à partir du moment où il perçoit le sens d'avoir ou ne pas avoir, aux génitoires, le pénis.

Ce que l'adulte reçoit, de ce qu'exprime l'enfant, en manifestant du plaisir, donne valeur éthique et esthétique à l'enfant : c'est beau et bien. Ce que l'adulte rejette, c'est laid et mal. Ce que l'adulte ne remarque pas, il ne le reçoit pas, et ce n'est *rien,* en tant que valeur pour l'enfant dans sa relation à l'autre, mais ça peut être agréable ou désagréable, ressenti dans le corps de l'enfant. Mais il n'y a pas de signifiant pour l'exprimer ni le valoriser.

Ces valeurs, nées de la communication langagière et gardées en sa mémoire, informent le sujet humain au cours de son enfance de son narcissisme coexistentiel à son savoir concernant son être, son avoir, son faire, dans un accord qui a été, par des expériences, ressenti concerté avec l'adulte tutélaire. Ainsi, le possible et l'impossible concernant les modes de satisfaction que vise son désir dans la réalité discriminent pour lui ce qui est de cette réalité, et ce qui est fantasme irréalisable, qu'il se rapporte à un passé révolu, ou qu'il se rapporte à un futur pas encore accompli.

Ce possible et cet impossible se heurtent au conditionnement de la réalité substantielle de son corps et matérielle de l'environnement et de la nature des choses. Ils se heurtent aussi au désir des autres, ou à leur absence de désir à son égard, qui ne signifient pas valeur à son désir, ou à leur désir complice du sien, mais aussi à leur désir contradictoire au sien qui, alors, inhibe les fantasmes qui viseraient à leur réalisation, parce que l'image de l'adulte en mémoire intervient pour freiner les pulsions de ce désir.

C'est alors que la symbolisation par le langage peut à un moment utiliser ces pulsions; lorsqu'elles ne sont pas ainsi utilisées, elles retournent au corps comme des *riens,* mais comme ces *riens* sont des forces dynamiques, elles agissent en provoquant des dysfonctionnement végétatifs dans son organisme.

L'impossible désir, à l'âge oral, arrive avec le sevrage, et nous l'avons vu, contribue à la symbolisation du langage, pour que le lien à l'autre continue et rapporte des satisfactions orales par un circuit plus long entre l'enfant et l'adulte, le circuit du langage parlé. De même, dans l'analité, les comportements interdits par l'adulte sont relayés par les mains et le corps devenu adroit, grâce à la maturation neurologique et à la croissance, et les pulsions anales, grâce à des éléments médiateurs que sont les objets partiels, les choses, se satisfont dans une expression de désir dans l'activité et dans la passivité vis-à-vis de ces objets.

A l'introjection et à la projection pour le psychisme, qui sont des métaphores des échanges digestifs dans le lien d'aimance à l'autre, suit une identification à partir du moment de l'autonomie motrice. Cette identification, qui s'accompagne d'une discrimination de plus en plus fine des perceptions, fait découvrir à l'enfant la différence sexuelle, et la réalité de son sexe masculin ou féminin, à partir de quoi l'identification à l'objet parental de son sexe devient pour lui prévalente.

L'être humain accède ainsi à une autonomie de sa conduite, dans le milieu social familier étendu au milieu que fréquentent ses familiers, et développe une conduite qu'on peut dire morale, étant donné qu'elle est soumise à des valeurs introjectées. Elle est toujours, cette conduite, en quelque chose aliénée aux valeurs éthiques et esthétiques du milieu familial crédible, avec lequel il est en harmonie.

La fille s'aime, si elle se sent aimée de ses parents, et valorisée par les dires et les comportements des voisins. Si sa mère, dans l'observation qu'elle en a, par rapport aux autres femmes et aux autres hommes, particulièrement son père, paraît objet de valeur, elle est encore plus motivée à une identification totale à elle. La dynamique des pulsions génitales alors s'éveille, nouvellement prévalente, centripète pour la fille, par rapport à l'objet de valeur possédant le pénis, le père, les hommes. Son aimance pour la mère continue, mais son aimance pour le père devient prévalente à celle de la mère, d'autant plus si le père, lui, valorise sa fille, dans son langage verbal et comportemental.

Mais, bientôt, les génitoires de la fille exigent un corps à corps conforme à ceux dont elle a l'intuition entre sa mère et son père, dont elle veut éprouver les mêmes plaisirs que la mère éprouve avec lui. Son désir impérieux se focalise sur le corps de l'objet parental hétérosexuel incestueux et sur son sexe, pour un corps à corps génito-génital, et pour avoir un enfant, comme sa mère a eu au moins un enfant, elle-même, et peut-être d'autres après elle. A ce moment, les valeurs imagières d'aimance à l'égard de l'adulte-modèle se modifient autant qu'à l'égard de l'adulte qu'elle désire sexuellement. La dynamique de son désir sexuel génital prend tellement de force qu'elle parle plus fort dans son narcissisme que les valeurs gardées en mémoire du passé oral et anal, transférées et métaphorisées dans le langage.

Le désir du passage à l'acte sur le corps présent de l'objet tentateur, pour obtenir le plaisir attendu de l'objet incestueux, se fait de plus en plus fort. Les fantasmes exigent de se réaliser. L'aimance est balayée pour l'adulte du même sexe, devenue rivale gênante. L'aimance est aussi balayée en ce qu'elle était seulement lien de cœur à cœur, avec l'adulte hétérosexuel; le désir parle dans le corps de la fillette quand le père est présent, l'amour remplit son corps et son cœur de désir et d'aimance brûlante en son absence, et fait souffrir l'enfant incestueux des affres de la déréliction quand le père présent ne satisfait pas son désir de corps-à-corps.

Pourquoi l'autre se refuse-t-il, ne la recherche-t-il pas autant qu'elle le recherche? Son désir et sa séduction n'ont-ils pas de valeur à ses yeux? Pourquoi la mère continue-t-elle d'être sa préférée, de partager sa couche, et peut-être de mettre au monde des bébés? N'est-elle pas belle, puisque la réalité ne vient que des témoignages valoriels que l'adulte donne à l'enfant dans le langage? Toutes ces questions, pour elle brûlantes, stimulent son accès à des qualités de valeur, qui mènent la fille jusqu'au moment de la chute des dents de lait qui, en effet, lui donne un visage qui n'est pas beau, un sourire qui n'est pas celui des femmes.

Mais si elle n'a pas reçu, en paroles, l'explication de cette non-satisfaction qui la fait souffrir, de cette non-justification par l'autre de son désir, sa denture réfectionnée fait se renouveler les espoirs de son désir incestueux, et c'est ainsi que la fille peut continuer à guetter très longtemps, et à attendre très longtemps, les manifestations du désir chez son père. Elle peut aussi, lorsque son désir ne trouve aucun moyen médiateur de continuer d'espérer, se sentir devenir un *rien,* puisque l'objet de son désir ne fait pas attention à elle; elle se nie narcissiquement dans son sexe et régresse à des satisfactions prégénitales et même, parfois, à des satisfactions de dépendance de son corps pour ses besoins, pour ses malaises et, narcissiquement piégée, se met à nier l'existence de l'autre, dont l'image même la fait trop souffrir.

C'est le refoulement stérile du désir génital qui s'opère. Stérile à double sens. Stérile parce que ses pulsions génitales ne sont pas confirmées comme valables, et stérile parce que le désir de fécondité qui existe confusément chez toute fille (et qui n'a reçu aucune réponse précise concernant les lois de la transmission de la vie et la façon dont elle est née, par désir de ses parents l'un pour l'autre, et par désir de la mettre au monde), peuvent refouler hors du Moi son désir d'enfanter.

N'ayant pas reçu de castration œdipienne, c'est-à-dire de paroles concernant le non-désir et le non-amour de son père pour une rencontre génito-génitale avec elle, la fille peut ainsi atteindre la puberté et son désir de fécondité reparaît dans cette part d'elle-même que sont les pulsions de mort (c'est-à-dire de l'individu sans histoire et sans valeur, de l'individu femelle de l'espèce humaine), et la rend objet indifférencié pour n'importe quelle rencontre masculine qui la rendrait féconde; alors que, personnellement, en tant que sujet, elle ne l'a ni désirée, ni n'en connaît les modalités de corps à corps, le coït.

Son corps va à la rencontre d'un autre corps, ou subit cette rencontre génito-génitale qui n'a pa pris de sens, puisque l'adulte aimé d'amour et désiré à l'époque œdipienne n'a pas révélé à l'enfant les valeurs humanisantes de ce désir, hors de son accomplissement incestueux.

La révélation verbale de l'interdit de l'inceste, loi des sociétés humaines, apporte à la fille dans sa souffrance, un très grand soulagement. De plus, la révélation du désir qui, lorsqu'elle sera formée et adulte, lui permettra de choisir un objet hétérosexuel hors de la famille et librement, de concert avec la personne qu'elle choisira, cette révélation redonnera valeur à son corps de fille.

Après un moment d'intégration de ce dire verbalisé par une personne crédible et signifié aussi par son père qui, animé pour elle d'aimance chaste, n'éprouve aucune difficulté à lui parler de cette loi, à lui dire que ses sentiments vis-à-vis d'elle n'ont pas changé, et que l'aimance chaste dont elle est investie par lui n'est pas rivale des amours qu'elle pourra développer pour des garçons qu'elle désire hors de la famille, cette révélation redonne à la fille son narcissisme, en même temps qu'elle l'humanise dans sa génitalité.

Elle n'a plus aucune raison de fuir dans des comportements « bien » ou « mal », qui la font remarquer en société, ou par des replis pathogènes sur son corps, ce « rien de valeur » qui détruisait son narcissisme. La fixation amoureuse qui faisait ses pensées s'orienter vers le père, son cœur s'orienter par rapport aux émois venus de lui, son sexe la brûler de désir pour lui, cette fixation amoureuse est dissoute.

Que reste-t-il alors? Il reste une aimance chaste pour les

parents et les proches familiers, il reste un corps qui est l'objet du narcissisme de la fille en tant que phallique, et qu'elle vise à rendre le plus « agréable à voir » possible, en vue de séduire les garçons extra-familiaux. Nous le savons, entre 8 et 12 à 13 ans, l'intensité des pulsions génitales diminue et cette période dite de latence est une période d'adaptation culturelle et sociale de la fille.

Quand la puberté redonnera aux pulsions génitales leur intensité, le moi de la fille – déjà ébauché avant la crise œdipienne en conformité au moi-idéal que représentait la mère en référence au père –, s'est détaché de cette référence prévalente du fait de la castration œdipienne et du savoir des conditions de sa naissance.

La mère n'est plus idéalisée, pas plus que le père. Ils sont devenus des objets de sa réalité vis-à-vis desquels elle retrouve une aimance chaste, en continuité avec l'aimance de son enfance. La fille entre alors dans cette période de latence, étoffant son narcissisme des fruits de la sublimation des pulsions œdipiennement castrées, que le surmoi, introjectant l'interdit de l'inceste, soutient dans des conduites adaptées aux lois de la société et aux valeurs sociales de son groupe.

L'aimance exprimée dans toutes les formes de langage se développe socialement vis-à-vis des objets homo et hétérosexuels, avec lesquels des relations chastes apportent confirmation de sa valeur à la fille. Des émois et des désirs fugitifs éveillent l'amour pour certains objets. Des filles qui sont en conformité de sensibilité à elle, et des garçons qui éveillent en elle des désirs sensuels qui la confirment dans sa valeur féminine. L'aimance chaste dans la confiance et le cœur-à-cœur langagier demeure pour les objets familiaux, les parents, les frères et sœurs, les proches, s'ils ont aux yeux de la société valeur sociale et culturelle, et s'ils restent chastes à son égard, comme son surmoi veille à ce qu'elle le reste au leur, et s'ils respectent dans sa personne les désirs licites qui l'attirent de temps à autre, en amitié et en amour, vers des objets hétérosexuels rencontrés en société.

L'image que la fille a de son corps est faite d'un ensemble : tête, lieu symbolique de ses pensées, de son contrôle existentiel, cœur, lieu symbolique de ses émois, et son corps dans son entier, tête, tronc et membres, lieu de son Moi. Ce corps a valeur phallique pour son narcissisme. Quant à ses entrailles féminines, la plupart du temps silencieuses, elles se rappellent à son attention lors de sensations voluptueuses vulvo-vaginales passagères, dans des rencontres qui stimulent sa féminité à exprimer ses sentiments. Mais sa tête garde le contrôle de ses émois et de ses désirs, ainsi que de son agir, en référence à un idéal du moi qui naît de la succession de rencontres de femmes admirées d'elle, pour lesquelles elle a parfois des flammes, inconsciemment homosexuelles, des professeurs admirées pour leur culture, ou des femmes estimées valeureuses en société et qui, parlant avec elle, guide en elle les affinités de ses désirs à trouver leur expression la plus adéquate par le travail, la culture, les activités sociales, la présentation d'elle-même, qui lui permettent d'advenir à une image d'elle-même qui la rendra désirable pour le type d'idéal masculin qu'elle élabore peu à peu à la rencontre des hommes; elle vit dans l'attente de sa maturité sexuelle totale et la certitude qu'elle rencontrera le garçon qu'elle aimera et désirera et qui répondra à son amour et à son désir.

Lorsqu'avec la puberté et l'établissement de ses cycles menstruels, les pulsions génitales reprendront leur intensité, une certaine rémanence des mutations de son enfance se fera jour dans ses rêves et dans ses fantasmes, dans le retour de souvenirs. C'est au ventre alors, partie centrale de son corps que, devenue femme, elle situe le lieu d'appel inconscient d'une fécondité à laquelle elle sait, depuis qu'elle est réglée, qu'elle est corporellement disponible.

La façon dont le surmoi œdipien a joué dans la castration du lien d'amour et de désir incestueux et la façon dont les fantasmes rémanents d'éviscération supposée, que la mère ferait subir à son enfant incestueuse et rivale, la régulation des menstrues est marquée ou n'est pas marquée de troubles psychosomatiques. Cette fécondité, dont son corps est maintenant capable, donne un sens métaphorique de modification créatrice mutante pour son être tout entier, à la réflexion et à la prévision de la défloration du premier coït.

L'accomplissement de son désir, en appelant celui d'un partenaire consentant qui y répondrait, la confirmerait comme femme et lui donnerait le sens de sa féminité intuitivement connue depuis son enfance; mais peut-être la rendrait-il féconde en même temps que femme et égale de sa mère, dont elle a appris que c'est elle-même qui avait rendu sa mère telle, dans son origine germinale dans ses entrailles de femme, par la médiation du géniteur, son père?

Cette fécondité dans les pulsions de mort toujours sous-jacentes aux pulsions de vie, parle aux entrailles de tout individu féminin advenu à la maturité génitale. Mais, pour le sujet, son narcissisme et son sentiment de responsabilité, dépendant à la fois de son histoire, de sa castration œdipienne, de ses sublimations, de son idéal du moi, cette responsabilité, engage une autre vie, celle d'un homme ou d'une femme qui naîtrait d'un coït, même dans l'amour, mais dans un amour qui ne s'avérerait pas durable avec le géniteur de cet enfant qu'ils auraient conçu ensemble.

La procréation d'un enfant met en jeu non seulement la responsabilité de la mère vis-à-vis de l'enfant, mais la relation d'un enfant à ses deux lignées, paternelle et maternelle; une femme consciente de ses pouvoirs féminins sait qu'il faut une longue confiance dans l'amour entre partenaires et qu'il faut une longue concertation entre eux, pour que des pulsions génitales authentiques, engageant le temps de l'éducation de l'enfant dans leur entente préalable, préludent à cet acte important; procréer un enfant lui semble maintenant facile, mais l'accueillir humainement est une autre question, qui exige d'elle une maturité sociale qu'elle ne se sent peut-être pas avoir encore acquise, et une maturité sociale de son partenaire, dans laquelle il lui faut avoir une totale confiance.

Ceci explique qu'une femme encore vierge, devant l'imminence du premier coït avec un homme dont elle est éprise, éprouve aussi de l'angoisse, pour des raisons dues à sa lucidité, autant qu'au sens qu'elle donne au don d'elle-même; elle montre une tendance à atermoyer cet accomplissement qu'elle désire et à fuir l'homme qu'elle aime, d'autant plus qu'elle est attirée par lui. Bien des hommes amoureux ne comprennent pas ce comportement décevant et contradictoire des jeunes filles ou des femmes vierges. Il est pourtant le garant d'une maturité psychique et génitale chez la femme.

L'homme authentiquement amoureux de cette femme-là, pour les qualités de sa personne, ne s'y trompe pas. Il affermit sa détermination, il engage sa parole, donne des preuves de son amour à celle qui n'attendait que cela pour se donner à lui. Au contraire, l'homme en chasse, qui n'est pas prêt à engager sa responsabilité dans le coït, ni dans l'amour, ni dans les conséquences génétiques de son butinage des premières fleurs, s'adresse plutôt aux filles sensuelles, immaturées, ou écervelées, pour le plus grand dommage de sa maturation génitale, car il n'y gagne rien (sauf des hymens à son tableau de chasse); pour le plus grand dommage des femmes abandonnées aussitôt par leur amant, et restées seules avec un enfant à charge, pour le plus grand dommage de l'enfant, orphelin de père avant de naître, et amputé de relations symboliques à sa lignée paternelle et parfois même à sa lignée maternelle.

On a beaucoup parlé, dans la littérature, des déflorations aux conséquences catastrophiques, et il y en eut du temps de nos aïeules et de nos mères – tant du fait de l'impréparation des femmes, que de l'impréparation des hommes devant les réticences de leur nouvelle épousée qui, ni au désir de l'homme, ni à l'amour pour la personne de cet époux, ne s'était engagée, mais seulement à la fidélité, sans savoir ce qu'il en était des rapports de corps à corps, ni ce qu'il en était des qualités viriles ou émotionnelles de cet homme vis-à-vis des femmes. Si elle avait été conviée à donner son avis, elle avait accepté celui-là parce qu'on le lui proposait, et parce qu'il avait à ses yeux le rôle de médiateur à une vie sociale de femme, mais non encore parce qu'elle l'aimait. Elle-même, son époux l'avait choisie comme signe de son établissement, plus que de son amour.

Le premier coït signait un contrat d'affaires, il était mené comme une attaque à l'arme blanche. La jeune femme, pourtant, n'aurait demandé que peu de paroles d'amour, et un peu de concertation pour se révéler, outre le beau parti qu'elle était, une belle et douce présence au rendez-vous des noces. Car, pour une femme, il ne suffit pas de la sécurité économique ni de l'engagement matrimonial pour s'ouvrir à l'homme; ces conditions prudentielles sont même accessoires pour l'amour et le désir. Ce qui lui importe, c'est la réciprocité du cœur et du désir, qui sont fruits de langage, jeux de plaisir partagés, joie et tendresse, force et douceur, qui d'abord la confirment en son narcissisme de la valeur phallique qu'est sa séduction, au moment même où elle désire s'abandonner et jouir de ce don d'elle-même qui, aux sources de son narcissisme, la convie à la jouissance et à un orgasme accordé.

De nos jours, le coït déflorateur, pas plus que les relations sexuelles qui le suivent, ne présentent plus les risques d'enfantement auxquels, avant la pilule, les femmes ne pouvaient que difficilement et rarement parer. Dans l'amour et les rencontres du désir, une part importante, l'engagement de la responsabilité à l'égard de sa descendance, est maintenant laissé à la liberté de la femme. Du fantasme de la fécondité, avant de savoir ce qu'il en est de l'amour et du désir, elle est maintenant libérée. L'homme ne peut plus y contraindre une femme qui n'est pas consentante, pourvu seulement qu'elle ait été instruite à temps des moyens anticonceptionnels féminins et qu'elle ait assez de jugeote, de prévoyance, et de maîtrise d'elle-même pour y recourir.

Là encore, nous voyons le rôle non seulement des médecins, des mass media, mais surtout de l'éducation à l'autonomie des jeunes filles, non pas pour en faire des écervelées qui ne donnent plus à l'amour la saveur d'un engagement du cœur, ni au désir partagé le sens langagier de la rencontre symbolique qui fait le charme et la joie des rencontres de corps entre hommes et femmes, mais pour que l'épreuve d'un amour qui s'avérerait non durablement partagé ne soit pas compliquée, avant même que les amants s'en aperçoivent, de la responsabilité d'une épreuve qu'on aurait pu éviter à un enfant, conçu contre le gré conscient des parents.

Nous connaissons tous des cas d'enfants que ni l'un ni l'autre de ses parents séparés ne peut ou ne veut assumer, ou que ni l'un ni l'autre ne veut laisser en garde à l'autre en cas de séparation officielle. Ce sont des conditions déplorables pour un enfant jeune, que tant d'entre eux doivent payer du prix de l'immaturité de leurs parents.

La dédramatisation légale de l'avortement, au cours des premières semaines, hélas pour certaines mis au même rang que les moyens anticonceptionnels, – bien qu'il doive rester un recours exceptionnel, étant donné ses effets très profonds dans l'inconscient des mères et de leurs jeunes enfants vivants (tous les psychanalystes ont des preuves indubitables qu'ils perçoivent et réagissent toujours aux avortements de leur mère, quoique resté secret), parfois même pour le père –, cette dédramatisation de l'avortement est un moindre mal que la survie, pour le fœtus conçu contre le gré de ses géniteurs et porté dans l'angoisse ou le rejet symbolique de sa mère. L'avortement permet aux femmes de ne pas mettre au monde un enfant qui d'avance est amputé de toutes les chances auxquelles il a le droit aux yeux de parents aimants et responsables, et d'abord celui d'être accueilli par eux avec joie.

Les rencontres le corps à corps dans le coït, grâce aux progrès biologiques et à l'évolution des mœurs, n'engagent donc plus aveuglément les femmes dans des maternités qu'elles savent ne pas pouvoir assumer. Il reste néanmoins que le coït, accomplissement du désir quand c'est par lui qu'elle y est suscitée, demeure pour la femme quant à sa personne un acte qui l'engage vis-à-vis d'elle-même et de l'homme beaucoup plus que lui vis-à-vis de lui-même et de la femme.

Revenons un instant à la façon dont se structure la fille, à partir du moment de son indépendance totale dans l'autonomie de son corps, quant aux rencontres pénétrantes dans son corps. Tous les corps à corps qui pénètrent dans les limites cutanées d'un être humain sont, pour les deux sexes, ressentis dangereux, *trop additifs,* angoisse de viol, angoisse de mort, ou *trop soustractifs,* angoisse de castration, de rapt, pour le corps et pour le cœur.

Il n'y a pas de corps sans tête, dans l'expérience vécue à partir de la marche. Et il n'y a pas de cœur sans sexe, à partir des émois qui initient l'enfant à la valeur de tous ses comportements. Toute la vie prégénitale conduit l'être humain des deux sexes, à son insu, à valoriser sa tête, son corps et ses membres, dans des rapports sexués que son cœur seul humanise dans le langage, par une hiérarchie des valeurs éthiques et esthétiques, en rapport avec les dires et les expressions de ses parents par rapport à ses comportements.

Ce que l'adulte déclare bien est bien. Ce que l'adulte ne reçoit pas, auquel il ne prête pas attention, reste à l'enfant dans ses perceptions sans jugement de valeur. *C'est rien.* Ce que l'adulte rejette, c'est mal. C'est au visage, situé à la tête de l'adulte, plus grand et plus fort que l'enfant, par le jeu des issues, ouvertes ou fermées, par le jeu des mimiques muettes ou bruitées, harmonisées ou désharmonisées, aussi par les dires verbalisés, que l'enfant connaît ce qui plaît ou déplaît à l'adulte, et méconnaît et rejette ce qui n'est pas ainsi reçu de l'adulte tutélaire, en qui il a confiance et qui est crédible.

Nous avons vu qu'autour de 3 ans, après la constatation de la différence des garçons et des filles au sexe, lorsqu'elle est dépassée, un moment arrive où, questionnant sur sa naissance, l'enfant reçoit ou ne reçoit pas de réponse. De toute façon, quelle que soit la réponse, il se fait des fantasmes concernant le début de sa vie, et par l'observation des femmes enceintes comprend seul que cette anomalie du ventre des femmes qui disparaît, lorsqu'il y a un bébé dans le berceau, prouve que cet enfant y avait poussé, dans ce ventre de femme, même si rien ne lui en est dit.

Nous savons que les fantasmes des filles concernant la conception sont des fantasmes oraux, alors que les fantasmes des garçons sont généralement des fantasmes de pénétration par objet contondant. La fille qui a accepté la réalité de son sexe, qui la soumet à l'identification des femmes, est alors mue, comme nous l'avons dit, par un désir du pénis de l'autre, dans une dialectique qui s'ignore encore comme génitale, et qui est dynamique passive et centripète par rapport à l'objet partiel. Pour le garçon, c'est l'inverse.

A cet âge dit pré-œdipien, la scène primitive dans la réalité de l'acte génitō-génital entre homme et femme, est insoutenable, parce que liée à une image du corps issue d'une dialectique où l'actif triomphe par destruction partielle ou totale de l'objet passif au stade oral, anal et phallique. Pour le garçon, l'acte délibéré de l'initiative pénétrante formellement agressive dans le jeu érotique dont il a l'intuition dans le couple, cet acte délibéré lui incombant, il est tenu d'y renoncer, consciemment et inconsciemment vis-à-vis de l'objet maternel, du fait de l'effet créatif de l'imaginaire conjoint, à une réalité de rencontre qui, sur le plan symbolique, provoquerait la destruction de sa structure cohésive psycho-caractérielle et physico-somatique.

On entend parfois dire un slogan à un garçon qui frappe les filles, un garçon agressif et batailleur envers le beau sexe ; « On ne bat pas une femme, même avec une fleur. » Ce slogan est tout à fait opposé au génie masculin de l'érotisme phallique. Il est valable, par contre, au moment de la crise œidipienne, quand la femme est l'objet incestueux désiré. L'inhibition que cette injonction cultive soulage un moment son angoisse de castration qui, en boomerang, l'atteindrait s'il jouait son désir, en agressant véritablement sa mère.

Par ailleurs, chez les filles, le fait que les garçons soient forts, qu'ils aiment à battre, est pour elles un signe de leur valeur. C'est pourquoi, quoique les mères en disent, dans les familles, les filles se débrouillent pour être battues par les garçons.

Une enquête faite dans un hôpital où, dans une salle de chirurgie, la majorité des femmes y étaient pour soigner des sévices et des fractures subies de leur homme, a montré que 80 % d'entre elles trouvaient normal et « signe d'amour » de l'homme le fait qu'il batte sa femme. Elles regrettaient seulement que certains exagèrent.

Revenons à la fille, à cette époque prégénitale où son complexe d'Œdipe commence à se poser dans le désir de s'identifier à sa mère par rapport à son père. Son image prégénitale de son corps et de son sexe féminin l'engage dans l'attente du pénis de l'homme qu'elle arrivera à séduire.

Naturellement, si c'est possible, cet homme sera son père. La survalorisation phallique de celui-ci peut, par là-même, demeurer dans ce statu quo œdipien, sans trop d'angoisse, si la mère est indifférente, et sans castration œdipienne, car même en sachant par l'observation en société que l'inceste n'est pas en usage, la fille ne veut rien en savoir de ce qu'il en est de la relation sexuelle à proprement parler génitale. Elle est soumise, tout simplement, à son père et, si celui-ci n'est pas chaste dans son amour pour sa fille, elle peut même renoncer pour lui à l'échelle des valeurs du bien et du mal qu'elle avait construite dans l'enfance avec lui.

C'est ce qui se passe dans le cas d'un viol incestueux, qui n'est pas aussi rare que l'on pense, et qui est catastrophique pour l'avenir symbolique de la fille, bien qu'il ne détruise pas sa cohésion dans la soumission au père, qui s'accorde avec sa cohésion sociale.

Mais c'est aussi catastrophique pour les enfants incestueux qui peuvent naître de ces relations de filles à leur père.

Quant à la relation incestueuse de la fille à un frère aîné, elle est extrêmement fréquente, et la fille, elle, n'est pas consciente quand ces relations commencent, qu'elles ne sont pas dans l'ordre éthique de la société, du fait de la survalorisation phallique de l'objet familial, frère ou père.

J'ai connu une jeune femme qui, d'ailleurs, paraissait sans âge, et qui avait été, sa mère étant décédée quand elle avait 8 ans, la maîtresse de son frère qui avait à cette époque 14 ans, et qui l'était restée pendant dix ans, dans des rapports sexuels quotidiens, soi-disant ignorés par le père qui, par ailleurs, buvait.

Elle n'était pas folle, elle était même intelligente et, dans la société, généreuse et dévouée. Son frère étant parti dans un pays lointain grâce à un engagement militaire, elle s'était adonnée à des œuvres chrétiennes à l'occasion desquelles elle avait rencontré son mari qui, toute sa vie, ignora les rapports incestueux que sa femme avait eus avec son beau-frère. Il s'étonnait seulement qu'elle n'ait jamais voulu le revoir et qu'elle s'arrangeât, lorsqu'il venait en permission en France, pour n'être jamais là lorsqu'il venait la voir.

Quand elle m'en a parlé, elle m'a dit avoir découvert très lentement, une fois devenue adulte, que ce fait de l'inceste entre sœur et frère n'était pas aussi courant qu'elle le croyait, et elle en avait gardé rancune à son frère, mais pas plus que cela. Elle était, à l'époque où je l'avais connue, une assez bonne mère, avec les enfants qu'elle avait eus de son mari, qu'elle avait épousé assez tardivement. Mais, lorsqu'elle me raconta l'événement, elle me dit qu'elle se croyait stérile quand elle a épousé son mari, car lorsqu'elle était jeune fille, elle aurait beaucoup voulu avoir des enfants avec son frère, ce qui horrifiait celui-ci, à son grand étonnement. Et c'était la paternité de son frère, qu'elle avait apprise par une lettre, qui l'avait décidée à se marier.

Elle ne faisait pas de rapprochement avec cette annonce de la paternité de son frère, et ne l'a fait qu'en m'en parlant, me disant que, c'est parce qu'elle était jalouse qu'il ait eu des enfants avec une autre femme qu'elle s'était décidée à se marier pour essayer, elle, aussi, avec un autre homme, d'avoir des enfants.

Le prestige de l'homme, double représentant phallique, par son corps et par son pénis, est tel que la plupart des femmes amoureuses adoptent toutes les opinions de leur homme, et, passivement soumises à leur désir, acceptent tout de lui. Certaines d'entre elles acceptent même des mariages qui restent non consommés pendant des années.

Un médecin que je connais a même vu une femme largement ménopausée, veuve depuis quelques années et sans enfant, qui parlait de son défunt mari avec amour et tendresse mais qui, au moment du toucher vaginal régulier dans une consultation générale, s'inquiéta; elle ignorait qu'elle eût un trou devant. Et, délicatement questionnée par ce médecin, il apprit d'elle que les rapports sexuels avaient toujours été des rapports de pénétration anale. Désireuse d'être mère, elle avait consulté des médecins, mais son mari l'accompagnait toujours, prenait à part celui-ci, et jamais le médecin n'avait osé faire à cette femme un toucher vaginal après le colloque avec le mari. Elle s'entendait dire chaque fois : « Madame, vous êtes tout à fait normale, attendez, vous serez peut-être enceinte un jour. » Et ce jour ne vint jamais.

Cette femme, pensez-vous peut-être, était vraiment naïve et peu douée en désir sexuel. Peut-être, mais ce cas n'est pas extraordinaire, étant donné l'immaturité dans laquelle une fille peut rester. Celle-ci, enfant unique, avait un père idéalisé, mort quand elle était très jeune, et sa mère l'avait mariée avant de mourir. Son mari lui avait servi de père et de mère à la fois, il était, comme son père, officier, et avec elle plein de délicatesse, disait-elle. Elle estimait qu'il l'avait rendue heureuse, à part le fait qu'elle n'avait pas d'enfant. Heureusement pour l'enfant, d'ailleurs. Père et mère à la fois, c'est cela que bien des femmes cherchaient, et peut-être cherchent encore dans un époux, narcissiquement flattées qu'elles sont d'être leur femme, doué qu'est à leurs yeux de petites filles géantes l'homme prestigieux qu'elles aiment, fidèles et soumises.

La psychanalyse nous a appris que les rapports de corps-à-corps de l'enfant à l'adulte servent symboliquement, toujours, la relation interhumaine créatrice; tout échange du corps avec un autre objet est ressenti bon ou mauvais, selon que les pulsions actives ou passives sont apaisées (le sujet est justifié), ou suractivées (le sujet est soumis à une tension accrue, qui le modifie dans son ressenti, mais qui peut aussi, par cette tension, trouver sa catharsis autrement ou sublimer ses pulsions dans une activité transférée sur un autre objet que celui qu'il aurait voulu intéresser).

S'il n'y a ni modification ni justification par l'autre d'un désir, c'est-à-dire si l'autre ne le justifie ni n'y prête attention, le contact, l'essai d'échange correspond à une non-rencontre; le sujet, dans cette activité mû par son désir, a été « rien » pour l'autre, et par refoulement et non humanisation de son désir par le langage, il peut ignorer toujours son désir génital.

Mais tout ce qui est de son sexe, en ses profondeurs vivantes et potentiellement voluptueuses, la femme, sans l'accord concerté et le témoignage de l'homme qui jouit en elle et qui, peut-être, la fait jouir, mais qui la quitte et s'endort aussitôt après le coït et ne lui en reparle jamais, elle qui n'avait pas de mots avant cette expérience du coït pour savoir ce qu'était son jouir, elle n'en a pas davantage après, et elle ne sait pas que, pour lui, son désir à elle est indifférent, ou que son désir à elle n'est pas « rien » pour lui.

Combien de couples légitimes en sont là, de couples riches d'enfants, où la femme, n'ayant pas eu l'occasion de rencontrer d'autres hommes ou s'en défendant, trop occupée, fidèle par tradition, ne s'éveille jamais et devient plus ou moins frigide sans le savoir!

Nous voyons ces couples lorsque leurs enfants, qui se développent bien jusqu'à l'âge œdipien et même parfois jusqu'à la puberté, à partir de ce moment tombent soit dans des états caractériels, soit dans une espèce de vie larvaire où rien ne les intéresse, ou bien encore présentent des symptômes graves névrotiques, alors qu'ils ont des réussites scolaires remarquables; comme d'ailleurs les pères de ces enfants, qui sont très travailleurs et jamais à la maison, et les mères qui s'exténuent dans le travail domestique, toute la responsabilité des enfants leur restant à charge.

Leur sexe nié, devenu endormi, elles trouvent des compensations dans des satisfactions de dépendance pécuniaire vis-à-vis de l'homme, ou parfois, travaillant au-dehors pour assurer le budget, elles sont écrasées de travail, et nient alors avec humeur la valeur de leur homme : « Vous savez ce que c'est que les hommes! pourvu que la table soit mise, que les enfants soient couchés, que le ménage soit fait, tout va bien avec eux! » Elles ajoutent parfois, après ce tableau : « Oh, nous avons une entente parfaite, les enfants ne nous voient jamais nous disputer! »

Et pour cause, ils ne les voient non plus jamais s'aimer.

Si maintenant nous revenons à la fillette qui est entrée dans l'Œdipe, c'est à partir de la notion de promesse de fécondité, par la fameuse question concernant sa naissance, ou ses enfants plus tard, qu'elle apprend de sa mère qu'elle se mariera, et si sa mère est intelligente, elle répondra au jour le jour à ses questions concernant le désir et l'amour. C'est alors seulement que commence, pour la fille, le moment de son éducation génitale, c'est-à-dire l'initiation symbolique aux correspondances de désir et d'amour, au service du bonheur réciproque que se donnent un homme et une femme, et au service d'une fécondité responsable, dans le lieu survalorisé des sensations voluptueuses de son sexe creux, si sa mère l'autorise par ses paroles à en fantasmer le sens, pour un homme qui ne serait pas son père, en l'initiant ainsi à l'interdit de l'inceste.

Une semblable éducation verbale sexuelle des filles est à faire aussi par la mère cette fois, ne serait-ce que pour lui délivrer le droit à sa génitalité future et la libérer, pour son désir sur des objets hétérosexuels, de l'interdit qui la marque si profondément dans son premier désir.

En effet, il est nécessaire qu'un adulte crédible, de confiance et qu'elle sait l'aimer, lui délivre son droit à une génitalité autre qu'incestueuse, alors même qu'elle peut n'en pas imaginer d'autres. Elle pourrait, sans ces paroles qui lèvent l'interdit, dénier valeur à l'existence saine et au sens des sensations qu'elle perçoit, dont elle peut très mal parler, mais dont elle est très heureuse de savoir par une femme qu'elles ont un sens.

En l'absence de ces paroles initiatrices d'une femme, le désir peut rester inhibé, et l'apparition des règles à la puberté, et des pulsions génitales, peut de nouveau subir un refoulement, si la mère et le père, dans des conversations banales, n'autorisent pas la fille à ses amitiés mixtes et à des fantasmes amoureux pour des objets hétérosexuels de rencontre.

Mais, quelle que soit la préparation d'une fille, par l'éducation, à la rencontre sexuelle future avec l'homme qu'elle aimera, et qu'elle désirera, c'est cependant les paroles de cet homme à l'occasion de leur rencontre sexuelle qui vraiment la révéleront à elle-même. Ce n'est rien de ce qu'elle a pu entendre dire, ni lire dans la littérature. Parce que, quoiqu'elle ait comme fantasmes et comme langage préalable au coït, ce sont pour elle des fantasmes et des mots tant que, dans le corps à corps, elle n'a pas éprouvé le jouir et qu'elle n'a pas été dans sa jouissance confirmée par l'appréciation éthique et esthétique que l'homme lui témoigne; ce qui dans leur rencontre crée les racines d'un amour durable, parce que la rencontre était authentique et, de rencontre en rencontre, l'amour de ce couple s'affinera.

Mais, si le langage disparaît entre eux, le désir pour la femme vis-à-vis de l'homme peu à peu s'éteindra dans l'absence de paroles [1]. C'est par les expressions de ses désirs et de ses émois que l'être humain qui ne se connaît jamais – et une femme quant à son sexe ne se connaît jamais –, se fait connaître afin d'exister responsablement et de fuir le rien qui le néantise. Les rencontres de corps à corps pour ce qui en est des femmes, lorsqu'elles ne sont pas accompagnées de rencontres de cœur à cœur, de langage esthétique, de langage émotionnel, sont des non-rencontres, au sens humain du terme.

Allons encore un peu plus loin.

La tête est le lieu symbolique des pensées, du contrôle existentiel, de la conduite humaine.

Le cœur est le lieu symbolique de nos émois, de nos sentiments.

Le corps est le lieu symbolique de notre moi, et c'est pour la femme dans son corps aux formes limitées, aux issues érogènes délimitées, que se trouvent les lieux de médiation des satisfactions du plaisir.

C'est au ventre, partie centrale du corps, que la femme situe le lieu d'appel à l'homme qui, si elle l'aime, est toujours référé par fantasmes à la fécondité, que ce soit pour l'éviter ou pour la désirer. Cette fécondité a sens métaphorique de modification créatrice de son être tout entier, et c'est à cause de cette

1. Tout le monde sait que, si l'on ne fait pas compliment sur son plat à une cuisinière, elle pense qu'il est raté, même si elle l'a goûté et trouvé quant à elle bon. Si on ne dit rien à un peintre sur une des toiles qu'il expose et dont il est satisfait, le voilà dénarcissisé (d'où les gloses abracadabrantes dont sont si gratifiés les peintres). Dire quelque chose, c'est donner sens de rencontre en plaisir.

profondeur de son désir qu'à l'ouverture de son sexe l'appel à la rencontre pénétrante du sexe masculin prend sens véritablement génital.

Mais, si entrailles féminines et sexe sont étroitement articulés entre eux, ventre et cœur sont aussi intriqués l'un à l'autre pour la femme, du fait qu'ils sont situés dans la même masse insécable du tronc chez la femme, et si peu différenciés aussi dans sa dialectique génitale, que le don véridique du cœur, chez elle, aime à se compléter par le don de son corps, ou plutôt par son abandon, et que bien souvent, sans expérience encore de rencontres sexuelles, ou dans l'expérience non révélatrice de cette rencontre, elle se croit amoureuse d'une personne de l'autre sexe, par le seul fait qu'elle désire recevoir en elle son pénis, à partir du moment où elle est subjuguée par sa présence.

Le cœur en lui-même est le siège symbolique des modes d'aimance. Il s'est élaboré au cours des années d'enfance et de jeunesse, années de dominance orale et anale, puis de dominance génitale relative au phallus, désiré dans une dynamique centripète pour la fille, mais toujours reliées à des relations de corps, les uns pour les autres phalliquement valeureux.

La perte des sensations des limites de son corps (telles qu'elles existent depuis la conquête de la station debout et de la marche), dans les coïts et les sensations de volupté qui, à l'approche de la rencontre, émeuvent la femme et bouleversent son habitus, apporte une relaxation qui autrement n'existe qu'aux abords du sommeil et modifie pour la femme les modes, tant émotionnels qu'existentiels connus de son moi qui, pour son narcissisme, est associé à la prestance de sa cohésion corporelle, à la grâce concertée avec elle-même de sa conduite à laquelle la maîtrise de son tonus musculaire est nécessaire.

Le coït avec l'homme auquel elle livre l'accès aux régions creuses de son sexe, inconnues d'elle-même, ôte à son narcissisme les repères de son conditionnement. Pour elle, chez qui le deuil du pénis centrifuge, au moment de la castration primaire, puis le deuil de l'enfant imaginaire du père, puis le deuil de la séduction du père, n'avaient été surmontés pour beaucoup que grâce à la surcompensation phallique de leur personne sociale, aboutissant souvent à la mascarade féminine et aux potentialités de la frigidité, pour elle, dans les meilleurs cas, grâce à une éthique d'intériorisation des affects en un lieu inviolé, l'excitation sexuelle par l'autre présent confirme sa castration, non du clitoris, mais de l'image de son corps pré-génital, puis œdipien, puis, même, post-œdipein, tandis qu'il apporte aussi une focalisation de toutes ses pulsions au service du plaisir dans l'accueil en elle de l'homme.

Ce processus qui la laisse sans force est nécessaire à ce qu'en ce lieu inconnu d'elle-même puisqu'il n'est pas visible et qu'il échappe aux valeurs éthiques et esthétiques, elle soit disponible à l'aventure de la jouissance.

Pendant le coït, la première qui lâche le contrôle est la tête, représentante de la conscience et du sens critique inhibiteur. Puis, ce sont les membres squelettiques, incapables de continuer leur étreinte tonique, dès que l'excitation vaginale croît. Enfin, si la jouissance croît encore, disparaissent les références mêmes de ce qui faisait le corps pour l'autre et pour soi, l'extérieur, et le corps pour soi, l'intérieur, de ce qui faisait le cœur qui aimait sans contact, et le sexe qui à distance désirait le contact et l'intromission.

Cette *déréalisation* est ressentie comme une menace pour toutes les références narcissiques du sujet, c'est-à-dire quelque chose qui affleure la mort.

Or, ce néant, ce rien que doit risquer la femme dans le coït, c'est ce qu'elle a eu le plus à craindre au cours de la structuration de sa conscience de sujet pour une existence sociale consciente. Humiliée dans son cœur ou dans son sexe, au cours de sa vie virginale, peut-être encore peu sûre de sa séduction,. si l'homme ne l'en rassure par des paroles d'amour pendant le coït, elle peut être envahie par l'impression qu'elle n'est, pour son partenaire, qu'un objet de jouissance, ce qui signe la perte de sa valeur comme sujet.

C'est peut-être là, la raison de la fréquente frigidité primaire. C'est sûrement la raison de la frigidité secondaire aux déflorations mal faites, ou aux coïts d'habitude pour un partenaire pourtant aimé, mais peu enclin aux jeux préliminaires, aux paroles de tendresse, sans lesquelles l'homme lui paraît dans le coït n'être motivé que par le rut; alors qu'il ne l'est peut-être pas, mais ne pense pas à le dire, sûr qu'il est de son amour pour sa partenaire, et non éduqué qu'il a été à la différence entre homme et femme, quant au conditionnement personnalisé du désir pour chaque femme qui n'est pas que femelle, et qui demande, pour que le désir continue en elle d'être vivant, qu'il lui parle de son amour pour elle et du plaisir qu'il éprouve aux rencontres sexuelles avec elle.

J'en connais plus d'un, authentiquement amoureux de leur femme, qui ont ainsi, par leur silence dans leurs relations sexuelles avec elle, gâché leur couple, pourtant si bien parti. Mais voilà, ils ne savaient pas que *pour une femme les choses ne vont pas sans dire.*

C'est la hiérarchisation narcissisante de références perceptives, répétées et imaginairement conservées en mémoire, qui a permis à la fille, lorsqu'elle était jeune, de se construire selon des valeurs éthiques et des valeurs esthétiques tout au long de sa jeunesse. La personne de la fille, tout au long de son adolescence, s'est construite dans son adaptation sociale à son sexe vierge, selon une morale qui ne touchait qu'une éthique et une esthétique phallique, celle de ce qui se voit.

Ses comportements actifs, passifs, créatifs, étaient toujours ressentis bien, lorsqu'ils étaient agréables pour elle, utiles et structurants pour l'individu par rapport à son groupe social, et mal dans le cas contraire. Tout ceci ne sert plus à rien dans la déréalisation narcissique, qui accompagne le coït dont la femme jouit.

Quant à ses émois, ceux de son cœur, voilà que lorsqu'elle commence à jouir, après une accélération de ses battements, violents au cours de l'excitation, ce cœur, lui aussi, devient totalement inconscient, subjugué et anéanti, par l'étrangeté de la jouissance qui lui fait perdre la tête. C'est ce qu'on appelle *une fille perdue ; celle qui s'est trouvée femme avec un homme.*

Pour peu que ses émois de cœur ou de sexe aient été, au cours de son enfance, un peu moqués, tournés en dérision, ce que fait si facilement l'entourage, quand il voit une jeune fille rougir à l'approche d'un jeune homme, le danger du don d'elle-même s'associe inconsciemment à la perte de sa valeur.

Il y a des femmes, pour lesquelles les rapports sexuels conjugaux sont ressentis comme des abus de confiance, sinon comme des viols, du fait du manque de formation sexuelle et érotique du mari, de son inhibition émotionnelle, dont triomphe son seul besoin de décharger, confondu pour lui tout innocemment avec la preuve de son amour; car il est fidèle, et très souvent très satisfait de sa femme, mais il ne sait pas médiatiser, dans un climat de plaisir aux jeux interpersonnels et sexuels, cet amour, et surtout il ne sait pas faire suivre de propos affectueux la satisfaction érotique ainsi obtenue, pour lui mais non pour elle.

La cause de cette particularité de la conscience de sa féminité pour une femme vient du fait que la mise sur place des références hiérarchisées du cœur et du corps est *abstraite* pour la fille concernant son sexe –, ni repérable ni justifiable pour elle, sans les dires de son partenaire et sans la réalité ressentie effectivement amoureuse de leurs rapports, pour ce qui en est de lui, qui par son silence semble les dévaloriser.

En effet, dans les fantasmes solitaires des filles et des femmes, il n'y a aucune réponse à l'amante qu'elles seront, ni mémoire très longue pour l'amante qu'elles ont été. Quelquefois les témoignages de la littérature érotique ne les concernent que par l'imaginaire et les représentations qu'elles peuvent en faire, mais ils ne les intruisent en rien sur elles-mêmes dans la réalité d'aujourd'hui. C'est peut-être la raison pour laquelle les femmes sont si rarement voyeuses.

Mais la raison principale, c'est l'absence hors du perceptible, pour elles, dans la réalité du coït et les conditions que j'ai dites, d'une référence aux perceptions de l'autre; le corps sans cœur n'a pas de sens pour elles, et la dialectique sexuelle signifiée n'est possible que lorsque sont formulées des références éthiques et esthétiques qui autrement sont absentes, puisque leur sexe est invisible.

Les mots n'ont pas pour les femmes le même sens que pour les hommes et, les mêmes mots pour deux femmes, concernant leur sensation de désir, plus encore que pour deux hommes concernant leur volupté sexuelle.

Chez l'homme, il semble que ça soit différent, et que les mots concernant leur volupté sexuelle et leur désir leur permettent de parfaitement se comprendre quand ils en parlent entre eux. Il semble, par exemple, s'entendre quand ils parlent du nombre de leurs saillies, de l'abondance de leur sperme. Leur narcissisme viril paraît s'en conforter. Ce sont preuves tangibles. Ceci est certainement dû à l'extériorité de leur sexe, par rapport à leur corps, d'une part, et, d'autre part, au contrôle qu'ils ont jusqu'au moment de l'orgasme dans l'acte sexuel.

Les hommes sont tous voyeurs. On penserait à faire des réunions de striptease d'hommes, pour les femmes, elles n'auraient pas de succès.

Toutes ces particularités spécifiques des femmes en général, bien que, comme je l'ai dit, chaque femme est différente d'une autre, me semblent expliquer ces choix et ces fixations objectales génitales, à proprement parler insensées auxquelles nous assistons chez elles, cela parce que dans l'intimité des échanges sexuels « rien ne ressemble plus à rien » et si seules les sensations voluptueuses qu'apporte narcissiquement le sentiment d'aimer qui la désire, ou de désirer qui ne l'aime ni ne la désire, sont recherchées, en référence à cette absence d'éthique concernant leur féminité sexuelle. La voie est alors ouverte pour le désir le plus absurde, le plus abscons (le plus privatif de toute signification éthique ou esthétique, pour elle-même et pour autrui), le désir pervers qui est peut-être encore pour certaines un moyen de défense phallique contre le danger féminin de la rencontre hétérosexuelle dans le coït.

La femme génitale, quant à ses pulsions, plus encore que l'homme, est par nature soumise au danger de pulsions de mort, attractives pour son narcissisme au moment de l'angoisse de castration primaire, quand elle est jeune, attractives encore au moment de l'angoisse de viol liée au désir, et encore attractives vis-à-vis des objets de son choix, au moment vécu du don génital de sa personne, de l'abandon de son corps, et de l'abandon total de son narcissisme, condition de sa jouissance : *quand son unique amour coïncide vitalement avec son unique désir.*

Il est possible aussi que la prévalence liminaire potentielle des pulsions de mort, auxquelles les femmes peuvent être soumises en même temps qu'à leurs pulsions génitales passives (lorsqu'à leur partenaire le don d'elles-mêmes les faits s'abandonner et qu'elles en assument le risque pour leur narcissisme génital avec l'homme), attire narcissiquement l'homme. Elle éveille chez lui l'angoisse de castration primaire, celle de l'époque où l'inquiétante nudité des filles, aperçue pour la première fois, le fascinait jusqu'à l'horreur, à tel point qu'il ne pouvait en croire ses yeux.

Une femme ainsi livrée dans l'amour le fascine encore, mais valorise la possession de son pénis, stimule son tonus phallique dans ses valeurs affirmées de mâle. Il est possible aussi que l'angoisse de viol, qui peut se réveiller inconsciemment en elles (puisqu'elle a été liée chez la fille, après l'acquisition de sa fierté d'appartenir au sexe qui la faisait semblable à sa mère, au ressenti du premier désir génital dans sa dynamique centripète relative au phallus), suscite chez l'homme un désir marqué par la dynamique vivante, agressive, centrifuge, qui date de sa libido phallique urétro-anale.

Il se sent stimulé dans la conformité à ses fantasmes de prouesses garçonnières spectaculaires phalliques, qui l'excitent à faire preuve de sa force face à cette femme sans défense. Il peut être, à son insu, éveillé au sadisme rémanent des pulsions archaïques. Les moins évolués des hommes se sentent alors enclins à user sur la femme de violences corporelles. Les plus différenciés génitalement, quant à leur virilité de sujet, focalisent au pénis la force érectile et le désir de pénétrer la femme.

La totale disponibilité corporelle que la relaxation dans la jouissance qui croît produit chez la femme, du fait de la focalisation du désir sur ses voies génitales profondes, sa sensibilité désertant le revêtement cutané, tout à l'heure si sensible aux caresses, la femme, pour l'homme, semble devenir sa chose. Et puis, ce désir de la femme, impensable et incroyable pour un homme, d'être prise et pénétrée, désir qui fait horreur à tout homme viril et pire encore, peut-être, le désir d'une femme éprise, d'être au cours de chaque coït fécondée par l'homme.

En effet, ce désir d'enfanter est un fantasme toujours présent *dans l'inconscient* d'une femme lorsqu'elle jouit, fantasme qui lui en fait parfois à son insu en formuler la demande, mêlée à ses gémissements de plaisir, si chirurgicalement castrée qu'elle soit, ou si protégée soit-elle par des moyens anticonceptionnels.

Ce désir n'est-il pas le signal, à l'acmé de la jouissance dans le coït, de la prévalence des pulsions de mort du sujet chez la femme? N'est-ce pas la preuve de la présence, en deçà du sujet, du spécimen anonyme et indifférencié de l'espèce qui, à travers chaque femme, dans l'intensité de son jouir, retrouve la conformité aux impératifs de la survivance de l'espèce, au moment où de son être historique et différencié elle perd le contrôle? Aux oreilles de son partenaire, n'est-elle pas devenue *objet femelle insensé,* que toute logique de sujet a déserté?

La spécificité dynamique d'une femme – tant dans son désir génital, sa référence au phallus réel et symbolique dont l'homme aimé est le seul médiateur pour elle, tant dans les conditionnements de sujet qui structurent sa personnalité, son agir, ses pensées, ses fantasmes, ses émotions qui font la grâce de leurs rencontres langagières et leur permettent de se comprendre, de travailler et de mener ensemble œuvre sociale –, lorsque la même femme est sa partenaire dans le jouir du coït, cette spécificité, l'homme dont elle se croyait aimée, ne la comprend plus.

Ces particularités de la libido génitale dans son destin féminin sont-elles la cause de la crainte éprouvée par tant d'hommes attirés par des femmes authentiquement génitales et aussi par leur intelligence et leurs qualités de cœur désirables, cette crainte qui les prend à partir du moment où elles les désirent et se mettent à les aimer d'amour? Il leur semble qu'alors tout en elles, qu'ils croyaient connaître et comprendre, leur devient étrange.

Est-ce la raison qui faisait dire à Freud que les femmes n'ont pas de surmoi, comme un petit garçon dirait : « elles n'ont pas de zizi? » Alors qu'y comprendre?

Dans la dialectique de la rencontre corps à corps, du désir entre hommes et femmes, de la rencontre de l'amour, de la rencontre de langage, quelles innombrables questions sont posées aux hommes quand ils demeurent avec la même femme?! Il leur semble aborder à des rives incertaines, où leur narcissisme s'ébranle et perd pied.

Beaucoup préfèrent ne pas persévérer, car ils redoutent, avec la même femme, pourtant séduisante, le danger qui pourrait s'y tapir. Les femmes n'ont-elles pas été vues comme suppôts du diable? Est-ce parce que, se sentant sollicités par elles à les suivre, ils s'affolent du « jusqu'où » cela va les entraîner? Les plaisirs des femmes, quand elles ne se contentent pas d'objets partiels comme au temps de leur jeunesse immature (aux demandes desquelles quand les hommes désirent les femmes ils aiment à répondre), ces plaisirs lorsque la femme a atteint par l'homme à la jouissance approchée du phallus symbolique, les suscitent dans leur sensibilité et leur être même.

Le prix en est inconnu. Le prix, l'épri. Est-ce toujours la conséquence de cette identification ou cette rivalité qui, dans leur dialectique masculine, les maintient à leur tonus dans la société des hommes, ou bien est-ce cette introjection encore plus archaïque du désir de l'autre qui, leur rappelant leur enfance auprès de la mère, est prête à resurgir?

Or, la femme génitale dans sa focalisation de désir et d'amour sur l'homme qu'elle aime, ne connaît plus ces processus archaïques. Elle se contente d'être elle-même (toute castration vécue et acceptée, dans l'amour qui la fait vivre et aimer). Ou est-ce la pulsion épistémologique, si fondamentale à l'intelligence masculine, dans sa référence au phallus symbolique et qui, s'appliquant à la femme y perd tous repères?

Le sens de leur jouissance, à ces femmes, touche quant à eux à l'abscons et, devant ce gouffre, ils craignent le vertige.

C'est que de son intégrité gardée, l'homme se demande ce qu'à son narcissisme d'amour et de désir de cette femme risquent de lui coûter. Alors qu'elle, c'est devant le premier coït qu'elle avait tendance à fuir, c'est devant la première jouissance qu'elle a senti en elle une mutation se faire. Maintenant, c'est à son tour à lui de fuir devant cet amour et le désir de cette femme qui lui doit sa sereine maturité et la fidélité de son désir pour lui.

Quelle est la métamorphose en sa totale maturité ignorée que l'homme en la pressentant, fuit? Orphée, sa fidélité maladroite à Eurydice et son désir scopique les a payé de sa vie. Serait-il plus adroit qu'Orphée? Ne vaut-il pas mieux s'en séparer, avant que cette femme qui, coït après coït, lui dérobe la forme toujours invisible de son désir qui, étreinte après étreinte, du sens de son amour le laisse dans l'ignorance?

Ignorance et invisibilité, deux repères qui, un jour ou l'autre, font à l'homme lâcher prise de la femme, parce qu'à leur tour, pour l'homme, elles font affleurer ses pulsions de mort insupportables au narcissisme et à la cohésion masculine.

Toujours est-il que l'observation clinique et sociale en fait foi, la plupart du temps, si ce n'est toujours, en quelque chose la fréquentation de telle femme aimée et désirée tout à la fois devient à l'homme lassante, tout au moins en amour sinon en désir ou vice-versa.

Telle est la dialectique pour une femme de la rencontre du corps et du cœur conjoints dans son désir et son amour génital pour un homme et tel est son effet dans le destin des femmes :

– Soit être quittée dans la réalité des rencontres de corps, ou quittée dans la réalité des recontres de cœur, parfois même les deux, par l'homme qui au phallus symbolique à son insu l'a conviée et initiée, l'attirant en deçà et au-delà de sa réalité.

– Soit devoir quitter celui qui, au rôle de phallus partiel réel, seul l'a faite en son corps et son cœur advenir.

La femme, mue par le désir génital devenu *sa raison* et *sa déraison* de vivre, ne peut et ne désire rien savoir du phallus imaginaire qu'elle représente pour l'homme, ne veut rien savoir du fait que c'est à sa conquête qu'il est, quand il la désire, dans la réalité ou dans son imaginaire, lui qui est du phallus la représentation dans la réalité, et qui permet sa maturation libidinale et affective. Lui, qui est pour elle en sa personne, le représentant phallique de ce qui, d'elle-même, demeure quand elle perd ses références corporelles et imaginaires. C'est encore lui, présent-absent par son phallus partiel qui la fait jouir, qui l'initie au langage de femme que, sans lui, avec personne ni avec elle-même, elle ne saurait parler.

Mais l'homme qui, en son corps, a le phallus partiel voué à la génitalité, en son cœur mû à donner plus qu'à prendre, est dans son désir et son amour pour elle en quête de son dépassement, en quête lui aussi du phallus symbolique.

Or, la femme ne lui procure que le risque de lui dérober ce qu'il a, et fait reculer à mesure qu'il la connaît l'espoir de lui donner ce qu'il cherche, le secret de ce qui la rend sans pénis heureuse et sereine.

Il ne peut supporter qu'elle reçoive de lui l'initiation au phallus symbolique – que lui a-t-elle donc avec cautèle dérobé? –, admettre qu'elle n'ait pas comme lui et de la même façon, à l'unisson, le constant désir du phallus partiel narcissisant pour lui, ou du phallus dans la réalité quand elle connaît l'amour qui, par lui, la fait vivre.

Il ne peut pas admettre non plus que, restée narcissique quand elle l'est, elle n'ait pas pour son corps à lui le même culte qu'elle a pour le sien, et pour son objet partiel à lui, le pénis, le même culte que lui-même lui porte...

5

En guise de conclusion

LA DIFFÉRENCE GÉNITALE ENTRE LES HOMMES ET LES FEMMES DANS LEUR IMAGE SUBJECTIVE DE PUISSANCE RÉUNIFIÉE APRÈS LE COÏT.

L'homme

L'homme qui a éprouvé la jouissance dans le coït est réunifié narcissiquement à l'image de son corps, réconcilié avec son impuissance inter-coïtale, c'est-à-dire réconcilié avec son sexe flaxide appendu à son corps phallique.

Il peut ne pas aimer par le cœur sa partenaire. La femme, dans ce cas, est pour lui un objet imaginaire, phallique matérialisé, dont il a pris possession, un objet partiel dont il a pris possession.

La possédant sténiquement dans son corps phallique et la pénétrant phalliquement avec son pénis érigé (dent, palpe, membre pour son image statique et son image dynamique, jaillissement pour son image fonctionnelle), le corps de la femme devient pour lui un objet partiel par la possession duquel, dans le coït, il a retrouvé son intégrité, que la tension de son désir lui signalait que de quelque chose il manquait.

Il est content de lui. Si la femme donne à son partenaire les preuves, médiatisées à ses sens de perception, qu'elle a éprouvé ou simulé du plaisir au cours du coït, outre la réunification narcissique de son corps, l'homme éprouve la sensation d'un accord interpersonnel relatif au plaisir, symbolique alors d'un troisième terme : il a « fait » jouir une femme.

Il l'a « refaite » femme. Il est fier de lui.

Il peut arriver que l'homme soit jaloux du plaisir éprouvé par sa partenaire, plaisir dont il n'est pas certain qu'elle le doive à sa propre personne actuelle, mais à son expérience acquise ailleurs, et seulement répétitivement éveillée en elle. De là vient l'attirance de certains hommes pour les femmes de rien, inexistantes sans eux (Pygmalion), pour les femmes vierges qui ne peuvent les comparer à un autre, et qui, parfois, quand elles sont déflorées, surtout si c'est la difficulté d'y arriver qui les excitait, ne sont plus que des objets cassés qu'ils rejettent, représentantes à leur place de leur castration qu'ils continuent de nier, tout en la provoquant. De là aussi vient l'attirance de certains hommes pour des femmes frigides avec tous les hommes, ou qui doivent se dire telles, et les fait « s'acharner », comme le disait l'un d'entre eux, vers un plaisir alors prometteur pour eux d'une plus-value phallique.

Bref, cette électivité pour le troisième terme qui est le plaisir qu'au lieu de donner à la femme l'homme prend pour soi seul, me paraît plaider en faveur d'une castration symbolique de plaisir passif anal, non résolue à l'époque de son enfance, ou d'une image du corps de l'époque du stade anal actif non abandonné.

Il est probable qu'à l'époque de la pose des forces génitales conflictuelles œdipiennes, la rencontre émotionnelle du père dans une scène de séduction rivale de la mère a fait fantasmer au garçon une scène primitive, vécue dans la non-acceptation pour lui de la valeur de la femme et de son vagin féminin – rival ridicule, mais combien dangereux et triomphant quand, dans la parturition, la femme met au monde un bébé, chair de sa chair, qui la gratifie et qu'elle nourrit avec un plaisir que l'homme ne pourra pas connaître.

Pour de tels petits garçons qui ne font pas facilement le deuil de la sollicitude de leur mère qu'il leur faut partager avec des puinés, ce n'est pas seulement le pénis, incapable de mettre au monde un enfant, mais c'est l'issue ano-rectale du garçon, dans la compétition engagée avec sa mère, qui essaye son pouvoir passif attractif sur le père. Chez de tels anciens petits garçons, des coïts avec des femmes extra-conjugales à l'époque génitale adulte doivent alors, par la gratification de puissance anale liée au plaisir non fécond, compenser chez eux la blessure narcissique qu'est pour eux le fait d'avoir donné des enfants à sa femme légitime, des enfants rivaux dans son amour d'elle pour lui.

Lorsque des hommes sont restés marqués de l'angoisse de castration anale mortifère (patente chez les obsédés et les homosexuels), lorsqu'ils avaient appris que c'est du ventre des femmes que sortent des enfants vivants, dont elles ont reçu le germe par l'homme, mais que ce n'est jamais du corps des hommes que les enfants peuvent naître, ils désirent alors des femmes, frigides ou non, peu importe – d'ailleurs si elles ne le sont pas, elles le deviendront avec eux –, qui leur servent de fétiche du trou fécond, rectal ou vaginal, c'est pour eux assez confus. Et ces femmes fétiches, ils se les adornent, même par les liens du mariage, afin d'avoir des droits sur elles, et sur leurs enfants, mais non pour être heureux avec elles et les rendre heureuses.

Ils aiment aussi épouser une femme divorcée avec enfants, pour jouer au père légitime avec ceux-ci, surtout si c'est un garçon, et ainsi le soustraire par l'influence qu'il prend sur lui, à sa relation à son père légal. Dans d'autres cas, ce même genre d'hommes « font » un enfant à une femme pour le rapter légalement et, le confiant à leur propre lignée maternelle ou paternelle, guérir ainsi leur blessure narcissique qui demeure de leur fixation homosexuelle à leur père qu'ils n'ont pas réussi à séduire, ou de la fixation orale, anale ou urétrale à leur mère.

Voici survolé, si je peux dire, tout ce qui est subjectif à un homme dans son désir pour une femme, joué pour rendre la rencontre dans le coït narcissiquement valable pour lui, indépendamment de toute rencontre émotionnelle interpersonnelle, et qui fait que *pour un homme tout coït physiquement réussi quant à lui, quel que soit le plaisir ou les conséquences pour la femme, est une confirmation phallique qui le narcissise.*

On peut même aller jusqu'à dire que toute pénétration pénienne d'un corps, masculin, féminin ou animal, par une issue du corps du partenaire, est à l'origine du fait que tout garçon érotisé, se projetant dans ce corps de n'importe quel autre, jouant à la fois le rôle d'homme et de femme, de passif et d'actif, peut éprouver le sentiment d'un triomphe quand le coït pour lui a réussi. Il se sent bien dans sa peau, après l'acte, en ne s'embarrassant guère du ressenti de l'autre, et si l'autre aussi a eu son plaisir.

Il m'a paru indispensable d'éclairer par cette rapide étude la subjectivité masculine liée au fait seul d'une érection sténique, de la pénétration et de la décharge. *C'est une sorte de masturbation par objet interposé, qui lui apporte toujours un sentiment de bien-être.* Nous comprendrons mieux ainsi ce qui fait l'originalité de la subjectivité féminine.

La femme

Pour que le désir apparaisse dans la zone génitale de la femme, conformément aux nécessités fonctionnelles du pénis, c'est-à-dire qu'elle soit pénétrable, il est nécessaire que sa caractéristique de fille ait été bien accueillie par ses parents à sa naissance, et que l'époque orale de son enfance, y compris le sevrage, se soit bien passée; si elle était restée négative ou revendiquante à l'objet partiel phallique maternel (le sein), elle risquerait d'infliger à l'homme dans le coït, par l'investissement oral de son vagin, un danger de mutilation pénienne.

Il faut aussi que son vagin ait été valorisé à l'époque du deuil de l'enfant anal magique qu'elle croyait les bébés être pour les femmes, afin de parer au danger du viol qu'elle risque de subir par son investissement vaginal qui, tel un anus, serait habité par une dynamique phallique centrifuge par rapport à l'objet partiel.

Il faut donc que le désir chez la femme soit indifférent quant à son vagin, qu'elle ne l'ait pas investi du tout, ni en actif, ni en passif, qu'elle l'ignore tout simplement, ou qu'il soit le siège d'un appel attractif pour un pénis centripète, valable en tant que plus puissant que les options destructrices dont elle pourrait se sentir habitée.

Mais son ouverture orbiculaire vulvo-vaginale peut être aussi investie passivement de libido anale. Dans ce cas, elle n'éprouve pas de désir, ni de répulsion. Elle se laisse faire par l'homme. Dans ce cas, la femme peut se faire subjectivement une image unifiée, phallique, de sa personne et d'un sexe qui, en réalité, dans sa subjectivité, est un ano-rectal disponible pour un objet partiel à ressemblance fécale.

Mais il faut alors que sa personne phallique ait été par elle investie de narcissisme, afin de rivaliser avec les femmes séductrices pour attirer l'homme à distance, ce qui lui apporte une jouissance de triomphe sur ces autres femmes.

En fait, ce sont des femmes à qui les hommes, en tant que personnes sexuelles, sont nécessaires, mais ils ne le sont que pour confirmer leur narcissisme. Leur habitus extérieur est souvent celui de la mascarade féminine, plus que de la féminité.

L'accomplissement du coït ne nécessite donc ni la véritable pose de l'Œdipe, puisque l'homme n'est pas personnalité, mais pas non plus, et moins encore sa résolution, mais seulement l'acceptation depuis l'époque prégénitale d'une suspension de la satisfaction et d'un transfert de dépendance filiale à la mère ou au père sur la dépendance à son partenaire. Dépendance qui peut s'accompagner d'une très grande ambivalence affective.

Les fantasmes de sadisme oral, portant sur le sexe du partenaire, ne sont pas nécessairement conflictuels pour elle. Ils ne le sont qu'en cas de grossesse, car le fruit étant un représentant de l'homme dans son activité phallique et sexuelle, la femme subit une culpabilité liée à une dépendance de soumission qu'elle avait à sa mère et qui l'avait empêchée d'entrer dans le conflit œdipien. Ce fait est peut-être pour quelque chose dans les vomissements de la grossesse.

Si les composantes sadiques ou masochiques se rapportant à cette période préœdipienne dominent, les périodes inter-coïtales sont pour elle occupées de maux de ventre. Les grossesses sont douloureuses, ou particulièrement revendiquantes de soins ou de prérogatives, qu'elles exigent partout pour leur état « intéressant », et les accouchements sont douloureux, à type défécatoire morbide, éclatement, viol centrifuge, mais non les coïts. Lorsque des accouchements sont psycho-pathologiques – j'en exclus les accouchements qui anatomiquement sont impossibles pour la femme –, ils sont dus aux angoisses de la parturiente dont la naissance a été pour sa mère, tout au long de son enfance, l'occasion d'en décrire les épreuves. Et comme la mère, dans les souvenirs introjectés qu'elle en a, se valorisait par la description de ses souffrances au cours de l'accouchement qui lui a donné naissance, elle ne peut faire autrement, devenant mère elle-même, que de dépasser sa mère si c'est possible, dans les souffrances catastrophiques de sa parturition qui, je le répète, n'ont au point de vue anatomique, aucune raison de l'être.

Pour qu'une femme non passée par la résolution œdipienne qui l'a rendue génitale puisse être attractive pour l'homme, il lui faut investir de libido orale et anale son corps.

Il faut qu'elle s'arrange pour être jolie, et qu'elle s'arrange pour paraître bien faite. Ça lui est indispensable pour se sentir à égalité sur le marché des femmes. Et lorsqu'elle se regarde dans le miroir, qui est son meilleur compagnon, elle aime à se plaire, s'identifiant ainsi dans ses pulsions scopiques, à un homme à qui l'image elle-même, en tant que femme, plairait.

Le fait que quelque chose de cette époque demeure chez toutes les femmes est sans doute dû à la longue rivalité impuissante à la mère, prête à se réveiller devant des femmes que les hommes sur lesquels elles jettent leur dévolu continuent de regarder.

Cet investissement apparaît dans l'intérêt accordé aux soins du corps et aux vêtements que l'homme ne connaît que peu, sauf à l'adolescence, quand il n'est pas encore assuré de sa combativité sociale, de son audace vis-à-vis des filles, de son pouvoir érectile pénétrant, bref de confiance en lui. Mais ce souci lui passe rapidement et ce sont plutôt leurs femmes, ou leurs tailleurs, ou leurs coiffeurs qui les obligent à prendre soin de leur toilette et de l'apparence qu'ils donnent.

Pour nous en convaincre, il suffit d'aller dans un salon de coiffure pour hommes et dans un salon de coiffure pour dames. Il est rare de voir un homme faire autre chose que de lire son journal, pendant que le coiffeur s'affaire sur sa tête. Côté dames, ce n'est pas la même chose. Le moindre geste du coiffeur est guetté, discuté avec lui, et elles n'en ont pas fini d'arranger les bouclettes.

C'est la même chose dans l'essayage des vêtements chez le tailleur, ou la couturière. Pour l'essayage, l'homme veut que cela aille vite. Le tailleur est content, tant mieux! il ne l'est pas, tant pis! Il en a déjà assez. Pour la femme, vous savez ce que c'est. A moins qu'elle n'ait, par revendication masculine, nié sa féminité, et qu'elle affecte allure et costume d'homme.

Une femme, si elle n'est pas centrée, son désir axé par l'intérêt de l'homme qu'elle aime ou qu'elle veut attirer, se sent veuve avant d'avoir été mariée. Elle a été veuve en effet de son père, et bréhaigne de leur enfant incestueux. Elle avait été auparavant déjà veuve de sa mère et, dans les fantasmes de la castration primaire, peut-être par elle mutilée du pénis, avec l'approbation de son conjoint. On comprend que ce qui lui reste de phallique, son corps debout, et ce qui lui a poussé avec la puberté, ses seins, soit de ses soins un objet à ne pas négliger.

Tant qu'un homme n'est pas encore lié par son désir à elle, elle éprouve en son sexe des émois que ne confirme aucun autre signe que le sang menstruel, preuve de son inféconde béance. Elle la cache par le balancement provoquant de ses hanches, par le ballonnement de ses seins, par la grâce de sa taille, où se signalise, par sa finesse soulignée ou le mystère provocant du flou des vêtements, sa disponibilité matricielle. Son visage, dont elle ornemente les issues érogènes, ses regards aguichants, ses fuites feintes, après qu'une proie masculine se soit montrée touchée à distance, sont pour elle des points gagnés qui jalonnent son itinéraire en société avant qu'elle ait découvert l'amour.

Certaines femmes peuvent être jalouses de toutes les femmes qui, avant elles, ont attiré l'homme à les désirer, ou qui les intéressent lorsque, se promenant avec un homme, elles le voient lorgner des silhouettes de femmes. Elles veulent l'exclusivité de sa personne, de son sexe, de sa valeur sociale, de sa puissance anale, de son admiration, de sa fécondité. Bref, de tout ce qui pour elles a valeur phallique.

C'est probablement pour cette raison qu'elles déclarent les hommes égoïstes, même ceux qui ne le sont pas. Lorsque leur désir n'est encore que vulvo-vaginal, il est référé à la libido narcissique orale et anale, et de ce fait, est inconsciemment castrateur, mettons même mutilateur, du pénis, rapteur de son jaillissement spermatique, adorneur d'enfant fétiche, promis comme bonne denrée à regarder, à peloter, à manger de baisers. Enfant beau et bien fait, et toujours plus ou moins transfert de son narcissisme sur ses ballons mamellaires, bien pleins, ou fétiche d'un ballon vésical bien turgescent, qui lui produit aux heures qu'elle exige de bonnes denrées excrémentielles, choses bien moulées, objets partiels féconds qu'elle lui interdit de garder pour lui, et de livrer quand bon lui semble.

Ces nourrissons, ces enfants doivent être bien propres aussi, bien moulés, bien polis, bien sages, bien perroquets et honorant leur contenance palpante extrapolée de l'utéro-rectal.

Ces femmes vulvo-vaginales, fillettes grandies restées frustrées de n'avoir pu plaire à leur père, s'imaginant ou ayant véritablement éprouvé qu'il ne les aimait pas, parce qu'elles n'étaient pas des garçons, et cependant ayant assez aimé leur mère pour vouloir s'identifier à elle, sont des femmes jamais satisfaites; bien que ne voulant pas lâcher leur homme, elles le jugent un conjoint odieux, incapable de comprendre les « sacrifices » qu'elles font à leur « intérieur » et à leurs enfants, qui ne peuvent en cherchant leur autonomie à coup de troubles de caractère, que leur paraître ce qu'elles les induisent à être, des excréments (*bâtons merdeux*). Tout ceci se vit à distance émotionnelle des personnes de leur partenaire ou mari et de leurs enfants.

A ceux-ci, au lieu de les reconnaître dans leur personnalité, lorsqu'elles veulent obtenir d'eux, lorsqu'ils sont plus grands, ce qu'elles en attendent, elles donnent comme exemple les enfants des autres (regarde les fils Untel, regarde les filles Untel...), qui ont, à son idée, toutes les perfections. Quant à son conjoint, elle lui donne en exemple le comportement d'un autre homme à l'égard de sa femme : « C'est pas lui, qui ferait ça à sa femme! Regarde comme il s'occupe d'elle », etc.

Quand je disais qu'elles étaient restées dans un désir oral revendiquant de mutilation phallique, en fait elles sont casse-pieds. Sans cesse occupées de ceux qui les entourent, du fait de leur insatisfaction permanente, elles leur refusent la liberté de mouvement et d'initiative par laquelle le génie proprement sexuel prégénital d'un enfant, fille ou garçon, et le génie masculin d'un homme, se manifestent lorsqu'ils sont authentiquement génitaux et authentiquement couplés à leur mère ou femme, dans un sentiment de liberté à son égard.

Ces caractéristiques vulvo-vaginales de la libido, c'est-à-dire génitale en son début et qui en sont restés là chez ces femmes narcissiques, dont je fais un tableau à peine caricatural, sont différentes chez l'homme, lorsqu'il est époux narcissique et père narcissique. Cela est sans doute dû au fait que sa génitalité à lui, lorsqu'elle porte fruit, ne fait qu'assister sa compagne, mais ne geste pas l'enfant. S'il instruit et forme l'enfant à la société, c'est par des corrections paternelles transitoires, violentes et castrantes, parfois destinées à le vexer, à l'humilier et, dans son narcissisme, il se sent justifié à soutenir un moi social valeureux, qui lui donne bonne conscience.

Mais il n'est pas casse-pied comme une belle-mère, sans doute parce qu'elle porte son fruit rapté à l'homme en cachette et désire le construire pour elle. Elle n'en est pas arrivée, faute de résolution œdipienne, à la notion de la sublimation génitale sans laquelle une femme n'élève, ne peut élever, un enfant pour son autonomie et son dégagement d'elle, et le donner à la société.

Vu par de telles femmes, leur conjoint ou leur partenaire sexuel devrait, tels la mère et le père réunis à l'époque orale et anale, les porter socialement, les nourrir, les vêtir, leur procurer du plaisir, les montrer en public, comme leur phallique signification, et leur laisser dominer et posséder des enfants, choses parténogénétiques, qu'elles ont conçu, accouchés, nourris, soignés possessivement, fétiches qu'ils sont de l'amour d'elle-même. Et l'homme devrait en cela l'admirer, afin d'être leur vivant miroir, grâce auquel elle pourrait se contempler, à défaut de se sentir femme vraiment; mais en échange, elles n'ont jamais de tendresse pour leur homme et, quoi qu'il leur donne, en réponse à leur demande ou gratuitement, ce n'est jamais cela qu'elles auraient désiré.

De telles femmes ne sont pas toujours frigides, elles éprouvent des orgasmes nymphomanes, de style masturbatoire clitoridien, généralement, et camouflé avec le morceau de corps que l'homme met à leur disposition, surtout si elles rencontrent des hommes qui désirent des femmes-enfants, à plaisir clitorido-vulvaire et cutané diffus sur tout le corps.

Elles jouissent aussi en particulier de leurs mamelons, dont la masturbation dans l'enfance est liée à celle du clitoris et à des émois fantasmés sado-masochistes. Ce sont des femmes ou passives ou masochiques sexuelles, totalement dépendantes en échange/troc de leur totale ou relative impuissance phallique industrieuse et surtout sociale. Elles ont en société des sentiments d'infériorité térébrants. Lorsqu'une frustration s'ajoute à leur habitus frustré, elles ont immédiatement des réactions psychosomatiques, dont tout le monde doit être au courant.

Souffrir, être malade, à leurs yeux, surcompense un peu leur sentiment d'infériorité. Ce qui paraît étrange à l'observateur, c'est de voir la tolérance que les hommes ont à l'égard de ces femmes. Alors qu'une femme qui a investi son vagin d'une façon génitale et qui, de ce fait, a traversé l'angoisse de viol au moment du complexe d'Œdipe, peut provoquer dans le désir un homme à l'abattre, celle-ci qui en aurait tant besoin, tombe sur des hommes, comme on dit, qui se laissent manipuler à les soigner en douce, mais à leur laisser continuer le cirque délétère pour le foyer et pour les enfants.

Il arrive qu'elles soient frigides avec leur conjoint, socialement gratifiant, mais c'est lorsqu'elles ont des raisons de penser que leur jouissance serait gratifiante pour l'homme. Elles ne le sont pas avec leurs amants, auxquels elles prennent du plaisir dans le coït, en compensation de la puissance phallique, argent ou enfants, qu'elles ne lui soutirent pas. Bref, leurs relations endogènes à leur mari sont ambivalentes, agressives émotionnelles, et passives corporelles; ou passives émotionnelles et agressives corporelles, si la zone érogène pénienne du mari est fétichiquement élue et, plus encore, si la dépendance sociale a permis le transfert à son égard d'une dépendance économique satisfaisante, comme d'une petite fille dont papa-maman garnissent le porte-monnaie et entretiennent la garde-robe.

J'ajoute que ces femmes, quel que soit leur milieu social et culturel, d'ailleurs, ont fort peu d'intérêts culturels, sociaux ou politiques, dans le sens large du terme. Elles n'ont jamais le temps, disent-elles comme excuse. En fait, elles n'ont pas d'autre désir que de s'occuper dans le concret de surcompenser ce qui leur manque là, immédiatement, dans les choses qu'elles peuvent prendre matériellement et toucher matériellement. Bref, elles se sont arrêtées avant le complexe d'Œdipe et n'en sortent pas de leur retard affectif.

C'est assez surprenant de voir la vie émotionnelle et sexuelle des humains de notre civilisation française, de plus en plus arrêtée avant la résolution de l'Œdipe, ou régressée à ce stade (après une tentative d'escapade à deux, la fugue ratée du voyage de noces).

La situation œdipienne est, chez l'adulte, déplacée des géniteurs tabous et périmés sur des contemporains, patrons ou supérieurs, en réussite sociale ou sexuelle. C'est le style courant des relations affectives dans la société. Cette situation œdipienne continuellement remise en question avec des pions guignolesquement variés, alterne avec (ou s'intrique à) une sexualité érotisable à n'importe quel contact, érotisation sans référence à la personne possédant le corps qui ébranle et suscite le désir et à la persistance confiante ou non de relations passionnelles prégénitales avec les géniteurs, les grands-parents des enfants, ou les beaux-parents, les collatéraux et les engendrés, et avec les contemporains des deux sexes.

C'est bien là, à tous les âges, dans ces familles ou dans ces groupes sociaux, toute l'instabilité de la vie sexuelle, de style répétitif, œdipien, où l'individu, homme ou femme, se sent toujours menacé de castration, fantasme valorisant pour l'homme, puisqu'il lui prouve que, pour les autres, il paraît puissant, si de cela il n'est pas convaincu, qu'il soit menaçant pour toute femme (fantasme de viol).

Dans la vie conjugale, il semble nécessaire qu'existe le piment d'une présence implicite, cachée, ou explicite, d'un ou d'une rivale qui menace le couple. Cette situation de vaudeville entretient l'infantilisme libidinal des couples et augmente les ventes de la dite presse du cœur.

C'est cette intrication de relations d'objets œdipiens qui fait le style érotique soi-disant génital de notre culture; je dis soi-disant génital, parce qu'il n'y a pas de génital, en fait, que la zone érogène de chacun. Il semble que les conditions d'une actualisation de la situation de transfert pré-œdipien ou œdipien, chez l'adulte, soit nécessaire et suffisante à l'obtention de volupté orgastique dans une décharge nerveuse physiologique réconfortante et narcissisante pour l'homme, parfois aussi pour la femme; mais parfois aussi, pour elle inutile, si elle s'estime suffisamment valorisée par sa possessivité légale et revendiquante de ses droits à l'égard de la liberté d'option et d'action de l'homme, et par ses droits sur ses enfants fétiches phalliques, au service de ses désirs encore infantiles homosexuels, conscients ou inconscients.

Elle veut à leur égard avoir, bien au-delà de l'âge où ses enfants devraient la supporter, une relation de maître à eux, ses esclaves, et en même temps ses objets de projection de son désir, tour à tour homosexuel ou hétérosexuel par rapport à ces jeunes gens et jeunes filles.

Ces conditions parfois exclusivement narcissiques et suffisantes pour une vie hétérosexuelle manifeste chez l'homme et chez la femme nous montrent que, dans le contexte social de notre civilisation et quel que soit le niveau social et le statut économique des gens observés, le fonctionnement génital dans le coït et dans ses corollaires émotionnels narcissiques et ses conséquences sociales (maintenance du couple, si on peut appeler ça le couple) peuvent exister.

La maturité physiologique étant atteinte pour le corps, en dépit d'une relative résolution œdipienne chez l'homme et d'une absence totale de résolution œdipienne chez la femme, les gens *se croient* amants, amoureux, se désirant et s'aimant, les familles, bien que clastiques à l'intérieur de leurs murs sont jugées comme des familles honnêtes et bien françaises...

Quant aux liaisons homosexuelles entre contemporains adultes d'âge, conscientes ou inconscientes, il faut bien dire que celles qui sont conscientes et assumées, émotionnellement et érotiquement, impliquent souvent davantage les deux personnes humaines et les deux sexes des éléments du couple, et de ce fait portent des fruits symboliques culturels plus valables que ne le sont les fruits, les enfants et les œuvres, des relations hétérosexuelles courantes.

C'est peut-être parce que, à ce niveau général de l'évolution libidinale, où la situation œdipienne inconsciente est partout valorisée dans les romans, le théâtre, la vie, le fait d'affirmer en l'assumant une option sexuelle en opposition au consensus social (pour lequel la mascarade des corps apparemment couplés selon leur sexe complémentaire suffit à rassurer le bon peuple), c'est peut-être parce que la non-fécondité génitale (cette triste ou fatale fécondité subie jusqu'à présent tout au moins, et qui dédouane, si j'ose dire, les unions inpersonnelles et intersexuelles les moins valables oralement, analement, génitalement), pousse deux personnes du même sexe qui s'entre-aiment sans fécondité corporelle possible, à créer trinitairement, à donner la vie à une œuvre, à se donner l'un à l'autre joie. Bref, *à porter un fruit sur un plan symbolique,* qui est génitalement conçu de façon souvent plus authentique que bien des enfants de chair nés de coïts rapaces, indifférents ou sado-masochistes (avec ou sans orgasme).

Quoi qu'il en soit, il faut retenir :

1° Que les orgasmes clitoridiens, vulvaires et vaginaux ne sont pas du tout signifiants de l'accès à une libido génitale de la femme, mais seulement d'un investissement narcissique oral et anal déculpabilisé des voies génitales du sujet féminin observé.

2° Que la fixation érotique à une personne de l'autre sexe n'est pas en elle-même signifiante d'un amour génital au sens émotionnel du terme, que l'intérêt émotionnel à la progéniture n'est pas un signe en lui-même d'un amour objectal génétique de style génital, que toutes ces fixations érotiques ou émotionnelles peuvent n'être que narcissiques et qu'à notre connaissance elles sont, dans notre société, presque toujours organisées *par* ou *pour* le narcissisme, du fait de l'absence presque totale d'éducation sexuelle et d'exemples trop rares du sens génital de la structure du couple que forment les parents, pris par les enfants comme modèles.

Le sens de la paternité est à peu près perdu dans notre société. Si les garçons y étaient éduqués, conjointement à l'éducation des filles et à la maturation de leur génitalité théoriquement possible depuis les moyens anticonceptionnels, peut-être notre société occidentale retrouverait-elle son équilibre émotionnel, et peut-être que jeunes gens et jeunes filles aborderaient l'adolescence ayant totalement rompu avec des fixations au stade précoce de la libido, en n'ayant résolu ni la dépendance aux parents, ni l'ambivalence à l'égard des deux sexes et le sentiment de frustration qui en découle, accompagné d'une angoisse constamment latente de castration et de viol [1].

CARACTÉRISTIQUES DE L'AMOUR GÉNITAL DE LA FEMME.

L'amour d'une femme pour l'homme qui l'a fécondée ou non, mais avec qui elle est liée par le désir et l'amour, ne s'éprouve

1. Il n'est pas certain que sans éducation sexuelle génitale des garçons et des filles la plus grande liberté donnée aux filles de n'être plus les victimes des hommes qui les rendaient mères avant qu'elles se connaissent encore comme femmes change ce tableau social. Je le souhaite vivement, mais je crains que ce qu'on appelle aujourd'hui les enfants désirés, c'est-à-dire ceux qu'on laissera naître, ne soient que des enfants qui répondent à un besoin pour des femmes qui s'ennuient ou qui ont besoin de cette confirmation phallique.

pas pour elle au sentiment de culpabilité qu'elle aurait à le tromper (qui relève toujours de l'angoisse de castration et de viol), mais au sens qu'elle donne à consacrer ses forces à l'épanouissement de l'œuvre culturelle de l'homme qu'elle aime et de ses enfants, et dès qu'elle en a la liberté, à son épanouissement propre. J'ajoute que les enfants de cet homme, elle s'en occupe aussi bien qu'ils soient conçus par une autre femme ou par elle.

Le désir et l'amour d'une femme qui a atteint ce niveau de maturité prend son sens indépendamment de l'aisance matérielle que cet homme lui procure, et son attachement à lui n'est pas diminué par l'éloignement dans l'espace. La bonne entente émotionnelle qu'elle éprouve en son cœur, avec cet homme perdure, qu'il soit présent ou absent, médiatisée et créatrice dans toutes les formes langagières, entre elle et l'homme, et dans celles qu'elle entretient avec les adultes des deux sexes qui l'entourent, et qu'éventuellement, il lui arrive de désirer, mais non pas à la fois d'aimer et de désirer, car c'est son homme qui focalise ces deux valeurs.

Ce mode d'amour génital n'est pas nécessairement ressenti pour un homme avec qui les coïts sont orgasmiques, et toujours superlatifs, ni pour un homme qui a l'exclusivité de lui procurer des orgasmes. La qualité de sa valeur subjective phallique vient du désir dans l'émotion toujours renouvelée qu'elle a de se donner à celui qu'elle aime, et non du plaisir local qu'elle en éprouve.

Dans son attitude avec ses enfants, l'amour maternel qu'elle leur porte, si la femme est génitale au niveau de sa libido, elle le porte narcissiquement de façon excentrée, hors d'elle-même, au témoignage que l'enfant représente de la personne du géniteur de ses enfants tout au long de leur éducation, qu'elle reste elle-même ou non couplée dans son sexe au sexe de leur père.

Elle ne joue pas à prévaloir elle-même sur le père dans le cœur de ses enfants, ni à faire prévaloir un second ou un troisième compagnon de sa vie sexuelle. Cet amour maternel, elle le porte à chacun de ses enfants qui grandissent à ses côtés, à leur personne originale et respectée comme telle. Elle les suscite à l'expression émotionnelle qui est la leur, et non pas calquée sur la sienne, à l'expression sociale valable pour eux de leurs libres options créatrices intrinsèques, heureuse de leur bonheur, même s'il doit les éloigner spatialement d'elle. Heureuse si leurs options esthétiques ou éthiques sont différentes des siennes.

Lorsque leurs enfants se choisissent des compagnons de plaisir ou des compagnons sexuels, elles ne jouent pas les prophètes de malheur, ni ne cherchent à les retenir par des sentiments de culpabilité vis-à-vis d'elle.

En fait, tout ceci n'est pas par grandeur d'âme, c'est simplement parce que leur libido a atteint le niveau des pulsions génitales authentiques, et que leurs pulsions archaïques et les pulsions génitales qui ne sont pas toutes dans le corps à corps satisfaites trouvent à se sublimer dans des activités qui leur apportent plaisir et en même temps sont utiles à la société.

Devenues grand-mères, elles sont heureuses de leur descendance et capables de donner à leurs enfants et petits-enfants une aide qui ne leur semble pas un sacrifice, en même temps qu'elles ne cherchent pas à prendre dans le cœur de leurs petits-enfants la place de leur mère ou de leur grand-mère de l'autre lignée.

Bref, en toutes choses, et sans effort parce que cela correspond au génie sexuel d'une femme génitale, elles sont selon leurs moyens et au jour le jour, au service de la vie, et particulièrement de celle des humains, tant dans sa réalité quotidienne que dans son aspect symbolique.

A la différence de l'homme, fréquemment polygame (j'ai étudié dans le chapitre précédent les causes qui m'en paraissent prudentielles dans son économie libidinale), la femme génitale n'éprouve pas la nécessité de coïts fréquents et spectaculaires pour être narcissisée. Passé ce moment d'intimité dans lequel son corps et le corps de son partenaire ne font qu'un et son désir et son amour se ressourcent, la femme se retrouve appauvrie si son cœur n'est pas épris de l'homme qu'elle désire. Le coït en lui-même ne lui suffit pas.

Ce qu'elle désire est inaccessible, comme l'est son propre lieu de plaisir, dont l'ouverture et les profondeurs ne peuvent jamais, dans leur don maximum, signifier l'immense puissance qui dans l'amour la bouleverse, au sens propre du terme, parce qu'il la déréalise avec volupté. La pensée de l'aimé réveille toujours en elle l'épreuve de son impuissant amour, car elle n'a encore à ses yeux, jamais rien su lui donner, à part ses forces, ses enfants, en échange du fait d'avoir pour elle, femme, un homme vrai et non pas un rêve à aimer en silence, peut-être même à son insu, d'en être entièrement sensée, bonheur qui la tient vivante et féconde dans tous les instants de sa vie, dans ses plus humbles occupations, des soins de son corps aux soins des enfants, en passant par les soins du foyer, qui deviendraient stérilement obsessionnels si lui, celui qu'elle aime, ne leur donnait leur sens au-delà des sens.

C'est pourquoi, dans beaucoup de civilisations, les vierges et les veuves transfèrent leur amour, sans rien refouler, sur la personne symbolique d'un Dieu. Peut-être est-il frangé d'imaginaire. En donnant pour lui des soins attentifs à une œuvre dont elles sont les gestantes et les gardiennes légales, elles se sentent gratifiées et n'éprouvent pas le sentiment de frustration que l'on voit à tant de veuves qui n'ont pas atteint le niveau génital, et à tant de femmes qui pourtant ont partenaire et satisfaction sexuelle.

C'est ce don d'elles-mêmes qui confère à certaines d'entre elles un rayonnement particulier et confirme que la dialectique génitale porte son fruit hors des corps présents dans leur existence temporo-spatiale, quand la femme qui désire et aime ne peut rencontrer physiquement celui qu'elle aime. Lorsque dans une œuvre, ces femmes adultes consacrent leur génitalité, elles obéissent aux lois de la dialectique génitale, car elle est symbolique de leur don du cœur, dans un au-delà d'œuvre de chair qui y est symboliquement incluse.

En fait, elles ne refoulent pas leur libido, elles la transfèrent sur une œuvre et leurs pulsions y trouvent à se satisfaire.

Cette pseudo-oblativité du stade génital qui, aux yeux des témoins, paraît une authentique oblativité dans le sens de désintéressement, parce qu'elles sont des êtres de dévouement, est en fait la preuve que la dialectique génitale (toujours de nature libidinale érogène, symbolique, même dans les amours entre deux humains, là présents dans leur corps) porte son fruit qui, lui-même, portera des fruits, et ainsi de suite. Elles font œuvre de vie.

Cette puissance d'effectif dévouement, lui aussi chaste et soumis aux règles qui le délimitent, est bien un érotisme génital sublimé. Certaines de ces femmes, dont la maturité génitale est à la source de leur activité sociale et lorsque celle-ci leur donne pour mission de s'occuper des jeunes, ont un impact vitalisant et créatif sur ceux qui la prennent pour modèle, pour Moi Idéal momentané de leur évolution. Il y en a, parmi ces femmes qui s'occupent de jeunes, des stériles symboliques, certainement, mais y en a-t-il plus que chez les femmes charnellement mères?

Quant aux femmes fidèles et heureuses dans leur couple (et non masochiques), ce qui fait leur joie, indissociable de leur option totale pour leur conjoint, c'est d'éprouver à travers les épreuves de la vie quotidienne combien elles leur paraissent négligeables, à côté du plaisir qu'elles ont trouvé, et qu'elles trouvent encore à donner leur intelligence, leur force, leur cœur, à des manifestations symboliques socialisées plus durables que leur caduque personne et qui, tels les enfants de leur chair pour les épouses des hommes, ont plus de droit à la vie que leur propre personne, et combien le soin apporté à la conservation, à l'entretien, de ces œuvres dont elles s'occupent a plus de valeur éthique que celui de leur propre conservation.

SI CE N'EST NI L'ORGANE MÂLE, NI L'ORGASME QUI SONT RECHERCHÉS EN EUX-MÊMES, QUEL EST DONC LE MODE DE SATISFACTION GÉNITALE SPÉCIFIQUEMENT FÉMININ?

Cette question mérite d'être posée. Ne serait-ce pas l'effusion transposée de son sexe béant appelant le phallus, signifiant par son jaillissement spermatique une fécondité qu'elle ne désire que si l'homme à qui elle s'est donnée la désire? Cette effusion s'exprime alors dans *le don* qu'elle lui fait de son corps et de ses forces, jusque dans le renoncement éventuel à sa fécondité somatique, pour être son épouse, identifiée avec l'éclat de sa carrière, qui pour cet homme est son œuvre majeure et son but à lui, sa réussite matérielle, affective et sociale.

Pour peu qu'une femme accède, au-delà de l'apparence phallique des corps, à l'immanence émotionnelle de la réalité de son sexe, elle se comprend réflexivement moins qu'elle ne comprend l'homme; mais ici encore, comme au moment de la masturbation clitoridienne dont elle s'est détachée, lui trouvant peu d'intérêt, c'est une blessure narcissique pour son intelligence qui cherche, comme celle de l'homme, la logique et la raison en s'appuyant sur des mécanismes dérivés des sublimations prégénitales et phalliques.

Toutes ces motivations authentiques et dynamiques sont sexuelles, bien entendu. Et son sexe, alors qu'elle le ressent en son tréfonds, quoi qu'elle dise de ses options, il lui reste intangible, inapparent, invisible, polymorphe dans ses sensations érotiques – des plus verbalisables et des plus localisables dans la périphérie et les fonctions de son corps, aux plus ineffables et aux plus diffuses dans l'intimité de son corps interne et dans toute sa personne, et même au-delà de ses limites temporelles et spatiales, donc au plus déraisonnable –, sans que cela soit pour la surprendre.

Ce sexe qu'elle assume depuis son enfance sans discontinuer, et qui est pour elle une source permanente d'émois inconditionnés, sexe formellement abscons hors la dialectique de la fécondité, tellement hors de proportion entre les émois qu'elle promet et ceux qu'elle tient, que les mères en confondent innocemment, dans la révélation qu'elles font de son usage matriciel, le viscère utérus et le viscère cœur, tellement plus honorable, peut-être, mais peut-être aussi tellement plus vraisemblable.

Quant à la fécondité, j'allais dire à la fertilité de sa sexualité de tous les niveaux des pulsions, elle aussi est valoriellement inappréciable du point de vue des corps, et même des cœurs, quand il s'agit d'êtres humains essentiellement éthiques et dont alors le sens est dans le sens du fruit que portera leur fruit, le sens génétique sublimé, et non dans l'enfantement formel ni dans les soins puériculteurs et éducatifs qu'elles sont justifiées de leur prodiguer, ni dans les performances spectaculaires désirées de l'éthique phallique érectile, ni dans la réussite sociale dérivée de l'esthétique anale et qui peuvent quelque temps les flatter.

Leurs souffrances et leurs bonheurs sont inappréciables, incommunicables, incompréhensibles, et pourtant source permanente et prévalente, à cause de leur joie d'aimer.

Mais, dans tout cela, il n'est question que de psychologie génitale saine. Une femme saine, qu'est-ce donc?

LE DEUIL DU FRUIT VIVANT DE L'AMOUR SYMBOLISÉ PAR L'ENFANT : RÉVEIL DE LA CASTRATION, DE SON ANGOISSE, ET RAZ DE MARÉE DES PULSIONS DE MORT.

La mort de son enfant, surtout s'il est l'enfant de l'homme qu'elle aime, est la pire épreuve pour une femme, et cela quel que soit l'âge de cet enfant. Épreuve terrible, dramatique, qui lui demande pour rester vivante et génitalement aimante, tant dans sa personne que dans son sexe, le plus grand sacrifice. Il lui faut passer d'abord l'épreuve des sentiments de culpabilité, découlant de son surmoi génétique, toujours narcissique. L'avait-elle bien soigné, s'il est petit? L'avait-elle bien armé pour la vie, était-elle assez donnée à sa maternité, ne l'a-t-elle pas contaminé de ses idéaux à elle, au lieu de lui permettre de lui échapper plus vite, et ainsi d'éviter ce qui, pour sa personne phallique, est un abandon de poste, la mort?

Ce poste, la femme se trouve être, en sentinelle auprès de lui, à la frontière entre les pulsions de vie et les pulsions de mort, celle qui introduit à l'agressivité au service de la maintenance et de la croissance du corps de son enfant, celle qui introduit au respect de la morphologie phallique des êtres vivants, que nul n'est en droit de détruire inutilement.

La mort de qui elle aime met toujours la femme en question; mais la mort d'un enfant, fille ou garçon, c'est plus, c'est la disparition, peut-être la ruine du sens symbolique qu'elle avait donné à sa vie, en même temps qu'elle avait donné à cet enfant la vie. C'est aussi le deuil de son narcissisme excentré sur l'enfant qui rencontre dans cette épreuve l'expression de la douleur de son conjoint.

Il réagit souvent complètement différemment d'elle à sa souffrance.

Elle rencontre la douleur des autres membres de la famille, parfois leur indifférence, quelquefois chez les frères et sœurs l'absence de peine, sinon la réjouissance (un rival en moins).

Que d'épreuves, d'impuissance et de solitude!

C'est encore, et surtout, la tentation narcissique des pulsions de mort auxquelles la femme est beaucoup plus que l'homme soumise, surtout si elle est sexuellement évoluée, c'est-à-dire dégagée dans ses options génitales du narcissisme phallique de sa personne pour elle-même.

C'est la tension narcissique de fuir dans les fantasmes, dans la magie, dans tout ce qui la relierait imaginairement à cet enfant devenu son membre manquant, niant sa réalité à elle dans son existence temporo-spatiale qui semble n'avoir plus aucun sens.

Et son conjoint là, qui souffre, elle ne peut pas, elle ne sait pas l'aider. A quoi sert-elle donc? Et personne, là, qui pourrait lui faire comprendre qu'une épreuve pareille peut être dépassée.

C'est enfin, et peut-être salutairement, l'agressivité rémanente contre la nature, mère inhumaine, déplacée sur les dieux, ou Dieu pour les monothéistes, ce Dieu recours materno-paternel, aujourd'hui impuissant ou entité pré-œdipienne jalouse, vengeresse.

Comment, s'il existe, peut-il permettre que la vie d'un jeune s'arrête avant qu'elle, la vieille, soit morte? Comment peut-il permettre qu'une créature faite pour la vie soit coupée dans sa fleur?

Et, pire encore, lorsqu'elle pense à son enfant dans la froideur de la terre où on l'a mis, elle sent alors les forces de révolte et de haine. Aucun hurlement qui sortirait de sa gorge ne pourrait soulager la douleur qu'elle ressent, pire qu'une éviscération que, dans son enfance, elle avait imaginée comme quelque chose d'affreux, mais qu'aujourd'hui, dans la réalité symbolique de son corps elle vit dans l'amour qu'elle voudrait assez fort pour redonner sa vie charnelle à l'être humain, son enfant, qui a cessé de vivre.

La seule attitude pour une femme qui voit là, autour d'elle, les siens, les petits qui quémandent son attention, son époux qui a besoin d'elle, est l'acceptation renouvelée tous les jours, à chaque réveil, de l'angoisse de castration primaire qui, narcissiquement, s'est réveillée en elle et s'est décuplée dans sa force de s'être articulée à la souffrance de mère à la mort de son enfant réel.

Cet événement qui concerne une possession imaginaire, qu'elle avait illusoirement crue réelle, c'est ainsi qu'elle tourne ses pensées dans les moments de calme de son désespoir, cet événement ne signifie-t-il pas la liberté du destin qu'elle croyait avoir donné à la personne de son enfant, mais dont elle s'aperçoit aujourd'hui qu'elle ne l'avait pas vraiment donné, comme probablement tout ce qu'elle croit donner?

C'est cette dernière pensée qui l'aide au mieux à supporter l'épreuve, la mutilation, et à redonner à ceux qui l'entourent un peu du droit à retrouver rire et plaisir et joie, et à son époux les mots qui lui montreront qu'elle est toujours avec lui, par-delà son épreuve. Aucune gratification narcissique ne découle de ce travail intérieur.

L'épreuve d'un tel deuil est impensable, comme la mort, pour qui ne l'a pas connue et dépassée, car c'est en effet un peu d'elle qui est mort avec cet enfant, irremplaçable, comme tout être humain, mais qui dans les souvenirs qu'elle garde de lui, est lié à tant de joies de sa jeunesse et de son couple, qu'elle s'aperçoit alors qu'elle ne lui avait pas laissé tout emporter et qu'aujourd'hui le moment est venu, quand s'apaise un peu sa souffrance, de le lui donner, ce tout de son destin à lui.

C'est alors qu'elle peut donner à cette fille, à ce garçon, le droit à sa mort qui enfin la libère, sans pourtant jamais effacer le moment tragique de cette ultime mutation de sa génitalité en maturité.

Très semblable à la terre lorsqu'un cyclone a passé, les mois et les années voient le paysage riant se reconstituer, chez la mère qui a perdu son enfant et qui a passé cette épreuve. Son époux la retrouve joyeuse et prête à se donner à lui. Ses enfants peuvent parler du disparu, sans immédiatement assombrir son visage. Elle aussi aime à se rappeler les moments de la vie ensemble, et ses amis retrouvent en elle, plus sereine, plus détachée, la personne qu'ils connaissaient, qui a choisi le jeu du vivre, sans plus se pencher sur son malheur.

Lorsque je disais qu'elle avait été menacée par les pulsions de mort, je ne parlais pas de ce qu'on appelle communément une dépression mélancolique, ce n'est pas du tout le même tableau. Il ne s'agissait pas d'une tentation de se donner la mort, ni d'un sentiment d'indignité de continuer à vivre. Bien que, chez une femme pas encore génitale, cette tentation d'autodestruction puisse l'effleurer. Mais le plus souvent, cette castration réitérée que le destin l'a obligée à subir suscite en elle l'évolution de sa libido vers un développement génital dans la réalité et dans les sublimations qu'elle n'aurait pas connu autrement.

Peut-être sera-t-elle parmi les rares personnes qui pourront, dans une épreuve pareille, qui surviendra à d'autres, leur apporter sans mièvrerie, sans pitié pathogène, sans identification, le moyen de passer moins solitaire l'épreuve semblable à la sienne.

POUR UNE FEMME, SON DÉSIR EST-IL SIGNIFIABLE POUR ELLE-MÊME?

La femme, en tant qu'être sexué féminin, est pour l'espèce humaine un phénomène impensable.

Une femme est aussi un être humain, disait Freud. Elle juge sa propre sexualité en tant qu'être humain avec la logique boiteuse homosexuelle qu'elle garde de son enfance pré-génitale.

C'est donc grâce à sa bisexualité qu'elle peut essayer de se considérer dans son rôle génital. Ce qu'elle est pour les représentants mâles de l'espèce, elle l'est aussi pour elle-même : une créature charnellement symbole de l'intangible.

Plus elle se donne, de l'insensé plus elle parle, de l'an-éthique plus elle est morale.

Une femme ne peut que formuler ce jugement et ne peut en même temps que s'éprouver gratifiée d'être pour l'homme qu'elle désire et qu'elle aime l'absurde nécessité de son désir à lui, et la grave complice de l'incarnation du « JE », dans une rencontre qu'elle est incapable d'assumer dans la lucidité.

Notes sur la frigidité

SITUATIONS DE FRIGIDITÉ.

La frigidité est l'insensibilité génitale de la femme au cours du coït; elle ne supprime cependant pas la possibilité des rapports sexuels, mais se caractérise par une absence de désir de la femme pour le coït, l'absence des secrétions vulvo-vaginales, l'absence de plaisir sexuel et d'orgasme. Si l'on reprend tous ces points, on s'aperçoit que la frigidité totale, au sens de l'anesthésie génitale chronique, est cliniquement rare. Certains auteurs pensent même que cette dernière forme n'existe pas et que ce n'est qu'un dire de femmes ou d'hommes déçus et décidés de trancher de la sorte la question, pour des raisons psychologiques.

Un degré de plus dans la description clinique est le dégoût intense de la femme pour les rapports sexuels, dégoût souvent compensé par des orgasmes nocturnes, liés ou non à l'évocation d'un partenaire absent ou imaginaire.

Enfin, le vaginisme, obturation spasmée des muscles périvulvaires, parfois très douloureuse et qui peut survenir même à la simple évocation des rapports sexuels; le vaginisme rend l'intromission pénienne mécaniquement impossible.

On a longtemps pensé que le refus du coït était lié aux mariages forcés, en honneur dans les mœurs à divers niveaux de la société, on a pensé aussi qu'il était lié aux interdits religieux. Il faut avouer que les vieux médecins de famille, les vieux avocats, qui ont eu des confidences d'intimité conjugale depuis des lustres, pensent que la frigidité est plus fréquente de nos jours, l'impuissance masculine de même, ainsi que l'éjaculation précoce, qui était chose rare, paraît-il autrefois.

Ces dires vont dans le sens d'une compréhension des troubles de la sexualité génitale, non pas au niveau des lois régissant les échanges amoureux des adultes, certainement plus libérales de nos jours qu'autrefois, au moins légalement, même au niveau de l'éducation morale religieuse moins rigide qu'autrefois, mais plutôt dans les soubassements de la structure de la personne et dans la relation narcissique du sujet à sa propre personne, relation contradictoire à l'acceptation de ses pulsions sexuelles.

Il n'est pas exagéré de dire que près de la moitié des femmes dans nos sociétés civilisées sont totalement ou partiellement frigides; de même, presque toutes les femmes connaissent des périodes transitoires de frigidité relative ou totale, avec leur partenaire. Ce dernier type de frigidité, lorsqu'il survient au cours d'une psychanalyse engagée pour d'autres raisons, ou au cours d'observations psycho-sociales systématiques (comme celle que l'on peut faire du déroulement de la vie génitale des parents dans l'anamnèse des psychothérapies d'enfants), apporte des renseignements très intéressants à propos de la genèse de ce phénomène anaphrodisiaque transitoire.

Il arrive aux psychanalystes d'enfants de diagnostiquer ces situations conjugales des parents, secondaires ou primitives, et d'aider par l'anamnèse verbalisée la déception mutuelle de chacun des deux conjoints (séparément ou ensemble), à leur permettre de repenser, déculpabilisés et renarcissisés, leur problème conjugal érotique.

Il existe cependant des frigidités absolument bien supportées par des femmes, pour lesquelles leur appartenance, comme amante ou épouse, à un homme socialement envié, est une parure narcissique qu'elles préfèrent à un amour sexuel véritable. Il s'agit presque toujours de femmes homosexuelles passives, inconscientes ou conscientes, et à qui l'investissement narcissique de leur sexe impose la masturbation clitoridienne, liée à des fantasmes masochistes et humiliants, où joue surtout le désir de viol (et non l'angoisse) qui leur permettrait d'échapper à leur dépendance conjugale sans encourir de représailles, mais en mettant après coup le violeur en danger de castration par leur conjoint, qu'elles se chargeraient d'exciter à la revanche; la nocivité de ces femmes pour leurs filles est grande, surtout si celles-ci sont élevées au foyer, car elles seront brimées et infantilisées par leur mère, elle-même infantile.

Il existe une catégorie de femmes hystériques, à la frigidité plus ou moins totale, liée à une revendication passionnelle d'autant plus manifeste qu'elle est feinte. Elles font souffrir, mais ne souffrent pas, et les psychanalystes les voient rarement en personne; ils voient surtout leurs enfants.

Il y a aussi un type de femmes frigides qui, peu à peu, entrent dans la catégorie des dépressives chroniques, flattées dans leur narcissisme d'être des insatisfaites vertueuses et sacrifiées, redoutables mères pour former leurs fillettes, responsables de la transmission en chaîne des frigidités de mère en fille.

Enfin, le lot innombrable des frigides ou demi-frigides psychosomatiques, pour qui le corps propre est devenu le substitut pénien, le lieu de soins érotisés et socialisés actifs et passifs continuels. Ce sont les mères les moins corrosives pour leurs filles, trop occupées qu'elles sont de jouer à la poupée et au docteur avec elles-mêmes, courant de surcroît les médecins. Mais, véritables enfants abandonniques, elles peuvent s'attacher à leur fille, comme à une mère ou à une infirmière, et l'obliger, par chantage, à renoncer à leur vie sexuelle, pour se consacrer à elles ou à des besognes domestiques.

La lucidité psychanalytique d'un médecin généraliste peut stopper le mécanisme morbide, en disjoignant (par son autorité, parfois agissante au début, à travers le masochisme moral vis-à-vis de l'instance parentale transférée sur lui) le couple morbide mère-fille, où la mère n'était que passivement consentante, en soutenant le père à jouer son vrai rôle par rapport à sa fille. La déculpabilisation de la fille permet à la mère d'exprimer émotionnellement sa haine de femme frustrée et aigrie, contre la jouissance égoïste et sans charges de sa fille : l'expression de cette haine, déculpabilisée à son tour, rétablit à la fois la mère et délivre la fille.

De telles situations de frigidité (qu'on pourrait appeler « maternelles possessives ») se dénouent, parfois du moins, pour la mère, à la suite du mariage de sa fille : la mère repart dans une évolution œdipienne imaginaire sur le jeune couple, et son conjoint légal lui sert de substitut œdipien, homosexuel ou hétérosexuel. L'enfant qui naîtra dans le cadre de ce scénario mythomaniaque – le petit-fils ou la petite-fille – est en danger d'être investi fétichiquement (et non génétiquement) par de pareilles grand-mères.

Les *frigidités primaires* sont méconnues ou ignorées, bien supportées par les femmes et par leurs partenaires masculins, qui y trouvent, semble-il, des avantages secondaires, narcissiques ou sécurisants.

Une femme me raconta, pour que je lui en donne une explication (!), que lorsqu'elle était frigide – ce qui avait duré de nombreuses années après son mariage –, elle jouait à son mari pendant le coït une comédie de jouissance spectaculaire dont, paraît-il, il était dupe; après une interruption des rapports sexuels avec son mari, due à la séparation à cause de la guerre, elle eut la surprise bouleversante, au retour de son époux, d'éprouver avec lui un orgasme complet. Cet orgasme authentique étant beaucoup moins bruyant et moins spectaculaire que la comédie qu'elle lui jouait auparavant, son mari ne pouvait pas la croire satisfaite et s'en montrait déçu; si bien qu'elle se disait tiraillée entre la nécessité de faire semblant d'éprouver du plaisir, tout en ne l'ayant pas et celle d'en éprouver, tout en déprimant son mari par l'impossibilité où elle se trouvait de lui en prouver l'authenticité.

Ce sont les *frigidités secondaires* qui sont les plus connues des médecins et des gynécologues. Malgré les recherches portant sur les causes organiques, et même dans les cas où ces recherches débouchent sur des « découvertes », il est presque toujours clair que la cause psychique, émotionnelle, est le seul mécanisme qui déclenche le symptôme sexuel, quoique la cause organique peut servir de justification pour la conscience qu'en a le sujet et son entourage.

Il en est ainsi des frigidités qui apparaissent au cours d'une grossesse ou après un accouchement, à l'occasion de troubles endocriniens ou gynécologiques. Alors que tous les médecins voient un nombre considérable de femmes frigides, satisfaites ou insatisfaites de leur sort, les psychanalystes voient un nombre infime de patientes venues pour ce seul symptôme. Cependant les psychanalystes d'enfants ne voient que très rarement un enfant à soigner dont la mère n'avoue une absence habituelle d'orgasme.

Il est rare, à notre surprise, qu'au cours des entretiens avec les parents, la mère cache longtemps au médecin de son enfant sa frigidité, son dégoût, ses désirs obsédants de n'être pas satisfaite. Il est rare aussi qu'elle attribue cette épreuve à la sexualité impuissante ou insuffisante de son conjoint, mais très habituel qu'elle en situe la cause dans des interdits moraux, dans sa propre éducation ou dans les principes semblables ou contradictoires à ceux de ses parents ou de son mari.

Elles acceptent la persistance de cette situation soit au nom de l'inutilité (donc de peine superflue apportée par un traitement thérapeutique), soit par passivité caractérielle – la peur des complications qu'apporterait dans leur vie la réalisation de fantasmes adultérins, seule solution pratique envisagée, à la fois comme moyen de guérison et comme but probable d'un traitement psychologique, solution bien plus dangereuse à leurs yeux que la vertu.

En effet, il semble que la frigidité, même si elle rend certaines obligations ennuyeuses est, pour nombre de femmes, un gardien de leur vertu. L'une d'entre elles, hystérique, me disait ceci : « A la façon dont j'aime ce que j'aime, si j'aimais faire l'amour, on n'en aurait pas fini! Non, non, non, je suis bien plus tranquille comme ça! ».

Donc, plutôt qu'à un recours à la psychothérapie, après ou

sans même avoir consulté un confrère de médecine générale ou un gynécologue, après ou même sans quelques essais décevants d'infidélité à leur mari ou à leur partenaire officiel, les femmes frigides se résignent à leur sort pendant toute leur vie ou, au moins, pendant la majeure partie de leur vie d'adulte.

Les maternités répétées, les soucis sociaux et de travail servent d'exutoire à leurs tensions; seules quelques petites manifestations somatiques discrètes, compatibles avec une santé générale satisfaisante, marquent le cours de leur vie sexuelle anesthésiée.

D'autres trouvent des satisfactions érotiques corporelles solitaires, masturbations avec fantasme de viol ou travaux obsédants, camouflés en sublimations : la cuisine, le linge, le ménage les dévorent, quand ce ne sont pas les magasins, surtout dans les grandes villes. Des satisfactions venues de relations interpersonnelles intra-familiales ou non occupent une libido plus ou moins consciemment homosexuelle ou pédérastique.

On ne dira jamais assez le danger que représentent les mères ou les femmes perverses passives, que l'entourage ignore, mais qui, elles, n'ignorent pas leurs sensations génitales au cours des relations passionnelles homosexuelles ou d'activité pédagogique pédérastique, se déroulant sans explication verbale. L'enfant, lui, les perçoit et en est pertubé.

Les femmes qui ne trouvent d'exutoire ni à leur ardeur passionnelle corporelle, ni à leur vie sentimentale, dans leur besoin de prendre et de donner, de se dévouer à autrui, font alors d'authentiques refoulements, avec des réactions en chaîne dans leur propre existence ou dans celle de leur entourage. Elles forment la base de la clientèle des médecins, des chirurgiens et des ministres des cultes. Leurs transferts émotionnels sont virulents, généralement instables et ambivalents. Parmi elles, les psychanalystes voient souvent celles que leurs confrères qualifient d'obsédées et d'hystériques.

Et surtout, sachons-le, les psychanalystes voient le plus souvent leurs enfants.

Je pense aux femmes frigides, uniquement préoccupées de rivalités mesquines, de ruminations érotiques à thème majeur de jalousie obsédante, de soucis morbides concernant leurs enfants (de l'éducation desquels elles ne s'occupent pas, ou très mal), concernant leur maison, leurs subalternes, leurs amis, leurs parents, qui, tous, souffrent plus ou moins de leur mauvaise humeur et de leurs plaintes revendicatives. On peut dire que, pour le psychanalyste, la frigidité est un symptôme accessoire de nombreuses névroses de femmes qu'il soigne pour d'autres symptômes; la frigidité est aussi le symptôme déclencheur des difficultés œdipiennes chez leurs parents.

Freud écrivait, dans une lettre à Fliess : « L'anesthésie sexuelle féminine est-elle autre chose qu'une conséquence de l'impuissance masculine? »

En effet, il semble que la plupart des femmes frigides – hormis les cas de traumatismes infantiles – le sont devenues pour des raisons d'adaptation conjugale. La frigidité de sa femme est pour l'homme un gage d'innocence. « La chaste épouse » est toujours bien vue : « elle est plus mère que femme ». Plus étonnant encore, la chaste maîtresse est elle aussi très appréciée, car moins fatigante pour celui qui est en manque d'imagination érotique! Le bon amour bourgeois, comme la cuisine bourgeoise, repousse les rencontres trop pimentées.

Une maîtresse frigide est beaucoup plus sûre, une fois admise sa situation, et son attachement à l'homme est motivé par des raisons de corps, de confort, de dépendance, plus que de plaisir sexuel. Du moins, c'est ce que pensent beaucoup d'hommes, et pas spécialement ceux que l'on qualifie d'égoïstes. Que dire d'une femme ou d'un homme qui, dans son enfance, n'a jamais connu la tendresse et qui la découvre dans son compagnon de lit, d'autant plus généreux qu'il est moins exigeant sexuellement?

Mais il n'y a pas que l'impuissance, il y a aussi la monotonie! Je pense au cas d'une femme qui, au début de son mariage, avait été choisie pour son « tempérament » robuste. Depuis 16 ans de mariage, ils travaillent dans la même boutique de confection et, depuis 16 ans, tous les jours ouvrables, avec ou sans règles, il lui faut ses trois coïts par jour, comme un médicament, midi et soir. Certains jours de « presse », le mot n'est pas de moi, deux fois à midi, avant et après le repas. L'admirable femme, à l'occasion d'une consultation de son fils apathique et aboulique, demandait la recette pour éprouver plus souvent du plaisir, qui se faisait rare chez elle, quoique toujours pareil chez son mari. Quant à lui, présent aussi dans mon cabinet pendant cette confidence, il était visiblement fier de ce que je devais penser de lui. « Je m'en lasse à mon âge, dit la femme, mais mon mari croit que c'est parce que j'en cherche un autre. Croyez-moi docteur, je n'en aurais envie qu'une fois par jour, mais il ne comprend pas cela », ajouta-t-elle en minaudant.

Je pense qu'un tel rite coïtal est aussi frigidisant que l'impuissance. Le *devoir de plaisir* n'est pas dans le style féminin, parce que les prouesses spectaculaires sexuelles ne sont pas valorisées par la femme ; au contraire, les hommes valorisent les sensations intenses, depuis des mimiques bruyantes de jouissance feinte, jusqu'aux couleurs intenses, et parfois menteuses, que personne ne peut contredire.

ESQUISE DE LA CONDUITE D'UNE PSYCHOTHÉRAPIE DANS LE CAS D'UNE FEMME VENUE CONSULTER LE PSYCHANALYSTE POUR LE SYMPTÔME DOMINANT DE FRIGIDITÉ.

Questions :

– Les raisons qui l'ont amené à cette consultation.
– La motivation personnelle, ou celle d'un autre : conjoint effectif ou espéré.
– La présentation dépressive devant la conscience d'une « infirmité » réelle.
– La présentation revendicante :
  contre le conjoint
  contre ses parents et, plus spécialement, contre sa mère.
– La présentation persécutée, par le conjoint ou par l'un des enfants.

– Lorsque la névrose est la motivation consciente, ces attitudes sont des attitudes de personne phallique à l'égard de la personne de l'autre ou du sexe de l'autre.

Quand c'est la frigidité qui est la motivation, de quelle façon ces attitudes sont parlées, en terme de région sensible réceptrice, que l'on étudiera en abordant les questions concernant les événements suivants :

Périodes prégénitales :

Rôle de la mère plus apparent que celui du père, mais le comprenant toujours, dans le cadre d'un doublé avec la mère, malgré les dénégations de la consultante, même si elle soutient son indifférence totale vis-à-vis du père, pendant sa première enfance.

– Souvenirs personnels (ou qu'on lui a racontés), à propos de :

- son sevrage,
- son éducation sphinctérienne,
- la suppression brutale de la masturbation,
- les souvenirs de culpabilité masturbatoire ou sexuelle interpersonnelle, avec des enfants ou des adultes,
- le refus de l'acquisition dans l'enfance des sublimations phalliques corporelles narcissiques, industrieuses, kynétiques, scolaires,
- les sublimations passives,
- le soutien du sens esthétique personnel de son âge ou son interdiction; le « goût »,
- les responsabilités féminines au foyer : la mère, les parentes, les bonnes (agression, complexe de viol) l'obligeant, lui montrant comment travailler à la maison, ou, au contraire, le lui interdisant.

– Souvenirs à propos du contact avec l'entourage et le milieu extra-familial :
- sur les traumatismes narcissiques reçus : des filles, des garçons, des professeurs, des hommes et des femmes,
- sur la culpabilisation de l'agressivité castratrice.

– Autres souvenirs :
- sur la culpabilisation de la jalousie,
- sur la culpabilisation de la dissimulation (intériorisation féminine),
- sur la culpabilisation de larcins d'objets de valorisation féminine.

– Souvenirs sur la curiosité.

– Souvenirs sur le caractère observé de la mère anxieuse, à l'époque pré-génitale, frigide elle-même ou jalouse devant l'intérêt sexuel pénien ou devant l'attachement de la fille pour son père.

– Souvenirs du sentiment d'infériorité sexuelle : il n'a pas été supprimé par le père ni par la mère, par suggestion séductrice et violente; par le travail et l'éthique, permettre sa compensation, sinon possibilité d'hystérie et de non-intériorité.

– Souvenirs sur son apparence de garçon, en se rappelant que celle-ci est une compensation nécessaire chez une fille abandonnée par son père, surtout si elle se croit lâchée parce qu'elle est née fille et non garçon.

A la période œdipienne, terminée par une pose réelle de l'Œdipe :

Y a-t-il notion de :
- discrédit de la mère : subjectif, social, par rapport au couple des parents,
- discrédit du père,
- discrédit des frères et sœurs.

Y a-t-il :

- perdurabilité actuelle par les relations existant aux parents de l'un ou l'autre conjoint, de la fixation œdipienne de troisième terme, un lien fétiche représentant nécessairement la personne phallique parentale – par exemple lit conjugal des parents de la femme – ou par l'intermédiaire d'une dépendance financière du ménage, entretenu par le père de la jeune fille;
- insuffisance de liberté de la personne, présence au foyer de la mère de la jeune fille, ce qui ne permet pas le refus de l'attraction génitale, donc pas son acceptation libre;
- valorisation phallique anale perturbante : soins-soucis, preuve par la présence de l'enfant; l'enfant, s'il y en a, peut-il être soupçonné de représenter le fétiche du pénis maternel fabulé ou le fétiche du pénis paternel?

Y a-t-il eu, dans le vécu de la grande enfance :

- gauchissement de la situation œdipienne par le gauchissement de ses composantes; fixation à une sœur ou une tante, au lieu de la mère; fixation à un oncle utérin ou paternel, ou à un étranger non couplé avec la mère, au lieu du père; fixation à un jeune frère ou jeune sœur, pseudo-paternant ou pseudo-maternante à l'âge œdipien; blessures ou gratifications narcissiques à ce propos.

Y a-t-il eu carence :

- maternelle, par décès ou séparation, et à quel âge; mort ou grave maladie de sœurs aînées,
- paternelle, par décès ou séparation, et à quel âge.

– Quels ont été les comportements sociaux et affectifs implicitement et explicitement valorisés par la mère et par le père?
– Quelles images hétérosexuelles valables les parents ou les grands aînés, du même ou de l'autre sexe, ont-ils valorisées ou données comme valeurs exemplaires?
– Quelles ont été les activités passives et actives de la région génitale depuis l'enfance? Désirs localisés, masturbations.

– L'âge de la conscience réflexive concernant les lois de la conception.
– L'âge de la conscience réflexive concernant le fonctionnement sexuel menstruel et la maternité.
– L'âge de la conscience réflexive concernant le coït, l'appareil sexuel masculin, l'érectilité fonctionnelle.
– L'instruction et les convictions religieuses implicites ou vécues actuellement par la consultante.
– Souvenirs perceptifs et sentimentaux concernant ses premières fixations amoureuses, sa défloration et les suites physiologiques, affectives et sociales.
– Le sens actuel conscient de l'existence de la consultante : rechercher si le désir d'entrer en psychanalyse n'est pas placé dans un contexte pervers oral (prendre) ou anal (triompher de), en compensation d'une aliénation de plus de la part de la consultante, par rapport à son sexe, afin de se supporter sans se donner; ou s'il s'agit authentiquement d'un désir de guérir, en acceptant les risques de perdre les actuelles fixations et bénéfices secondaires de sa névrose, dont fait partie parfois le mariage ou le concubinage :

• soit que le conjoint ait été subi ou choisi par obéissance aux entités surmoïsantes parentales, ou choisi pour des raisons totalement étrangères à son sexe, celui-ci n'étant qu'un objet de masturbation inefficace et dérisoire, ou pour des raisons étrangères à sa personne, celle-ci n'étant pas appréciée dans ses réalisations sociales;
• soit encore que ce conjoint ait été conquis par mensonge et que les sentiments d'infériorité soient tels que l'éventuel accès à la vérité de cette infériorité ne puisse être supporté par le sujet.

Autrement dit, une psychanalyse que veut entreprendre une femme mariée sans amour, et qui veut garder le statu quo par raisons d'intérêt, ne doit pas être acceptée.

Le déroulement, aussi peu systématique que possible, d'un tel questionnement, pour qu'il soit complet, demande, on le conçoit aisément, plusieurs entretiens de 3-4 heures, assis face à face; il est préférable que ces entretiens soient espacés d'une ou deux semaines, afin de permettre le travail onirique, ainsi que le travail des résistances, que l'on n'analysera pas, mais qui sont nécessaires à la persévération saine de l'équilibre de la personne, tant psychique que somatique, et au non-ébranlement trop rapide de ses relations sociales émotionnelles.

Le danger latent chez les femmes qui consultent un psychanalyste pour leur frigidité est de plusieurs sortes, si elles sont embrigadées trop vite dans une analyse ou dans un rythme rapproché de séances. D'abord, l'énorme dépendance de ces femmes disponibles; puis, liée à cette dépendance, la survalorisation émotionnelle du transfert, qui peut remplacer toute vie inter-relationnelle, si les rendez-vous sont fréquents; survalorisation à style positif ou négatif d'ailleurs, mais caractéristique de situations passionnelles.

Lorsque la frustration de présence n'est pas ressentie suffisamment, elle ne provoque pas la prise de conscience et la verbalisation de cette frustration, laquelle pourtant est l'amorce de l'analyse du sentiment de vide et d'insuffisance narcissique, concernant les désirs présents et non reconnus, qui mènent la consultante à repenser ses désirs passifs sous cet angle de frustration – castration phallique imaginaire.

Lorsque les séances sont à un rythme fréquent, la consultante n'a pas, non plus, la sensation prégnante du temps limité et qui ne se retrouve pas le lendemain, temps pendant lequel, quoique frustrée et donc agressive, elle doit s'ouvrir à son psychanalyste sur des sujets ressentis aussi intimes que ceux que le questionnement, discrètement mené, oblige à aborder.

Cette attitude du psychothérapeute, qui, au lieu de donner des conseils ou des explications, oblige à se raconter, est ressenti comme un viol et permet, quand ce sentiment est agressivement ou dépressivement verbalisé, d'aborder l'angoisse analogue ressentie au cours de la vie de la femme pour les désirs et les jeux érotiques, et d'ainsi réhabiliter l'angoisse de viol, comme signifiante de la sensibilité sexuelle intériorisée. Les fantasmes hétéro ou homosexuels avec le psychanalyste sont rapportés de façon onirique, témoignant du transfert qui agit entre les séances.

Après le nombre nécessaire de séances à remplir l'interrogatoire implicite, et afin d'étudier et de revivre dans le moment présent les émois liés à la relaxation permise ou non de la personne, puis la possibilité des associations libres, la posture couchée du divan psychanalytique est alors imposée, apportant une rémanence de l'angoisse de castration anale et phallique du désir ou de l'angoisse de viol, par le regard ou la pensée critique du psychanalyste. L'étude de ces projections, ainsi que des personnes introjectées peut alors se faire à l'occasion de cette posture du divan, qui donne une toute autre sensation narcissique de soi que la station assise, dans le même cabinet de l'analyste et avec la même personne qu'on ne voit plus. Ce changement de la position est riche de réactivations émotionnelles infantiles et permet l'analyse du transfert.

On arrive enfin à des séances de silence dominant et relaxé, qui sont concomitantes de la disparition, d'abord fugace, de la frigidité avec le conjoint, laquelle s'annonce par des rêves où l'orgasme oniriquement vécu avec un partenaire imaginaire (et souvent non représenté nettement dans le rêve) bouleverse la sensation de sensibilité interne, jusque-là absente.

D'autres rêves arrivent, de consommation teintée de masochisme émotionnel ou des rêves de mort de substituts parentaux, ou de soi-même, tels que ceux des enfants en phase œdipienne. Des rêves de consommation orale avec les voies génitales, des rêves de scène primitive terminant le travail psychothérapique; pendant ce travail, la personne du psychothérapeute a joué transférentiellement le substitut du moi qui acquiesce à l'investissement oral et anal des voies génitales et reste optimiste devant les angoisses nécessaires de viol, et les désirs valables de castration exprimés sur les mâles désirés.

Les moments délicats du traitement et qui risqueraient de soulever des résistances inutiles, si le psychothérapeute y donne appui au lieu de les laisser s'exprimer en y acquiesçant, sont les résistances justifiées par l'avidité de désir, brusquement découverte en lui-même par le sujet, et qui peut lui faire peur.

Elle redoute de se découvrir une Messaline perverse (après avoir été une chaste perverse qui s'ignorait), elle fait des menaces de dévergondage dont le psychanalyste est rendu responsable aux yeux de son entourage (c'est l'ennui du mari payant), et c'est autour du paiement que l'analyse doit alors s'articuler. Ou bien, elle se sert d'impératifs religieux, qu'elle veut discuter avec l'analyste, soi-disant pour qu'il l'éclaire ou pour qu'elle les contourne.

Là encore, il s'agit de fanstasmes rationalisés dans le réel, fantasmes qu'il est bon de ne pas analyser directement, mais de rapporter au troisième personnage amené dans la situation duelle à l'analyste : duquel des deux, la *religion-surmoi* ou le *sexe-ça,* y a-t-il à attendre le plus d'avantages narcissisants?

La dialectique du don, seul but visé éthiquement dans l'analyse, en contradiction avec la recherche des pouvoirs et d'avoirs pour soi, dans ces deux modes de résistance de type libidinal oral, anal et phallique (la période gourgandine), est le guide de l'attitude analytique, implicite ou explicite, du thérapeute.

La verbalisation du psychothérapeute, qui explicite le droit de cesser le traitement, est aussi un adjuvant de poids pour décider la consultante à continuer son travail par-delà les crises œdipiennes vécues, transférées sur l'analyste et sur l'analyse narcissiquement éprouvante.

Il reste, bien entendu, qu'une psychanalyse classique n'est pas contre-indiquée, même pour une frigidité simple. Elle peut – si l'indication en était donnée par un médecin et un gynécologue, et souvent par des psychiatres – être entreprise d'emblée, sans la nécessité de cet interrogatoire, parce que le cas n'étant pas neuf, les questions explicites ou implicites de cet interrogatoire ont déjà été pensées par la consultante et donc n'ont pas porté leur fruit de déculpabilisation.

Lorsqu'il s'agit de vaginisme, il me semble qu'une psychanalyse est indiquée à rythme de séances assez rapprochées, car le vaginisme implique une grande intensité pulsionnelle, donc des variations émotionnelles à seuil liminaire d'angoisse très précis et qu'il importe d'étudier de près, dans leurs manifestations de sens attractif et répulsif transférentiel.

Le rôle du désir de rapt castrateur sur l'analyste et de fuite de ce désir, est ce qu'il importe de mettre en évidence et de déculpabiliser chez la patiente, pour en analyser les racines orales ou génitales; de même que le désir de mystifier et de provoquer l'analyste à la démystifier afin, s'il y cède, de sombrer dans un masochisme dépressif.

La vaginique ment à tout le monde et à son analyste, explicitement et implicitement; elle cherche à être violée à mort, elle voudrait castrer à mort.

Alors que la frigide ne sait comment dire ce qu'elle a à dire, pour ne pas faire de peine ou parce que c'est sans valeur, ou parce qu'elle pense à deux choses à la fois : elle ne pense pas mériter l'attention, elle n'ose pas la souhaiter, elle n'est rien. Si l'analyste a l'air de vouloir qu'elle parle, donc qu'elle soit phallique à son égard, elle cherche ce qu'il faut lui dire et il la détourne de son travail qui est la recherche de ses sensations valables en elle-même, indépendamment de leur expression formelle.

QUELQUES CAS CLINIQUES.

Frigidité :

1. Une mère de famille nombreuse, frigide depuis que sa fille aînée avait atteint l'âge de 9 ans. Guérie après le mariage de cette fille, après des années de troubles psychosomatiques de la mère : alors qu'elle était apparemment en ménopause, réapparition des règles et éclosion d'une vie sexuelle normale.

2. Frigidité totale apparue chez une femme non frigide, mariée à un homme stérile, « auquel elle voulait rester fidèle »

après la naissance par fécondation adultère, d'un enfant garçon. Guérie par le traitement psychanalytique de ce fils, à l'âge de 14 ans, traitement rendu nécessaire par des troubles sociaux et organiques diagnostiqués comme « maladie des tics », compliqués d'un délire démoniaque verbalisé.

Ce délire justifiait pour le sujet ce que l'on croyait être des tics, et qui étaient des rites propitiatoires destinés à lui préserver une structure éthique humaine, alors qu'il était engagé à son insu dans un vécu incestueux auquel il se dérobait, en niant sa participation mentale aux fonctionnements locomoteurs de sa personne, dans tout ce en quoi elle servait de soutien, d'entretien de son image corporelle phallique.

3. Frigidité absolue, guérie totalement par la découverte bouleversante d'une liaison actuelle et passionnelle de nature homosexuelle de son mari; guérison concomitante de l'apathie-aboulie corporelle du fils aîné et de la fixation puérile à la mère, liée à une timidité maladive du second fils (11 ans), tous les deux intellectuellement supérieurs. (Age de l'aîné : 14 ans.)

4. Frigidité apparue chez une jeune femme, après son mariage qui légitimait son union avec un amant, devenu fiancé, avec qui, depuis 18 mois, les rapports sexuels et les orgasmes vaginaux étaient très satisfaisants. La frigidité, relative après le mariage, est devenue totale avec la conscience de la première grossesse subie; l'enfant fut mis en nourrice par absence de sentiment maternel. La frigidité a disparu avec la naissance du troisième enfant, à la suite d'une maternité qui avait été pour cette femme une découverte émotionnelle positive.

Vaginisme :

1. Cas de vaginisme transitoire, précédé émotionnellement de phobie à l'approche corporelle du mari, en période de fécondabilité de son cycle; cette femme était désireuse d'avoir des enfants

et avait été psychanalysée antérieurement. Guérie par une reprise de psychanalyse qui s'est passée presque entièrement en silence. Une première grossesse avec maternité heureuse a été suivie de deux ans de vie sexuelle normale avec orgasmes satisfaisants, acceptation à priori d'une grossesse éventuelle, acceptée, non évitée, mais pas spécialement désirée. Le désir de grossesse, réapparu quand l'aîné avait deux ans, apporte une grossesse nerveuse diagnostiquée au 4ᵉ mois, diagnostic suivi de vaginisme le mois qui a suivi la réapparition des règles, au moment de la fécondabilité maximum du cycle menstruel. Une seule visite rendue à la psychanalyste : disparition de toute angoisse. Une seconde maternité heureuse depuis, disparition du symptôme de vaginisme et une troisième et quatrième maternité normales. La vie génitale est restée normale.

2. Cas de frigidité suivie de vaginisme chez une jeune mariée. La guérison fit disparaître d'abord le vaginisme, puis la frigidité et ensuite fit réapparaître le désir d'un enfant.

Les rêves qui ont précédé la guérison clinique étaient des rêves de repas carnivores du vagin dévorant.

A propos de l'avortement

Il est des moralistes, même dans la profession médicale, qui ne peuvent supporter l'idée que les femmes soient libres d'aller voir un médecin pour lui parler de leur désir d'avorter. Il semble bien que ceux-ci se sentent complices d'un acte qu'ils réprouvent s'ils en sont témoins, et encore plus si, par leur métier, ils ont à concourir à l'accomplissement de cet acte. Et pourtant, c'est là un acte qui sauvera celle qui appelle à l'aide, qui, si eux ne l'aident pas, se mettra en plus grand danger, commettant un acte encore plus immoral.

Ces médecins pensent d'abord à leur conscience : cette femme qui veut avorter, ils ne l'approuvent pas. Mais ils ne pensent pas que cette même conscience professionnelle devrait leur enjoindre aussi de défendre la vie, sinon de l'enfant, du moins celle de la mère. Ce ressenti de complicité fantasmée est un des plus grands ennemis de l'écoute médicale. Nous avons tous à débusquer ce fantasme de complicité, régi par notre souci, au fond, de garder immaculée notre belle âme de médecin.

Or, c'est justement là l'obstacle à la compréhension du drame que vit une femme qui demande à avorter, obstacle qui nous empêche d'agir avec elle en frère humain qui l'aide efficacement, en soutenant le sens de sa liberté. Il est impossible de conserver cette sensation de bonne conscience, sans passer à côté de ce qu'il y a de plus authentique et de plus essentiel dans la profession de médecin.

Ce sentiment de complicité imaginaire, complicité que nous refusons, nous empêche d'écouter avec compassion celui ou celle qui souffre, quelle que soit la raison de sa douleur et de la situation où il se trouve, dues à des angoisses venant de fantasmes ou dues à des conditions de sa vie réelle.

Il y a, pour une femme enceinte qui ne peut supporter son état, qui veut interrompre le processus vivant dont le déroulement naturel aboutirait à la naissance d'un enfant, il y a un refus des lois biologiques naturelles, mais il y a aussi un sentiment profond, inconscient ou conscient, de culpabilité, qui s'ajoute à un sentiment de responsabilité confuse devant son impuissance sociale. Elle a honte d'avoir été désirée par le géniteur de ce fœtus, dont le corps a trahi sa confiance; vis-à-vis des autres aussi, elle a honte d'enfeindre elle-même la loi naturelle, d'aller à contre-courant des lois sociales en général, qui font vertu de n'importe quelle maternité.

Ce qu'il faut savoir, c'est que derrière sa demande explicite, il y a toujours un très grand sentiment de culpabilité, tout autant d'être enceinte que de refuser sa grossesse, une culpabilité vis-à-vis de ses autres enfants, qu'elle peine déjà à élever; une culpabilité archaïque retournant à son enfance, aux fantasmes incestueux du temps où elle était soumise à l'autorité de ses parents (chez une toute jeune femme); ou une culpabilité présente d'avoir cédé à un homme irresponsable.

N'y a-t-il pas aussi, dans nombre de cas, une culpabilité plus grande encore, consciente celle-là, à ne pas avorter? Cette culpabilité est gommée, effacée, lorsqu'il y a des lois qui interdisent l'avortement. Bien des mères qui ne peuvent assumer cette culpabilité étayée par des lois perdent leur sens de responsabilité.

Il faudrait faire preuve de veulerie masochiste pour laisser les choses aller, alors que cette femme enceinte se sait incapable d'assumer son enfant dans les conditions psychiques et matérielles qui sont les siennes; non seulement incapable de mener sa grossesse jusqu'à la naissance de l'enfant, mais plus encore, incapable d'élever cet enfant dans les cinq ou six premières années, années qui demandent tant d'attention, de disponibilité psychique et maternelle de la part de la mère et du père, du groupe social environnant tout entier.

Et c'est ainsi que, par veulerie accompagnée d'une bonne conscience de surface, des mères rejetées ou soutenues par un médecin qui veut garder sa belle âme professionnelle sont engagées dans la gestation d'un enfant qui, dès le début de sa vie, sera frustré du droit de tout être humain à la joie. Subi comme une faute, supporté et déjà dénié symboliquement, cet être humain sera engendré d'une mère qui ne l'a pas désiré, qui n'a pas eu foi en sa vie, qui a subi la maternité comme une victime honteuse d'un besoin physique de son partenaire irresponsable.

Cet enfant, dénié par elle et par son complice, le père de l'enfant, est déjà, embryon vivant, orphelin de parents symboliques.

Cette femme qui demande à avorter, il faut l'écouter et l'entendre, car elle est un « autre » qui n'est pas seul; c'est un « autre » dans un groupe, dont le personnage le plus important – pour l'être en gestation comme pour elle –, est son ami, celui qui devrait se sentir et se vouloir, par amour pour elle, coresponsable avec elle de cette nouvelle vie. Si la gestation est subie pour obéir à la loi, mais dans un profond, douloureux et revendiquant refus de la génitrice et du géniteur de l'enfant, cet embryon, ce fœtus, se développera charnellement, dans le cœur-à-cœur avec sa mère et son entourage immédiat, comme *un tiers exclu, symboliquement rejeté.*

Et la mère génitrice sera le premier hôte qui le rejette, sans langage d'amour, et l'initie à son statut d'hôte ennemi. Une mère n'est mère, au sens d'initiation à l'amour, que si le germe qu'elle porte a pour elle le sens de référence à celui qui, avec elle, assume l'humanisation de l'enfant par leurs désirs parentaux assumés et accordés, dans une espérance conjointe, que l'enfant au jour le jour soutient et enrichit.

On ne parle pas assez du rôle du père, rôle qui est comme filtré par la mère, plus proche de l'enfant, mais qui est extrêmement important. L'amour maternel, dans toute culture, est fonction d'images. Dans notre civilisation chrétienne, la maternité se réfère aux images de la Vierge que tant de peintres célèbres ont représentée. Celui qui contemple ces peintures ne doit pas oublier qu'en regardant avec amour son enfant et en étant regardée par lui, c'est Dieu qui se trouve entre eux. Non pas un Dieu abstrait, mais un Dieu vivant.

« L'enfant Jésus et sa mère », ce n'est pas une dyade, mais une relation symbolique à la fois humaine et supra-humaine, une relation triangulaire, comme d'ailleurs toute conception, toute gestation, toute naissance, toute éducation.

Aucune théorie biologique ne peut expliquer entièrement la fécondité qui donne au monde un être humain, intelligent, sensible et doué de parole. Ils le savent bien, les gynécologues, dont les recherches sont orientées vers l'étude de la stérilité des couples dont l'amour ne peut s'incarner dans un enfant de chair. Une mère sans conjoint, ou le délaissant bien que présent, peut s'attacher fétichiquement à son enfant, constituant alors avec lui une sorte de dyade pathogène. Si cette mère, fixée à son bébé dans son sein, puis à son sein, se sent justifiée par une soi-disant loi morale qui dit : « tu es enceinte, consacre-toi à cet enfant », ou bien « tu es enceinte, l'homme qui t'a fécondé ne veut pas de l'enfant, qu'importe, sache qu'il est à toi, il est à toi même contre son père », alors, complice d'une loi dénaturée, la mère développe un amour fétichique pour cet enfant, amour fétichique qui infirmera sa vie symbolique.

Un homme, ou une femme, ne peut se développer dans l'ordre symbolique que s'il aime une mère qui aime en lui l'enfant d'un homme; d'un homme qui, dans sa réalité actuelle, focalise son désir et non pas d'un homme de son passé – son père, son frère –, ni d'un homme imaginaire; un homme qui l'aime réellement, un homme que cet enfant connaît et dont il se sent aimé paternellement. C'est dans ce couple que se construit – par des processus subtils que la psychanalyse a mis à jour dans la vie inconsciente –, comme figure d'humanisation des pulsions du désir de l'enfant, le complexe d'Œdipe et son corollaire – l'inévitable renoncement au premier objet d'amour et de désir génital conjoint.

Ce renoncement, imposé par une triangulation saine, délivre à l'être humain son statut de fille ou de garçon, et lui signifie sa valeur créative et féconde, par l'incarnation au cœur de son être de l'interdiction de l'inceste.

L'incarnation au jour le jour de cette loi des sociétés humaines est le seul garant d'une structure capable d'ouvrir les voies de la transfiguration des pulsions, dans la créativité, dans la culture, dans l'amour et dans la tendresse pour l'autre, dans un mouvement de « désintéressement »; mot impropre sans doute, mais qui signifie l'intérêt vrai de la liberté de son désir, hors de la situation incestueuse.

Il est indispensable aussi que les adultes tutélaires soient, par leur désir génital, localisés ailleurs qu'à l'endroit de leur enfant, pour qu'ils puissent supporter son détachement à leur égard et lui laisser, au gré de ses désirs, accéder à son autonomie dans la vie sociale extra-familiale; accéder à son développement, sans que les puissances attractives de l'un ou l'autre adulte tutélaire (que l'enfant perçoit frustré) dominent sur ses propres puissances de cohésion psychosomatique et de désir dans les échanges.

Dans la vie sociale, l'enfant doit s'initier à leurs lois, afin qu'il puisse être prêt à soutenir le niveau de symbolisation du désir de vivre, de créer et de procréer, en compagnie de ses semblables, pris qu'ils sont entre fantasmes et réalité.

Quant à certains de ces bébés, soit précocement fétiches de leur mère, soit, ce qui revient au même, affectivement rejetés en même temps que subis par elle, ils se développent en contradiction avec les lois de l'humanisation; ce seront des mammifères humains, acceptés à peine, ou alors acceptés comme le sont les animaux domestiques. Eux-mêmes se conduisent comme des animaux domestiques, apeurés de déplaire à leur maître dont dépend leur pitance, ils ne se sentent pas le droit à une place au soleil, à une place en famille, si tant est qu'ils aient encore une famille.

Dépendants qu'ils sont d'un abri pour leurs besoins, ces enfants deviennent des enfants « inadaptés », comme on les appelle, dont la vaste galerie va du nourrisson triste et patraque, à l'enfant incapable de langage moteur, de langage verbal, au grand débile ou au psychotique, en passant par les enfants instables, angoissés, caractériels ou pervers, qui deviennent, à l'âge dit de raison, puis à la puberté, des délinquants. Nombre d'entre eux sont bien portants, d'un point de vue « vétérinaire », et les examens biologiques prouvent que rien dans leur corps ni dans leur cerveau ne peut être responsable de leur état. Et pourtant, cet état, témoin d'un désordre symbolique, pour la plupart d'entre eux sera toujours celui de paria dans la société.

Ce que nous savons, nous les psychanalystes, c'est que ces inadaptés *souffrent,* qu'ils sont *étouffés* par le conflit de leurs désirs, dont nous ne voyons que les résultats, qu'ils demeurent inaccessibles à la plus humaine et la plus éclairée des éducations. Les angoisses qui habitent ces enfants inadaptés, en dehors de l'analyse, sont mal connues, bien que leurs ravages soient évidents. C'est dans une psychanalyse que ces désirs conflictuels inconscients peuvent s'exprimer, montrant ainsi que ces enfants sont le théâtre, la proie du désir de mort.

Il y a beaucoup d'effets différents du désir de mort : désir de mort symbolique, désir de mort affective, désir de mort psychique, désir de mort physiologique, par haine de soi-même dans ce corps ici présent. Malheureusement (ou heureusement), la suite de notre civilisation le dira, il est presque impossible à un fœtus, à un nourrisson, d'accomplir ce désir de mort que ses deux parents, qui ne s'aimaient pas, qui ne désiraient pas non plus sa vie, n'ont pas eu le courage de ne pas mettre au monde. La médecine est devenue tellement savante qu'on guérit aujourd'hui le corps malade de tous les enfants qui, autrefois, mouraient en bas âge, qui mouraient faute de forces puisées dans leur seule physiologie, quand le manque des forces données par des parents aimants ou de forces données par la nourriture symbolique des échanges culturels avec l'entourage les empêchait de résister aux puissances de mort.

Un enfant psychotique ne souffre plus, peut-être, mais avant, à l'état de fœtus, de nourrisson, il est une boule d'angoisse, jusqu'au jour où, incapable de joies échangées, entre 3 et 7 ans, trop inadapté au code de comportement et de langage, pour lui dépourvu de sens, il *abandonne.* On le nourrit, on l'encadre, on le dresse, on a pitié de lui, on décide pour lui, et il souffre, dans sa détresse, de n'avoir pas eu la possibilité de s'aimer lui-même. Si ce moment d'esseulement est précocissime ou simplement précoce, son état est quasiment irréversible.

Un enfant psychotique, inadapté, n'est tel que parce qu'il a rencontré des conditions de vie, dans sa prime enfance, qui l'ont fait désespérer de lui-même et des autres, acculé qu'il a été dans sa solitude, mortifère chez l'enfant.

La brisure du lien d'amour à son propre être vient de ce que ce lien de cohésion s'ordonne dans l'écho du lien d'amour triangulaire. Son indispensabilité ne lui a pas été signifiée dans le langage des mots et des gestes, ni, plus encore, dans ce langage muet du désir, qui s'origine dans l'accueil qui lui est fait, au nom de leur couple, par ses deux parents. C'est bien le cas de ces enfants qui ont ressenti tout le temps de leur gestation et de leur petite enfance qu'ils étaient de trop.

L'indifférence à sa personne est parfois camouflée en amour fétichique, mais pour l'enfant, comme je l'ai déjà dit, celui-ci est ressenti comme profondément décréatif : être une poupée vivante à montrer en société, ou en substitut de « lapin en peluche », d'une mère infantile qui *s'occupe à s'occuper de son enfant,* ou d'une mercenaire qui vit de lui; ou encore, être l'objet d'une fixation rapace de chacun de ses géniteurs, dont il est la seule raison de rester ensemble, qui se disputent le droit de possession sur leur progéniture, dans la haine l'un de l'autre, ou dans la haine de la lignée de l'un pour celle de l'autre.

C'est tout cela qui fait un enfant inadapté. Il souffre de ne pas avoir une existence symbolique humaine. Cette existence symbolique ne lui est délivrée dans sa plénitude que s'il a sa place de joie et d'espoir dans la vie imaginaire de chacun de ses parents, sa place dans leur vie affective, manifestée en tendresse et en paroles échangées avec chacun d'entre eux, sa place de droit dans leur vie matérielle. Alors, il peut vivre, grandir, dans la sécurité de la foi de ses parents en lui et dans son avenir; il peut, dans ce climat du foyer familial, puiser la force de désirer, de lutter contre les agressions d'autrui, de passer les épreuves d'adaptation à la réalité, de parler de ses difficultés et de construire sa santé spontanée et naturelle, au jour le jour, et avec l'aide des soins maternels et soutenu par l'intérêt d'autrui – médecins, pédagogues –, qui concourent à l'éclosion de sa personne.

L'existence humaine commence et continue durant toute la vie par un fait particulier, celui d'être accueilli dans le langage. Toute femme qui recherche le moyen d'avorter de l'enfant dont elle se suppose ou dont elle se fait enceinte, se pose cette question : « Faut-il que je le laisse venir au monde, dans la misère où je me trouve, morale ou matérielle, et où, avec cet enfant, je serai encore plus démunie? Faut-il que je laisse venir cette vie au monde, en ai-je le droit en tant qu'être responsable de mes actes? »

Une femme dont le corps est adulte (et c'est parfois le cas à l'âge de 13 ou 14 ans) et qui, dans un élan pour un autre, s'est donnée à lui, peu consciente des conséquences, ou qui lors d'une faiblesse, s'est laissée aller dans une étreinte sensuelle ou y a été soumise par intimidation, et qui se découvre enceinte, *si elle ne veut pas de cet enfant, il faut l'écouter.* Il faut écouter, pace que ce n'est pas naturel pour une femme de ne pas être heureuse et joyeuse de porter en elle son enfant.

Parler à un autre être humain, qui l'écoute, peut être le seul moyen pour elle de découvrir ou de retrouver le sens d'une dignité de femme, qu'elle croit avoir perdue dans cette épreuve de sa fécondité qu'elle n'a pas prévue et qui la désespère. L'idée d'avoir perdu sa dignité ne peut qu'entraîner la détresse. Ce serait un véritable crime de rejeter de bout en blanc la demande d'une femme qui vient pour avorter, avec des propos du genre : « Ah, comme c'est un mauvais acte, Mademoiselle ou Madame, etc.! » et puis de l'envoyer voir ailleurs. Le résultat est que, ou bien ces femmes avortent tout de même, et alors dangereusement, après cet essai que par prudence elles avaient tenté auprès d'un médecin, ou bien, par détresse ou par bêtise, elles n'osent plus rien dire et conservent ce fœtus qui leur est comme un corps étranger. Elles n'osent ni risquer de se détruire dans un avortement clandestin, ni se suicider, mais leurs pensées ne rôdent qu'autour de ces solutions de désespoir face à elles-mêmes, face aux hommes, face à la société.

Le fœtus qu'elles portent, s'il arrive à voir la lumière du jour, en sera marqué comme du premier sens de la relation à autrui : mourir, mourir, surtout ne pas devenir un homme à l'image de ce misérable irresponsable, ni une femme à l'image de cette victime, se dérober à vivre.

Son désir et parfois ses besoins seront en conformité au désir auquel ses neuf mois l'ont initié. *Ces enfants deviennent ainsi des éponges de négativisme et d'angoisse.*

Ce qu'il y a de pire dans le cas du refus du médecin qui n'a pas voulu écouter la demande, c'est que – que ces femmes avortent ou non –, cette expérience n'aura servi en rien à leur propre maturation psychique. Si elles n'ont pas la chance de trouver, avec leur conjoint ou ailleurs, un réconfort ou une aide compatissante, personne à qui parler pour comprendre le sens de la vie charnelle, qu'elles aient avorté ou pas, elles ne peuvent pas acquérir ce niveau de conscience, où la vie charnelle est moyen et tremplin d'accès à une vie humaine dans sa totalité. De plus, elles ne peuvent faire le moindre travail d'élucidation de leur personne devenue responsable et adulte; si elles ont gardé l'enfant, comme on dit, elles ne se sentent absolument pas responsables de lui, elles le subissent, elles se sentent coupables de lui et coupables à son égard, ce qui est incompatible avec la responsabilité.

Ce sont des mères qui, à juste titre, disent qu'elles se *sacrifient* pour leurs enfants. Tout ce qu'elles font pour eux, c'est « pour qu'il ne puisse rien leur être reproché ». Quant à leur désir pour ce partenaire qu'elles ont ressenti « sadique » de leur avoir imposé la grossesse, le désir et l'amour pour lui sont définitivement gâchés, et peut-être aussi leur désir sexuel en général.

Une femme qui désire avorter et qui en est empêchée, non

seulement son enfant sera accueilli dans la tristesse ou dans le rejet, mais les autres enfants qu'elle a déjà n'auront plus devant eux l'exemple d'une mère en évolution, d'une mère et d'un père confiants en eux et dans la vie à vivre ensemble. Quelque chose de l'ordre du non-sens ou du contre-sens s'est incarné dans cette famille, en même temps que cet enfant conçu à contretemps; si ce n'est de l'ordre de l'inversion du sens, tant de celui du désir sexuel (qui a sens de fécondité heureuse), que de celui des relations humaines (qui ont sens de juste commerce d'amour et d'entraide).

La plupart des gens, et même la plupart des médecins, croient qu'avec l'avortement, une fois effectué et bien fait, tout est terminé. Beaucoup de femmes croient la même chose. Comme c'est faux!

Un avortement est toujours, que la femme le sache ou non, que son conjoint le sache ou non, que le médecin le sache ou non, un événement très important pour une femme, un événement qui a un effet dynamique inconscient structurant ou déstructurant de la vie symbolique de la femme et de l'homme avec elle responsable de cette grossesse interrompue; et cela, selon la façon dont il va être intégré, comme quelque chose d'important ou non dans leur vie, en tant qu'expérience pleinement responsable.

Je ne veux pas dire que l'avortement doit être ressenti comme coupable. Mais, plus que tous les autres événements de la vie, plus que tout acte au sens dynamique du terme, la conception d'un être vivant est source d'une potentialité : celle-ci, tant pour les individus qui engendrent, que pour l'individu qui inaugure son existence, déclenchera des tendances évolutives ou involutives, selon la façon dont la femme considérera cet acte auquel elle a été obligée, avec légèreté ou après mûre réflexion, d'aboutir.

Qui n'a pas vu, dans les cas les plus courants, des femmes de son entourage dont il sait qu'elles ont avorté, qui n'a pas vu, s'il a été un peu attentif, ces femmes, aux environs du neuvième mois de leur grossesse disparue à quelques semaines, traîner dans les jardins publics, regarder avec nostalgie les bébés et leurs mères? Celui qui n'a jamais été attentif à ces détails, ne sait pas à quel point un début de grossesse a toujours déclenché chez une femme des puissances d'avenir; puissances qui, avec soulagement ou avec regret, ont marqué d'une façon ou d'une autre son affectivité, sa vie inconsciente sinon consciente.

Ces puissances, si la grossesse a été interrompue, la femme les possède encore. Ce sont elles qui lui ont permis d'être féconde. Pourquoi alors cet enfant sacrifié ne servirait-il pas à développer davantage le sens de la responsabilité et à approfondir en elle le sens de sa féminité, à la rendre davantage consciente de la signification de cet acte important auquel elle s'est décidée?

Cet acte qui, dans tous les cas, lui fait vivre d'une façon inconsciente un deuil, est à transfigurer en puissance d'amour dont sa vie peut devenir plus riche, intégrant cette expérience qui lui a permis de se confronter aux questions de la vie et de la mort. Son corps était le dépositaire vivant d'une nouvelle vie, mais ces conditions morales, psychologiques ou sociales n'ont pas permis à cette vie d'éclore.

Voilà, au sujet du désir humain, une question posée au sens de la responsabilité et, peut-être plus qu'une maternité nouvelle, un moyen d'accéder à sa maturité.

Combien de femmes avortent sans réflexion, avec facilité! Si l'avortement est légal, il ne faudrait jamais qu'il se fasse sans ou plusieurs entretiens, visant à faire sourdre de l'inconscient de cette femme tout ce que cet acte peut avoir d'enrichissant pour elle, pour son couple et pour son groupe, au lieu de le vivre comme un effacement *technique,* d'un incident de parcours *technique,* d'une vie génitale *technique.*

Combien voyons-nous de femmes qui ont avorté de nombreuses fois, sans que jamais se soit posé pour elles le sens désordonné, autodestructeur ou dérisoire, de leurs étreintes sexuelles irresponsables!

Ce fait me semble inadmissible. Il se produit sans doute faute de rencontres véritablement humaines lors de ces avortements. Peut-être les hommes ne savent-ils pas ce qu'une femme peut éprouver de déréliction d'elle-même, et quel drame intérieur se déroule en elle, parfois à son insu, à chaque fois qu'elle se sent désirée ou qu'elle désire elle-même, à chaque fois qu'elle sent monter en elle un désir pour un homme, désir qu'elle sait devoir barrer aux éventuelles suites de la fécondité.

Je me rappelle une femme, entre autres, venue consulter pour de angoisses diverses qu'elle ne rapportait absolument pas à ses avortements antérieurs, et qui disait l'étrange malaise qu'elle éprouvait à se sentir désirée, et qui, plus fort qu'elle, lui faisait vivre son propre narcissisme de femme comme si elle était une bête prise au piège – le piège révoltant et attirant de l'homme qui réveillait chaque fois ses déceptions passées. Son désir dénié la surprenait sans défense, elle tombait dans le piège, qu'elle recherchait à son insu par des actes manqués concernant les moyens anticonceptionnels qu'elle connaissait. Cette femme se comportait comme une bête traquée, sans comprendre le sens de ses comportements. Elle se faisait rejeter des places où elle travaillait, ou elle déroutait ses amis, disparaissant soudain. Personne, et pas plus elle-même, ne pouvait comprendre ni empêcher ce processus morbide.

Ceci s'est élucidé au cours de l'analyse; cette femme est maintenant une mère de famille qui réussit parfaitement bien dans son métier, et est devenue une excellente épouse. Mais que d'angoisses il a fallu remonter! Elle était venue en analyse parce qu'elle voulait se suicider, elle courait les médecins psychiatres depuis des années pour un état dépressif à peu près continu, dont elle ne sortait que pour des débuts de passion psychiques, qui s'avéraient sans fondement et dont certaines n'avaient duré que le temps d'être mise enceinte, ceci suivi des complications pécuniaires et sociales dans son travail. Puis, solitaire et en cachette, elle se faisait à chaque fois avorter.

Ma première question, en écoutant ce qu'elle traduisait de son désir de suicide, a été de lui dire : « Mais pourquoi donc ne vous suicidez-vous pas? Est-ce que vous pouvez me dire pourquoi vous ne le faites pas? » Elle fut très étonnée, car d'ordinaire elle n'avait qu'à parler de sa dépression, pour que le confrère à qui elle en parlait lui fasse aussitôt une ordonnance de calmants ou un arrêt de travail avec repos, sans aller plus loin dans l'élucidation de cette pointe aiguë de dépression sur un fond latent qu'on percevait très bien.

Cette question venue de ma part, elle me l'a dit plusieurs fois, l'a réveillée. C'est cette question qui a ouvert le dialogue, alors que si j'avais compati, complice de cet état névrotique, j'aurais immédiatement fermé par des paroles réconfortantes ce qu'elle avait à dire. Je pense que lorsque des couples, ou des femmes seules, viennent demander un avortement, la première question est de leur demander : « Pourquoi venez-vous me le demander? Si vous venez me le demander, c'est que quelque chose en vous a besoin de l'aide de quelqu'un d'autre, aide qui n'est peut-être pas seulement matérielle. Si nous en parlions un peu? »

Je voudrais exposer un cas qui montrera combien un avortement est quelque chose d'important. Pour ma part, je suis du côté de ceux pour qui il n'y a a priori ni faute ni vertu, ni courage ni lâcheté dans le fait de désirer avorter, pas plus que dans le fait de désirer la continuation d'une grossesse avérée, qu'elle ait été consciemment désirée ou non avant la conception. Je ne sais pas au nom de quoi je dirais de quelqu'un, qui est dans une situation que je ne peux pas juger, qu'il fait bien ou mal d'imaginer, de fantasmer, de désirer un avortement ou une naissance future, car à ce moment-là, avant l'acte, c'est toujours un fantasme ou un projet. Je sais qu'une grossesse est quelque chose d'important lorsqu'elle est pensée, réfléchie, rêvée, espérée, attendue, tant pour une femme que pour son partenaire en amour ou pour son conjoint en vie sociale, qu'il le sache ou qu'il ne le sache pas, car les êtres sont en communication par une intuition qui n'atteint pas toujours le niveau de leur conscience claire.

Un jour, arrivent à l'hôpital un père et une mère avec un enfant de 7 ans, présentant des réactions graves de caractère paranoïaque, totalement opposant et braqué depuis environ 18 mois, cet état caractériel compliqué d'une régression scolaire presque totale, qui lui avait fait perdre les acquisitions tout à fait normales des classes préparatoires. Il s'agit d'un enfant émotif, révolté. Il est expulsé de l'école à la fin du trimestre. On convoque sa mère, qui est dans l'enseignement, et on lui donne l'avis de le mettre dans un internat spécialisé, pour caractériels.

Le médecin généraliste ne lui trouve aucun organe atteint et du point de vue physique, il est en effet, bien portant, quoique pâle et les yeux sans expressivité, pas plus que le visage. Le père est un cadre moyen et la mère est maîtresse d'école. Il y a un frère, de trois ans plus âgé, qui va bien et ce n'est d'ailleurs qu'avec ce frère que le caractère de l'enfant est resté à peu près le même, marqué peut-être d'un peu d'indifférence.

Je vois le jeune garçon, je lui dis que c'est lui qui m'importe après que ses parents m'ont décrit ce que je lui rapporte, et je lui fais part de ce qui m'est apparent, à savoir qu'il me semble visiblement malheureux, que ses parents le trouvent difficile, casse-pieds, qu'il est renvoyé de l'école, mais que tout cela, si lui n'en était pas malheureux, ne m'inciterait pas à lui parler, parce que tout le monde ne peut pas avoir bon caractère et réussir en classe.

C'est ainsi que je l'aborde. Et nous établissons entre nous le contrat d'une visite bimensuelle, au cours de laquelle nous essaierons de voir ensemble pourquoi il est malheureux; pour cela, il pourra s'exprimer en paroles, en dessins, en modelages, ou bien seulement venir et voir ce qu'il pourra me dire et que j'écouterai.

L'enfant, devant moi, accepte mais, aussitôt la mère présente, au moment de prendre congé de moi reprend sa figure opposée et renfrognée. En me quittant, il refuse agressivement de suivre sa mère et il part comme un animal traqué, en la suivant de loin, tout en disant : « Je ne reviendrai pas, je ne reviendrai pas », parce qu'il voyait que sa mère était rassurée à l'idée que je voulais bien m'occuper de lui.

Je dis devant lui à sa mère : « Si Georges ne veut pas venir, venez pour lui, et nous essaierons, vous et moi, de voir comment vous et son père, vous pourrez l'aider. »

L'enfant est revenu régulièrement, tous les quinze jours. Dès le deuxième entretien, il me dit qu'il est constamment réveillé la nuit, parce qu'il a des cauchemars épouvantables dont il ne se souvient pas, mais qui lui donnent une peur affreuse de s'endormir et c'est de cela qu'il voudrait guérir. A part cela, il me dit qu'il ne veut plus aller à l'école, qu'il ne veut pas travailler, qu'il ne veut pas faire plaisir, jamais plus, à papa et maman, qu'il n'aime personne, que personne ne l'aime et que tous les camarades sont des imbéciles, et les maîtresses encore plus.

Il s'agissait d'un garçon intelligent, scolairement et socialement adapté jusqu'à il y a environ 18 mois, et qui brusquement était devenu opposant, en deux ou trois semaines.

Georges était un beau garçon, l'œil noir, le teint mat et blanc de contractions circulatoires, pourrait-on dire, car son teint redevint au fur et à mesure du traitement tout à fait rosé et son regard noir retrouva son éclat lumineux. Il me fit des dessins de quinzaine en quinzaine. J'ai été très étonnée de voir des dessins noirs, toujours représentant du point de vue symbolique, après une agressivité de violence, une dépression latente manifeste; puis, se firent jour le symbolisme de la mère et de la mort en particulier : à une séance, puis à la suivante, des bateaux sur une mer noire avec des avions qui dégringolaient parce qu'ils étaient en panne, des parachutistes qui tombaient, qui se tuaient en tombant sur le bateau, les parachutes ne s'ouvrant pas, ou bien qui se noyaient en amerrissage manqué – on voyait, d'après ses dires, dans la mer noircie, des noyés.

Les parachutistes sont associés, dans la symbolique du dessin chez les petits enfants, à la délivrance et à l'accouchement.

La mère, au bout de la deuxième ou de la troisième séance, m'avait frappée par son visage vultueux, au teint violacé, et m'inquiétant de son état circulatoire, je lui avais dit : « Est-ce que vous vous portez bien? est-ce que vous avez toujours eu ce teint et ce visage congestionnés? Vous savez que, très souvent, les enfants deviennent difficiles et ont des troubles du caractère en relation avec des difficultés, soit morales soit de santé, qui les inquiètent chez leurs parents? »

Cette mère m'avait répondu : « Non, ce teint m'est venu progressivement, surtout depuis un an, j'ai toujours eu le teint coloré, j'étais sportive, mais je n'ai plus le temps de faire du sport; ma classe est très lourde, je voudrais marcher le dimanche, l'école est tout prêt de chez moi et je n'ai jamais plus l'occasion de faire de l'exercice, et le dimanche j'ai à faire chez moi et nous ne sortons plus guère. » Je lui ai suggéré d'aller voir son médecin.

Quinze jours après, elle me dit : « J'ai été voir mon médecin et il m'a trouvé une tension à 25, c'est beaucoup pour moi, m'a-t-il dit » (elle avait 32 ans); « il ne veut rien faire tout de suite et va d'abord me faire faire des examens et on verra après, mais il m'a dit que vous aviez eu raison de m'envoyer le consulter ».

Après ces deux ou trois séances où le thème de la mort en rapport avec la mère et les petits enfants me semblait particulièrement signifié, je demandai à l'enfant, en lui expliquant que ces dessins m'y faisaient penser, s'il n'y avait pas eu des bébés morts autour de lui. Il me regarda, comme il le faisait toujours, avec des grands yeux ouverts sans expression; il était toujours ainsi quand je parlais directement à sa personne; quand je ne lui parlais pas, il était affairé à ses dessins, assez animé, cependant avec une mimique très pauvre quand il parlait des histoires inventées que des dessins représentaient. Devant son air particulièrement ahuri, je lui dis : « Est-ce que tu permets que je demande à ta mère de venir, pour que nous sachions s'il y a eu quelque chose comme ça autour de vous? ». L'enfant acquiesce et la mère revient à la salle de consultations. Je lui demande alors, devant l'enfant : « Est-ce qu'il n'y a pas eu un bébé mort autour de vous? » « Non, non, je ne vois pas. » « Non? eh bien, il me semblait que cet enfant était inquiet de la mort. »

La quinzaine suivante, la mère revient, entre avec son fils et dit devant Georges : « Vous savez, j'ai repensé à votre question de l'autre jour, est-ce que ce ne serait pas ma fausse couche? J'ai fait une fausse couche il y a environ 18 mois, mais je n'y pensais plus l'autre jour; mais, enfin, Georges n'était pas au courant. » Le petit me regarde avec des yeux ahuris, et je lui dis : « Sais-tu ce que c'est qu'une vraie couche, puisque ta mère parle d'une fausse couche? » « Non. » « Eh bien, ta maman ne t'a pas expliqué, elle te croyait trop petit. » Et je lui explique, sa mère là près de lui, ce qu'est une vraie couche : « C'est un bébé qui est dans le ventre de sa maman et qui, au bout de neuf mois, est prêt à naître, il est capable de vivre détaché du corps de sa mère. La mère accouche, c'est la naissance, et quand il naît, il respire, il crie et c'est un enfant vivant. » Je lui explique que, si sa maman dit qu'elle a fait une fausse couche : « Ça veut dire que l'enfant est mort dans son ventre avant de naître, cela arrive, il y a des bébés qui n'arrivent pas à la naissance. »

L'enfant avait plus de 7 ans et la mère était tout à fait d'accord pour l'éducation moderne, sinon d'ailleurs elle n'aurait pas parlé comme elle l'avait fait devant son fils; la mère, par quelques mots au début du traitement de cet enfant, m'avait dit que ses enfants étaient au courant de tout, qu'on ne leur cachait jamais rien, qu'elle et son mari avaient des principes d'éducation moderne et libérale.

En fait, l'enfant n'était au courant de rien du tout. Pendant que je lui expliquais cette fausse couche et l'histoire d'un bébé qui meurt ainsi avant d'être capable de respirer et de naître, l'enfant, brusquement, avec une voix caverneuse, tout à fait différente de sa voix habituelle, et comme à son insu, prononce avec violence ces mots : « Non, elle l'a tué. Il voulait vivre. Elle l'a tué. » J'explique de nouveau à l'enfant l'impuissance des médecins devant ces phénomènes de la vie et de mort. L'enfant, muet, l'œil sombre, ne veut pas rester plus longtemps, la mère et le fils s'en vont.

La surveillante qui les voit partir me dit : « Mais comme madame Untel était bouleversée, elle était dans un état! Je ne l'ai jamais vue avec cette expression! » Je dis : « Oui, il s'est passé quelque chose, moi-même je l'ai ressenti, elle va sûrement revenir. » En effet, une heure après, la mère téléphone : « Est-ce que je peux revenir voir Mme Dolto, mais je voudrais la voir sans Georges. » « Oui, d'accord, venez dans 8 jours, et lui, comme à l'habitude, dans 15 jours. » Quand elle arrive, elle me dit : « Vous ne pouvez pas savoir ce que ça m'a bouleversée d'entendre Georges dire : " c'est pas vrai, tu l'as tué, il voulait vivre, tu l'as tué ". Comment est-ce qu'il pouvait savoir ça? » Et moi, je lui dis : « Pourquoi? ce n'était pas une fausse couche spontanée? » Elle me dit : « Non, c'est moi qui l'ai avorté, je me suis fait avorter, je ne m'en souvenais même plus, je m'étais trouvée enceinte et j'avais dit à mon mari : " tiens, me voilà prise ", et à ma surprise, mon mari m'avait répondu : " eh bien, ça sera très bien, nous pouvons très bien avoir trois enfants ". Et moi, je lui avais répondu : " mais tu n'y penses pas, regarde, nous sommes petitement logés, il y a déjà juste la place pour nous quatre et puis je serai obligée de prendre un congé, il n'y a pas de crêche près de l'école où je travaille, quelles complications ça va être. ". » Et lui m'avait dit : « Mais non, ne t'en fais pas, nous serons justes, mais nous pouvons y arriver et c'est très bien trois enfants. » Moi, j'ai réfléchi, je me suis dit : « ce n'est pas possible », et sans rien dire à mon mari, j'ai pris un congé, un samedi matin, une de mes camarades s'est occupée de ma classe, et à 4 heures de l'après-midi, tout était fini, je suis rentrée à la maison et, comme vous voyez, je l'avais complètement oublié; la preuve c'est que quand vous m'avez demandé s'il n'y avait pas eu de bébé mort autour de nous, non, vraiment je ne voyais pas, j'ai cherché et puis je me suis rappelée cette fausse couche. Mais, en me disant, ce n'est pas possible, Georges ne l'a jamais su, enfin tout de même, par honnêteté, je voulais vous en parler. Jamais je ne me serais rendue compte de l'importance d'une fausse couche, si ce petit n'avait pas parlé comme ça. Ça m'a bouleversée, vous ne pouvez pas savoir ce que ça m'a fait; et puis, le soir, j'ai parlé à mon mari, je ne pouvais pas attendre 8 jours pour vous parler, j'étais trop sens dessus dessous. C'est curieux à dire, mais, depuis cette fausse couche, avec mon mari, on ne se retrouvait plus, mon mari n'avait plus de goût à rien, enfin, vous comprenez ce que je veux dire. Un jour, il m'avait dit : « Alors, ça y est, ça tient? » et je lui avais répondu : « Mais non, c'était un faux espoir »; il n'avait pas répondu, j'ai cru qu'il avait pensé comme ça, que c'était un retard de règles et que je m'étais trompée. Il m'a dit : « Oui, ça m'a fait curieux que tu ne me donnes pas plus de détails »; ça l'avait un peu effleuré, mais c'était resté comme ça, il ne m'avait rien dit et moi non plus. Et, c'est curieux, le soir, il y a huit jours, je lui en ai parlé. Nous avons parlé presque toute la soirée, après cette visite que je vous ai faite avec Georges, et il m'a dit : « Tu vois, je ne comprenais plus ce qui se passait, je n'avais plus envie de toi. » Et pour tout dire, vous savez, depuis 18 mois, on n'avait presque pas eu de rapports, et ça n'était pas comme ça avant; et puis ce soir-là il m'a fait des reproches, il m'a dit : « Pourquoi tu ne m'as pas dit que c'était pour toi un si grave problème, on en aurait parlé. Ah, ce n'est pas chic ce que tu as fait là. » Enfin on a pleuré, on s'est réconcilié et, vous savez, ça m'a fait tellement de bien de pouvoir en parler avec mon mari. Mais je ne croyais même pas que ça avait eu de l'importance. Mon mari est même allé à me dire : « Tu sais, j'étais en train de me demander comment nous allions pouvoir nous organiser pour divorcer, je ne me voyais pas continuer à vivre comme ça, en n'ayant plus jamais de désir pour toi. »

Bref, le père et la mère de Georges, le soir de cette consultation, ont beaucoup parlé, ont beaucoup pleuré et se sont réconciliés. Tout ce qui n'avait pas pu se dire entre eux du fait que son mari ayant accepté d'emblée cette idée de grossesse, contrairement à ce qu'elle attendait, cela l'avait empêchée, elle, de parler de son inquiétude, tout ce qui était resté tu entre eux avait provoqué cette scission. Il n'y avait pas eu de paroles échangées. Elle, trop inquiète de l'avenir, réduite à son angoisse solitaire était allée chez la première faiseuse d'anges dont elle avait eu l'adresse par une copine. Tout s'était passé au mieux, elle l'avait totalement oublié. Sans les réactions névrotiques de Georges qui, sans traitement psychothérapique, serait devenu un caractériel définitif, le couple aurait divorcé.

Ce qui est important, c'est que l'enfant qui est revenu me voir, n'en a jamais parlé, ses parents non plus ne lui ont plus jamais parlé de cette « fausse couche », et pourtant, sa guérison s'est avérée totale. Dans la quinzaine qui a suivi, calcul, orthographe étaient revenus, le garçon était transformé, les troubles de négativisme avaient disparu, tout était rentré dans l'ordre. Quant à la femme, après ce bouleversement et les mots de nouveau échangés avec son mari, les reproches, les larmes, les réconciliations et les retrouvailles du couple, elle est allée voir son médecin, qui lui a dit : « Je n'ai jamais vu ça, j'allais commencer un traitement et vous demander de prendre un repos d'un mois, vous avez maintenant 13/14 de maxima, je n'y comprends rien, heureusement que je n'ai rien fait. » Son hypertension avait disparu.

Voilà une histoire qui montre les répercussions en profondeur chez quelqu'un qui n'avait aucun sentiment conscient de culpabilité, tout s'est vécu dans l'inconscient, tant du côté du père, devenu impuissant avec sa femme, que du côté de la mère, atteinte d'hypertension dangereuse mais totalement inconsciente, même de son malaise physiologique, et inconsciente d'un drame conjugal profond qui s'aggravait tous les jours.

C'est l'enfant qui avait tout ressenti inconsciemment et qui était devenu anti-vie, anti-paroles, anti-société, car il ne pouvait pas expliquer ce négativisme qui l'effrayait, et seuls ses cauchemars pouvaient traduire son angoisse.

En vérité, les cauchemars ne venaient peut-être pas directement de la fausse couche de la mère, mais sans doute de ce qu'il n'y avait plus d'union entre les parents : cet enfant était au moment de l'Œdipe et un enfant à ce moment de son évolution doit sentir cette entente, pour la vivre. Elle est profondément vécue dans les rapports sexuels, qui sont en fait une conversation qui continue dans le silence de la vie accordée de deux êtres. Mais cette entente avait disparu du fait de ne pouvoir parler en clair, dans une concertation commune, de leur fécondité, ou de leur non-fécondité, cette union qui était la leur avant cet événement s'était tout à coup brisée. Comme lui avait dit son mari : « Si tu m'en avais parlé, peut-être nous l'aurions eu cet enfant, peut-être pas, j'aurais peut-être décidé comme toi, mais tu aurais dû me dire. »

Eh bien, pour un enfant en plein dans le moment du complexe d'Œdipe, une brisure du couple est un événement qui, pour l'inconscient, est traumatisant, et c'est cela qui, plus encore que la fausse couche qui en avait été à l'origine, avait bloqué toute cette famille et, en particulier, l'enfant, puisqu'il se trouvait à cette période sensible de son propre développement.

Ce qui est intéressant à comprendre dans ce cas, c'est que la mère n'avait eu aucun sentiment de culpabilité, elle n'était pas chrétienne, elle était peut-être baptisée, je n'en sais rien, mais enfin elle ne pratiquait pas. Tout la justifiait, du point de vue raisonnable, du point de vue de citoyenne, du point de vue maternel, du point de vue conjugal, tout la justifiait d'avorter, et c'était une femme courageuse; cet agir en cachette, cet agir sans paroles échangées, ni avec un conjoint, ni avec un médecin, ni même avec sa collègue, cet agir avait entraîné une régression de toute la famille.

Il est indispensable que la loi de l'avortement change, pour que des cas semblables ne puissent plus se reproduire. La loi doit changer afin qu'aucune femme décidée à avorter ne puisse le faire avant d'avoir échangé des paroles sensées autour de la décision qu'elle prend. Il faut qu'un médecin puisse écouter une femme qui veut avorter, afin qu'elle mette en paroles son angoisse, sa peur, sa déréliction devant la fécondité, cette hostilité parfois contre l'homme qui ne se rend pas compte de l'épreuve qu'il lui impose. Dans beaucoup de cas, il ne s'agit pas d'un conjoint, mais d'un homme de passage, qui a pris son plaisir et qui l'a abandonné ou qui l'a déçue; homme qu'elle aimait, et dont elle se croyait aimée, et qui, dès qu'elle est enceinte, « la plaque » ou lui révèle qu'il est marié, alors qu'il le lui avait toujours caché.

C'est là l'exemple d'un couple qui s'aimait auparavant, qui s'entendait bien et qui, grâce au traitement de cet enfant tombé malade et qui avait supporté tout de l'angoisse de la mère et du contrecoup de la mise en sécurité, sans paroles, de celle-ci, s'est retrouvé encore beaucoup plus uni qu'avant.

Je me rappelle le coup de téléphone du père qui, ne pouvant pas venir aux heures d'hôpital, me téléphonait de temps en temps l'état de son fils, au fur et à mesure des séances du traitement. Je ne l'ai d'ailleurs pas revu. A son dernier appel téléphonique, il me disait sa reconnaissance : « Ma femme m'a tout raconté, enfin, c'est grâce au petit que nous nous sommes retrouvés. C'est formidable, docteur, nous vivions un drame et aucun de nous n'aurait su en parler, nous ne savions même pas que nous pouvions parler de ce que nous vivions tous les deux; plus rien n'allait et nous croyions qu'il n'y avait que Georges comme souci entre nous. »

L'acte sexuel est un dire muet entre deux êtres qui s'étreignent; l'enfantement est l'expression de ce dire dans une conception qui signe le sens de leur étreinte par la collusion vivante de deux cellules germinales issues des corps géniteurs; l'enfantement humain est plus qu'une rencontre biologique, c'est un langage; tout ce qui dans l'être humain est spécifique de son espèce est langage.

Une grossesse est-elle un mode langagier d'amour sur le plan humain festonné au désir qui les unit, d'amour absent ou présent avec le style des fantasmes échangés entre deux êtres parlants, deux êtres affectifs, deux êtres symboliques, ou s'agit-il d'un langage de besoin qui s'exprime sans imagination, sans tendresse? S'agit-il d'un langage des corps sous tension génésique, ou bien de la rencontre de deux personnes? S'agit-il, pour elle, de subir l'assaut de l'homme, victime ou complice du rut qui apaisera sa violence ou, pour lui, du désir physique d'un instant pour une femme qui pourrait aussi bien être une autre, pourvu qu'il décharge, soulageant ainsi un appétit sexuel non différencié, sans égard pour sa compagne? Désir physique qui n'exprime pas un vœu de paternité éventuelle?

Beaucoup de gens disent : « Ah, mais si les enfants avaient à être désirés, il n'en naîtrait pas beaucoup. » Ce n'est pas vrai, il ne naîtrait peut-être pas les mêmes enfants, mais au moins ceux qui naîtraient seraient conçus dans le plein sens du terme, et naîtraient symboliquement dans de bonnes conditions, par l'appel à naître d'un orgasme où leur espérance a sa place, désirés inconsciemment et consciemment.

Et puis, on pense souvent à la femme enceinte, on pense parfois au partenaire imprudent, qui n'a pas pris en considération sa responsabilité, mais on oublie qu'un être humain est le fruit de la rencontre de deux lignées à travers ses géniteurs, et qu'à défaut de ses géniteurs, il devrait être accueilli avec joie par l'une ou l'autre des deux familles dont il est la continuation. Accueilli ainsi par les siens, l'enfant ne connaîtra pas les mêmes conditions qu'un enfant de fille-mère rejetée, honteuse, ou qu'un enfant de « fils-père », dont le couple éphémère se brise, avant même de s'être constitué.

C'est le cas de pères qui se refusent à faire avorter une femme lourde de leur fruit, qu'elle n'a pas désiré, et dont l'homme ne sait se faire aimer, ni ne sait la valoriser comme femme et mère, une fois mis au monde l'enfant qu'il lui a imposé. Cette femme prise au piège préfère, célibataire de cœur, laisser cet enfant à son père et à sa famille paternelle, plutôt que de s'aliéner toute la vie à s'occuper d'un enfant, dans la solitude du cœur et les difficultés de la vie sans aucune compensation de bonheur. En se coupant d'avance de son enfant, refoulant son amour maternel qu'elle redoute comme un piège, elle pare au chantage d'arrachement de son enfant par le père, qui veut le conserver pour lui ou pour le faire élever par sa propre mère, dont il est resté le fils ambigu.

Un enfant humain est *le fruit de trois désirs :* il faut au moins le désir conscient d'un acte sexuel complet du père, il faut au moins un désir inconscient de la mère, mais ce qu'on oublie c'est qu'il faut aussi le désir inconscient de survivre pour cet embryon dans lequel une vie humaine s'origine.

En effet, une vie s'origine que marquent déjà dans l'obscurité de son développement physiologique les conditions symboliques auxquelles il est initié; une plénitude potentielle de vie symbolique ou au contraire une vie symbolique déjà en partie perturbée, désordonnée ou annihilée. Il s'agit bien sûr pour cet embryon d'un désir de vivre, au sens de la vie du corps, mais lorsque la grossesse est avérée, tout devient différent quand la mère, surprise d'abord, vient à se dire : « Mais, après tout, pourquoi pas? Nous pourrons l'assumer, et je me porte garante de mon mari, nous serons très heureux d'assumer cet enfant, je préparerai les aînés et tout marchera. »

Bien sûr, chaque enfant n'est pas conçu consciemment, mais c'est son acceptation, j'oserais dire *son adoption*, dès la vie intra-utérine par sa mère et par son père, et après sa naissance par le groupe familial, c'est cela qui va humaniser et soutenir son désir d'atteindre un niveau symbolique d'humanisation totale.

Il faut que nous pensions sérieusement qu'il y a beaucoup à

faire dans le cas d'un enfant qui naît ainsi carencé, car il en naîtra toujours des enfants carencés d'accueil par leurs propres parents; il faut que nous arrivions à créer des groupes cohésifs d'entraide, il faut qu'il y ait une entente qui se développe, pour que ces femmes trop chargées d'enfants, pourtant d'accord pour les mettre au monde, sentent qu'elles sont entourées non pas seulement d'une façon matérielle, mais, plus encore, d'une façon morale.

Il faut à l'enfant « le temps » de personnes attentives à lui, il lui faut un espace de liberté sonore et gestuelle, il lui faut la fréquentation d'enfants de son âge. Tout petit, à quelques mois, à quelques semaines déjà, un bébé a besoin d'entendre les voix de ses semblables et d'être mêlé à la vie sociale, sans être pour cela séparé de sa mère et de son père, ses instances tutélaires de droit.

Il faut que des groupes d'accueil se forment, que le père soit aidé par ses camarades et pas seulement par des allocations familiales (aide matérielle), à faire face aux charges de la famille.

Il faut que les couples se sentent soutenus les uns par les autres, qu'il y ait des possibilités de laisser prendre en chargte les enfants petits, un jour, deux ou trois jours par semaine, quelques heures même pour soulager la mère, pour qu'elle puisse faire face à ses besognes ménagères et qu'elle ait d'indispensables moments de détente avec son mari, moments où le couple ressource son option d'amour.

C'est là une question d'entraide et d'organisation, mais je crois que des accomplissements sont possibles. Nous verrions alors beaucoup moins d'enfants débiles et psychotiques. Car, il faut le dire aussi, c'est l'*ennui,* mot qui traduit l'angoisse sous tension dans une famille, quand les parents ne voient pas d'amis de leur âge, quand les enfants n'en voient jamais, c'est *l'ennui* et la *monotonie* qui provoquent une espèce de ralentissement de la vie psychique et de la vie affective, tant des enfants que des parents.

C'est très joli de dire : il ne faut pas avorter « parce que c'est un crime », mais que fait-on pour aider les femmes? On attend que les lois et la société changent, mais la société est faite de chacun de nous et ce n'est pas la peine d'attendre qu'il y ait des institutions. Nous savons ce que valent les institutions, elles deviennent un anonymat bureaucratique.

Il s'agit d'abord d'une entente, d'une entraide au niveau du cœur-à-cœur et de la fraternité humaine. Accueillir un enfant dans la communauté, c'est faire une place, une place dans le groupe, et c'est faire à ces parents un accueil qui se renouvelle à chacun de leurs enfants.

Les enfants débiles, psychotiques et asociaux sont des enfants qui ont souffert d'un rejet précoce dont ils ont été marqués, dans leur prime enfance, ou qui ont ressenti l'abandon, pas seulement de leurs parents mais, à travers leurs parents, abandon ou rejet du groupe social, de l'entourage qui est le leur.

Bien sûr, on ne voit plus, ce sont des cas gravissimes et rares, des enfants mourir de faim ou des enfants tués par les sévices de leurs parents; mais on voit trop d'enfants nourris comme des petits chiens ou des petits chats, pourvu qu'ils se taisent et ne gênent pas, qu'ils entendent brailler la télé ou la radio plus fort qu'eux, pour qu'ils n'aient même pas envie de faire autre chose, tellement ils sont abrutis.

Et l'appel spécifique du désir humain à la communication, qu'en faisons-nous? C'est cela qu'il faut que nous, médecins, nous comprenions bien, c'est qu'il ne s'agit pas de laisser venir au monde de la viande vivante humaine.

Encore heureux que César nous obligeât à donner un état civil à chaque enfant, un nom qui soit le sien, mais combien de fois l'entend-il prononcer avec amour, avec joie, ce nom, dans nombre de cas?

Il faut qu'il y ait langage, il faut que la mère et le père soient en langage avec les autres, autour de leurs petits enfants; il faut que leurs frères et sœurs plus âgés soient aidés par le groupe familial à supporter cette naissance, en étant d'autant plus fêtés qu'ils ont maintenant un frère ou une sœur; car, bien souvent, ces aînés qui voient un intrus arriver, non seulement ne supportent pas ce bébé, mais, en cachette des parents, lui provoquent de graves traumatismes et, dans leur propre cœur, rejettent cette naissance.

Combien d'aînés de famille nombreuse sont sacrifiés et se promettent de ne jamais avoir d'enfants quand ils seront adultes? Pour eux, les enfants sont synonymes de charge sans joie. Le groupe peut faire beaucoup pour les frères et sœurs aînés.

Combien de névroses et de psychoses se développent à partir d'une jalousie térébrante pour la naissance d'un bébé qui a complètement désorganisé un équilibre familial qui se maintenait dans un logement trop exigu, dans un logement et un budget qui ne pouvaient pas supporter un être humain supplémentaire!

La vie prend sens de mort symbolique, de conflits en chaîne entre enfants, quand les parents, déjà surmenés par leur travail, ont à assumer sans aide leur vie familiale. C'est déjà difficile d'accepter un nouveau venu qui prend la place dans les bras d'une mère, mais c'est pire quand cette mère n'a même pas le temps d'aimer ses enfants aînés, de leur parler, de les écouter, de jouer avec les petits; quand le père n'a ni le désir ni le loisir de s'occuper d'aucun d'eux, lui-même écrasé par la lourdeur de ses tâches.

Le résultat de la fonction symbolique de l'être humain, c'est cet effet déstructurant de l'absence d'échanges heureux pour compenser les épreuves. C'est justement parce qu'il s'agit d'êtres humains que ces rejets provoquent en eux, dans l'enfance, l'évolution d'un négativisme par rapport à leur propre personne.

L'homme ne vit pas seulement de pain. C'est la *carence d'amour et de joie partagée* qui le met dans un état où les pulsions de mort prévalent sur les pulsions de vie. L'amour de lui-même et des autres, ou la haine de lui-même et des autres, c'est cela le résultat de la fonction symbolique humaine et c'est, durant toute la vie, le résultat des premières relations dans le triangle œdipien, l'éprouvé du sens que sa vie a eue, dès sa conception, pour ses parents et pour le groupe.

Mon propos est en plein accord avec la libéralisation de l'avortement, car il vaut mieux que ne naisse pas un corps, si ce corps est marqué par le désir de mort ou de non-vie, de non-amour, de non-appel à son existence par ses parents; il vaut mieux que cet embryon n'arrive pas à maturité, plutôt que d'y arriver sans cet accueil, l'intégrant de plein droit dans la joie au groupe où il va naître. Car un tel enfant est voué au rejet des vivants autour de lui, rejet qu'inconsciemment il provoquera par son attitude, étant donné que le rejet a accompagné son incarnation. *Son éthique inconsciente est faite de haine ou d'indifférence.*

Soutenir une femme à conserver l'enfant quand elle veut avorter peut être une mauvaise action, et c'est, très souvent, une très mauvaise action; un avortement, quoique toujours un déplorable expédient, serait beaucoup moins grave. Mais pour qu'un avortement puisse porter des fruits féconds, affectifs, spirituels pour ses géniteurs, il est nécessaire de tout mettre en œuvre pour que le sacrifice d'une vie potentielle serve à ses parents, à l'intelligence du cœur, et, pourquoi pas, à l'intelligence de la vie spirituelle.

Je me demande si, nous autres, médecins, nous n'avons pas tendance à donner une teinte thérapeutique à la grossesse? Mais thérapeutique de quoi? N'entendons-nous pas des médecins conseiller le mariage comme thérapeutique à des homosexuels des deux sexes, à des caractériels? Ne sommes-nous pas témoins de grossesses, conseillées comme thérapeutiques par certains médecins, pour remonter le moral d'une femme qui ne sait pas comment s'occuper, ou pour raccommoder un couple qui ne marche pas?

Comme si un fœtus et un enfant qui naît devaient porter le poids de soutenir ses parents, avant même d'être au monde, alors qu'il aura besoin pendant les premières années de sa vie du trop plein d'amour d'un couple.

Si un enfant est conçu comme le soutien de ses parents, c'est lui donner une place de *grand-parent* et non pas de fils ou de fille. Il y a aussi beaucoup de punitions qu'on donne aux enfants et qu'on estime être thérapeutiques, puisqu'on dit que c'est pour leur bien.

En effet, beaucoup de corrections d'enfants sont thérapeutiques, mais surtout pour leurs parents, dont cela soulage les nerfs.

Empêcher par tous les moyens une femme d'avorter n'est thérapeutique que pour le médecin. Pourquoi? Mais parce que l'avortement, y penser, le faire, angoisse un médecin : le médecin est-il là pour faire mourir ou pour permettre de mieux vivre? Voilà ce qui est au fond du médecin qui entend parler d'avortement. La question est justement là, mais autrement posée : vivre qui? mourir quoi? Donner vie charnelle, l'entretenir matériellement sans échanges de langage, sans la joie et sans l'amour, ce n'est pas donner ni entretenir la vie, ou plutôt c'est donner la vie à un prisonnier relégué.

Le rôle de tout autre qui reçoit la confidence d'une femme qui est décidée à rejeter son fœtus, c'est d'abord de l'écouter le dire, de comprendre son angoisse, de lui redonner confiance en elle-même et, peut-être, dans cet « autre » futur, qu'elle porte comme une tumeur.

Si une femme décide librement de garder une grossesse, alors qu'elle est venue avec le projet d'avorter, ce ne peut-être que parce qu'elle a découvert en s'exprimant – tant l'être humain est contradictoire –, une lueur d'espoir, une promesse de joie pour elle, une promesse pour sa lignée, si l'enfant qu'elle porte est enfant de son amour pour son géniteur. C'est cela seul qui peut la décider personnellement à ne pas avorter. Alors là, nous aurons fait un travail de vrai médecin, médiateur d'une bonne nouvelle révélée.

Mais déclarer à une femme enceinte que c'est un crime pour elle d'avorter, sans aller plus loin, à mon avis ce n'est acte thérapeutique que pour le médecin lui-même, qui ainsi garde la sensation d'avoir bonne conscience. Il ne trempe pas dans un meurtre immédiat, celui d'un embryon, mais n'a rien fait pour comprendre le drame humain où se débat cette femme et que déjà subit ce futur enfant.

Or, la médecine humaine, ce n'est pas cela, la médecine humaine ce n'est ni une médecine vétérinaire ni une médecine de belle âme; il s'agit de soutenir chez tout être humain, qui vient se confier à nous, sa foi en lui-même, quelles que soient ses faiblesses, quelles que soient ses lâchetés, et sa foi dans les autres, même si dans l'incident actuel, il a été horriblement déçu, horriblement exploité ou avili dans sa dignité. Nous n'avons fait notre travail que si nous avons rendu totale dignité humaine à l'être qui vient nous parler et si nous avons nous-même donné de la joie et rendu l'espoir à la femme enceinte.

Si nous lui avons donné aussi les moyens matériels actuels et futurs, pour faire face à sa décision, que cette décision soit celle de la conservation de sa grossesse jusqu'à la naissance, ou celle de l'avortement au cours de cette grossesse, quand la femme opte pour cette seule solution considérée par elle comme un moindre mal. Si c'est à l'avortement qu'elle conclut, sachons bien que cette femme est à revoir, à conforter, à soutenir dans l'après-avortement, lorsque la situation de danger menaçant sera réglée, l'inquiétude matérielle et morale immédiate dépassée.

Il y a encore un travail à faire avec cette femme, pour qu'elle retrouve et qu'elle profite pour son développement ultérieur, psychique et social, de l'expérience qu'elle a vécue. Elle ne peut le faire qu'en parlant avec confiance à celui ou celle qui a su l'entendre au moment de son désarroi aigu, et sur l'estime duquel elle doit pouvoir compter.

Le sens du narcissisme, de l'amour de soi-même, est sourcé et soutenu par le désir; le désir est aussi la source de l'élan pour les rencontres d'autrui. C'est pourquoi, après une grossesse comme après un avortement, le plus grand secours que le médecin puisse lui apporter, c'est de lui redonner confiance dans son désir de rencontres sexuelles, de lui enseigner les moyens techniques pour faire face aux conséquences, sans retomber dans une épreuve semblable, tant qu'elle ne pourra assumer une fécondation.

C'est cela l'intérêt des consultations d'après la grossesse, d'après les avortements, sans compter bien sûr la surveillance des suites physiologiques tant d'une grossesse et d'un accouchement que d'un avortement. Les moyens techniques actuels qui sont mis à la disposition de la médecine obligent les médecins à développer beaucoup aussi le sens du désir sexuel, la notion vécue de la valeur humaine, d'existence et d'amour mutuel, la satisfaction des sens n'étant pas tout du plaisir humain.

L'avortement, devenu libre, ne doit pas devenir un début de régression du niveau de symbolisation du désir, mais, au contraire, une plus grande responsabilité de soi et de l'autre, pour les partenaires sexuels une plus grande confiance dans le désir et non dans sa défiance.

Car le désir est le sel de la vie humaine. Veillons à ce que le sel ne s'affadisse pas, mais veillons aussi à ce que le cœur dépourvu de sel ne pourrisse les liens de corps à corps des humains qui, devenus maîtres de leur non-fécondité, n'accéderaient plus au sens symbolique du fruit, suivant des rencontres humaines valables.

Lorsque je parle d'éducation au désir, et à la relation particulière que se donnent l'un à l'autre les jeunes gens et les jeunes filles qui apprennent à se connaître, j'entends par là tout autant l'éducation des garçons que celle des filles.

L'homme assujetti à la femme qu'il désire n'est pas pour cela désireux de lui donner la joie d'une maternité. C'est par inconscience le plus souvent, si ce n'est par impuissance de leur maîtrise sexuelle qu'il donne la charge d'un enfant à une femme qu'il considère par la loi naturelle, souvent justifiée à ses yeux par la loi civique du mariage, comme un objet physique de son rut ou de son plaisir passager.

Il faut à un homme la foi dans ses capacités d'assumer telle femme et le désir d'avoir par elle une descendance. Il faut donc pour un homme autant que pour une femme la certitude que leur couple a déjà fait les preuves de sa stabilité et de sa viabilité matérielle et psychique, pour qu'il puisse accepter l'éventualité de sa responsabilité paternelle.

C'est tout le problème de l'éducation sexuelle des garçons, de leur expérience acquise des éventuelles méprises du désir et de la déculpabilisation des actes sexuels que le seul plaisir justifie. C'est l'accès de l'homme au désir et au sens de la responsabilité parentale, laquelle ne va pas sans avoir mis de son côté les chances d'une union stable, qu'elle soit naturelle ou légale.

La loi qui a déjà permis à un homme, par ailleurs marié, de reconnaître un enfant adultérin, de même que cette loi l'autorise aussi à une femme, fait déjà beaucoup pour ouvrir la voie à la vérité de la responsabilité des deux géniteurs vis-à-vis de leur enfant et, plus tard, de la sienne à l'égard de ses vieux parents; mais cette loi doit être accompagnée d'une éducation des gens jeunes, depuis l'âge de leur nubilité, à *la valeur du désir sexuel*, à l'expérience d'eux-mêmes et des choix de partenaires.

La conscience totale de ce qui se joue dans l'étreinte, l'érotisme et la jouissance sont formateurs de l'homme par la femme et de celle-ci par l'homme, s'ils ont la pleine conscience de leurs valeurs réciproques. Les progrès des connaissances biologiques, l'existence de moyens anticonceptionnels sont des aides nouvelles apportées à l'éducation des partenaires sexuels.

Mettre en jeu l'existence d'un embryon est maintenant un acte délibéré qui exige donc un accès plus grand des individus à la conscience de leur responsabilité personnelle.

PROPOSITIONS AFIN DE RENDRE L'AVORTEMENT VOLONTAIRE LE PLUS RARE POSSIBLE EN MÊME TEMPS QU'AUTORISÉ.

Puisque toute vie humaine fait de droit partie de notre communauté, que cette vie soit infirme ou diminuée tant sur le plan physique que sur le plan psychologique, n'est-ce pas contradictoire de plaider pour l'avortement, c'est-à-dire d'être en accord avec l'empêchement de naître à un enfant, sachant même qu'il fera partie des diminués ou infirmes physiques ou psychiques? Or ce sont pourtant les mêmes médecins qui s'opposent à l'avortement libre qui souscrivent à l'avortement des fœtus dont l'infirmité actuelle est avérée, et de ceux dont la grossesse provoquerait la mort physique de la mère. En effet, cela semble contradictoire.

Si la société s'ingénie à tout mettre en jeu pour sauver la vie d'un être humain malade, blessé, l'aider à survivre dans une existence dont on sait qu'elle sera celle d'un infirme physique, mental ou social, pourquoi alors ne pas agir de même à l'égard d'un embryon ou d'un fœtus? Et que l'on ait trouvé des justifications, quelles qu'elles soient, à certains avortements, prouve que, dans toute conscience de médecin et d'homme de loi, il y a contradiction et mauvaise conscience. En fait, c'est cela le problème et le seul.

Le légiste et le médecin se mettent à la place des géniteurs qui seuls sont, à deux, les responsables de l'existence de cet embryon. C'est à cela qu'il faut que nous pensions. C'est sans doute pour cela aussi que s'est développé tout un mouvement dans la population, et qu'ont été publiées ces listes de signataires pour s'opposer à la libéralisation de l'avortement, ce mouvement dont nous avons vu partout les affiches : « Laissez-les vivre. »

Nous avons étudié les situations d'épreuves insupportables pour la femme et pour l'enfant qu'elle porte, s'il arrive à naissance, ces situations de désespoir, morbides ou mortifères de vie symbolique, et qui plaident pour l'avortement. Mais il ne faut pas oublier que ce qui compte pour l'évolution d'un être humain, ce n'est pas la mère seulement, c'est aussi le père et la fratrie, les dissolutions des couples et les névroses des enfants aînés, lorsque la situation de responsabilité, prise dans une fausse couche provoquée, n'a pas été psychologiquement clarifiée et librement assumée comme un acte important par le père et la mère qui seuls peuvent prendre cette décision face à leurs sentiments de responsabilité envers les enfants dont ils ont déjà la charge et qu'ils ont assumer jusqu'à l'âge où ils seront assez armés pour s'assumer seuls en société.

Que veulent dire ces listes de signatures, sans aucun moyen à la clé pour renverser les conditions qui plaident par humanité pour l'avortement d'un embryon dont personne ne peut assumer l'existence et l'éducation? Il n'y a aucun doute que la nécessité de « la pilule », symbole de la liberté anticonceptionnelle, se fait sentir devant les dangers de la démographie croissante. C'est d'ailleurs inadmissible que la loi n'en enseigne et n'en autorise pas l'usage à toutes les jeunes filles depuis l'âge de la nubilité, indépendamment de toute autorisation de leurs parents, afin de les prémunir contre les abus. Les fausses couches spontanées seraient aussi beaucoup moins fréquentes, si les femmes attendaient, pour être enceintes, soit l'âge de leur maturité physiologique, soit le moment où leur état de santé, si elles sont déjà mère, leur permet une nouvelle grossesse.

On sait aussi le danger pour l'avenir de la vie gynécologique d'une femme de fausses couches spontanées ou provoquées, c'est-à-dire d'avortements, surtout dans des conditions clandestines. Si l'avortement est devenu une question aussi cruciale pour toutes les sociétés du monde civilisé, c'est parce que la démographie est devenue galopante du fait de nombre de facteurs, dont le principal est le progrès de la biologie, de la médecine, de la chirurgie, de l'hygiène sociale, qui ont totalement modifié le pourcentage de morti-natalité et de mortalité infantile.

Il est inutile de se gargariser de vœux pieux d'une part, alors qu'on sait, d'autre part, que l'augmentation de la natalité, en admettant même que tous les enfants ainsi nés soient sains physiquement et moralement, cette augmentation de la natalité est un grave danger. C'est donc la société tout entière qui a à prendre en considération cette situation nouvelle et, je le répète, les listes de signataires en vue de l'interdiction de l'avortement ne sont jusqu'à présent que vœux pieux ou hypocrites, je dirais des aboiements d'angoisse.

Y a-t-il des solutions? Des solutions immédiates et d'ordre institutionnel législatif? Oui, il y a des solutions; j'en propose deux qui modifieraient totalement le pronostic social des enfants dont les géniteurs n'ont actuellement pas d'autre solution humaine à l'égard de cet embryon que de l'avorter. Ces solutions, en aidant les femmes à assumer leur grossesse dans la dignité de l'entraide humaine, permettraient au fœtus de croître dans la confiance de la génitrice. Dès leur naissance, ces nouveau-nés non marqués pendant leur vie symbiotique à leur mère de conditions psycho-affectives de détresse, seraient aussi marqués à leur naissance et leur prime enfance par les conditions de rejet et d'abandon qui déshumanisent et détériorent à vie le sens de leur valeur et de leur dignité.

PREMIÈRE SOLUTION : LA PRISE EN CHARGE PÉCUNIÈRE PAR TOUS LES OPPOSANTS À L'AVORTEMENT.

La première des solutions c'est que tout adulte, signataire ou non de la pétition pour la lutte contre l'avortement, soit tenu d'accompagner sa signature d'un don pécuniaire de quelques millions, représentant la charge matérielle d'une vie humaine jusqu'à son accès au travail. Ces dons seraient versés à une banque de natalité, qui gérerait exclusivement les dons volontaires des opposants à l'avortement.

Le service social de cette banque prendrait en charge toute mère désireuse d'aller jusqu'à l'accouchement de son enfant, sans cependant pouvoir ni vouloir élever son enfant; celui-ci, dès le jour de sa naissance et pour toute son éducation, serait alors confié à des couples volontairement nourriciers, en portant le nom de ces parents nourriciers, associé à celui de la banque qui leur verserait les mensualités. Ces parents nourriciers n'auraient jamais la crainte que cet enfant puisse, pour une raison ou pour une autre, leur être retiré, comme des parents naturels, cela jusqu'à l'âge où l'enfant lui-même désirerait quitter cette première famille tutélaire. Cette famille nourricière serait donc dégrévée complètement de l'argent que coûte l'éducation et l'élevage d'un enfant.

L'enfant serait, dès huit à neuf ans d'âge mental, averti par sa famille nourricière et un préposé de l'État de sa qualité d'enfant assumé par un donateur anonyme; à l'âge de seize ans au plus tard, cet enfant, fille ou garçon, aurait à décider lui-même de son patronyme définitif, choisi par lui, ou celui de ses parents nourriciers. Son désir quant à sa façon de s'inscrire dans la société serait la compensation de son statut d'enfant « naturel »; ce désir serait soutenu dans ses modalités pécuniaires par cette banque, qu'il reste ou non au contact de sa famille nourricière pour ce qui est des liens affectifs.

Il pourrait alors, selon son désir et ses capacités, se diriger vers les études et la formation professionnelle de son choix et à dix-huit ans être totalement émancipé. Ce jour-là, la somme qui était jusque-là allouée à ses parents nourriciers, serait versée à son compte personnel, son « livret de Caisse d'épargne ». Ses parents nourriciers recevraient jusqu'à l'âge de vingt et un ans de cet enfant une somme annuelle qui représenterait la reconnaissance de la société et leur quitus pour avoir assumé la tutelle, l'éducation d'un enfant qui n'avait pas de parents symboliques, pour assumer sa structure sociale.

Cet enfant devenu adolescent, à partir de seize ans, qu'il soit ou non resté en lien affectif avec sa famille d'accueil, porterait le patronyme de son choix, à moins qu'il n'ait voulu, et d'accord avec eux, garder celui de ses parents nourriciers, celui sous lequel à l'école il aurait été connu; ou garder ce patronyme en y adjoignant le patronyme qu'il se serait choisi, afin de le distinguer de ses frères et sœurs nourriciers.

Nous ne verrions plus ainsi des enfants de l'Assistance publique ne porter que des prénoms, alors qu'ils ont dans le cœur l'amour de leurs parents nourriciers, d'une fratrie nourricière, qui ont marqué leur structure et créé des liens symboliques. Le fait qu'ils auraient adjoint à leur état civil jusqu'à seize ans le patronyme de la banque nationale qui les assume pécuniairement, permettrait que, si les parents nourriciers meurent avant la fin de leur éducation, ils puissent continuer leur vie comme les enfants de ces parents, non séparés de leur fratrie nourricière, ou être confiés à d'autres parents nourriciers, soit à des parents correspondants en étant pensionnaires, soit selon leurs vœux adoptés par des parents adoptifs après un parrainage probatoire.

Ce n'est que par l'adjonction de moyens pécuniaires associés à leur signature que les opposants à l'avortement pourraient alors rendre effective leur opposition à l'avortement. Quant aux parents nourriciers, ils ne pourraient être adoptants des enfants qui leur seraient confiés en nourrice qu'en acceptant de ne plus recevoir l'aide pécuniaire de la banque.

On pourrait aussi faciliter le don des opposants à l'avortement, en le rendant annuel, au lieu de demander une forte somme d'un coup, car un don massif de plusieurs millions rendrait la signature impossible à beaucoup de gens désireux de faire vivre des fœtus dont leurs mères ne peuvent ou ne désirent pas mener à terme. Les signataires s'engageraient ainsi à payer ce que représente le coût d'une éducation, coût croissant au fur et à mesure que l'enfant grandit jusqu'à ce qu'il puisse s'assumer lui-même.

DEUXIÈME SOLUTION : L'ADOPTION.

Les lois actuelles d'adoption sont des lois, d'une part tracassières pour les parents adoptifs, d'autre part nuisibles à l'enfant, qui ne peut être adopté avant plusieurs mois. Beaucoup de mères, nous le savons, qui sont blâmées de désirer abandonner leur enfant, reçoivent des allocations familiales, mais l'expérience montre qu'elles abandonnent leur enfant en plusieurs temps. Elles payent d'abord une nourrice, vont voir l'enfant de temps en temps, puis peu à peu espacent leurs visites et mettent légalement cet enfant dans l'incapacité d'être adoptable, ce qui est le résultat tragique actuel dans de nombreux cas de ces avortements évités.

Je propose quelque chose de tout à fait différent. Des parents qui voudraient adopter auraient à payer, pendant trois ans, une somme correspondant à l'entretien annuel d'une femme enceinte; je dis annuel, car une femme qui assume la grossesse d'un enfant a aussi besoin de se rétablir après certaines grossesses difficiles, et nous le savons, certaines grossesses obligent la gestante à cesser son travail au cours de la gestation pour mener l'enfant à terme. Ces sommes, versées par ces parents désirant adopter, seraient versées à cette même banque de la natalité, une fois par an.

A l'occasion de ce versement, les futurs parents adoptifs auraient un entretien avec un psychologue, qui étudierait avec eux leurs motivations d'adopter, qu'ils soient ou non par ailleurs déjà parents d'enfants légitimes ou adoptés. Ces entretiens viseraient à leur faire l'accueil espéré d'un enfant comme devant être aussi non seulement celui de la mère et du père, mais aussi celui de la fratrie et des parents latéraux, oncles et tantes futurs, grands-parents s'il y en a, de l'enfant encore inconnu d'eux qu'ils désirent adopter.

Les mères stériles, jusque-là désireuses d'adopter, auraient obligatoirement à faire un stage de berceuse bénévole, un mois par an, pendant leurs vacances, par exemple, si ce sont des femmes qui travaillent, soit dans une pouponnière, soit dans une garderie de bébés, pour se préparer à recevoir un nouveau-né. Ce stage aurait pour but d'éprouver la réalité de leur désir et le savoir d'en assumer la charge, le jour où un bébé leur serait confié.

A ce stage annuel de la future mère adoptive serait joint un stage de couple, pendant au moins une semaine, dans une maison familiale de vacances, pour que le futur père adoptant éprouve conjointement à sa femme son désir de paternité. Après ces trois années probatoires consécutives, quel que soit leur âge et l'existence d'enfants légitimes ou non, le couple serait alors averti de se tenir prêt à accueillir pour adopter leur enfant bientôt à naître. C'est le jour même de la naissance d'un enfant né sans père et dont la mère meurt en couches, ou bien qu'il soit né d'une mère assistée par la banque pour le temps de sa grossesse et qui a décidé de donner son enfant à adopter, que les parents seraient appelés au berceau du nouveau-né et pourraient accepter ou refuser l'enfant qui leur serait proposé.

S'ils acceptent, c'est immédiatement que l'enfant leur serait confié, quel que soit son sexe et quel que soit son état de santé à la naissance. Il serait inscrit à l'état civil sous le nom de ces parents, auxquels il serait confié le jour même de sa naissance, comme leur propre enfant à ses parents adoptifs. Il serait donc dans les mêmes conditions que les enfants accueillis par leurs propres géniteurs.

Nous savons bien que tous les parents ont à « adopter » symboliquement, dans son sexe et dans son apparence, l'enfant que la nature leur envoie et qui n'est pas toujours conforme à leurs vœux conscients. Cet enfant serait donc dans les mêmes conditions d'accueil qu'un enfant né dans l'espérance et la joie de ses géniteurs légitimes. Cet enfant adoptif, immédiatement légitimé, attendu, accepté et aimé depuis des mois avant son arrivée, serait inscrit à l'état civil, sans qu'il puisse y avoir de traces de l'adoption, quitte à soutenir par la presse ou la télévision ou tous les moyens des mass media, le fait que des enfants adoptifs, de parents adoptifs, sont exactement dans les mêmes conditions affectives et symboliques (sinon dans des conditions meilleures que ceux-ci, puisque longtemps désirés), que les enfants engendrés par leurs parents, mais seulement dans le cas où ils sont adoptés au moment même de leur naissance.

Ceux-là auraient même la certitude d'avoir été acceptés dès la conception, gestés par une mère qui avait, soutenue par ses parents adoptifs de façon indirecte, été capable d'aimer son enfant et d'en faire le don à un couple qui avait assumé l'aide pécuniaire qu'elle avait reçue; parents qu'elle savait d'avance prêts à l'accueillir et capables de l'élever, qui prenaient vis-à-vis de l'enfant la responsabilité qu'elle ne pouvait assurer.

Les parents adoptifs qui désireraient et seraient capables de dire sa qualité d'enfant adoptif à cet enfant, lorsqu'il serait en âge de le comprendre, seraient ausssi, par ces mêmes moyens dont je parlais tout à l'heure, avertis de parler alors à cet enfant de l'amour de sa mère gestante et de la reconnaissance qu'ils avaient pour elle, de leur avoir donné la joie d'être parents, ce que la nature ne leur rendait pas possible.

Il me semble que cette adoption, par des parents qui seraient ainsi préparés pendant trois ans à soutenir leur désir et leur attente d'un enfant à accueillir, mettrait celui-ci dans les meilleures des conditions que connaissent les enfants élevés par leurs parents génétiques.

Pour le père adoptif, ce seraient de meilleures conditions que ne le sont pour lui l'enfant né de fécondation artificielle; en effet, il est le père symbolique au même titre que sa compagne, la mère adoptive de cet enfant.

Pour la mère, dont le conjoint auquel elle est attachée est stérile, les conditions d'amour maternel sont certainement, du point de vue symbolique, encore meilleures si elle adopte un enfant conçu par amour, dont elle prend le relai le jour de sa naissance que ne le seraient pour elle les conditions psychologiques d'un enfant né d'une fécondation artificielle. Ainsi, la part physiologique du besoin et du désir d'un enfant dans l'amour de son époux, hélas avec elle stérile, serait pour elle muté en une maternité d'amour symbolique authentique, à se croiser a l'amour symbolique de la paternité adoptive de son époux.

Que savons-nous, en effet, de la paternité originelle, dans la fécondation artificielle où l'on a affaire à un donateur de sperme en éprouvette, pour qui le désir pour sa compagne n'a pas eu sa place? On opposera peut-être que des mères gestantes avec ces modalités d'allocations de grossesse en vue d'adoption, pourraient faire commerce de leur gestation : peut-être, mais combien d'épouses légitimes ne le font-elles pas avec leur enfant légitime, quand elles se font épouser par un homme, qui le fait par pitié pour une femme ou par possessivité de l'enfant qu'il a conçu, et non par amour pour la femme avec qui il a eu une étreinte sexuelle occasionnelle féconde?

Que dire aussi des femmes légitimes qui font naître au foyer de leur époux qu'elles n'aiment pas un enfant adultérin qu'elles font adopter légalement par leur époux de peur de perdre les avantages matériels de leur situation sociale!

Je ne crois pas que la question de l'argent soit même à soulever, surtout si l'on considère que de telles adoptions auraient l'avantage d'éviter de nombreux avortements à ceux, conséquents avec eux-mêmes et qui, signataires de pétitions contre l'avortement, ne le font pas à la légère, mais parce qu'ils considèrent tout avortement comme un meurtre qu'ils veulent contribuer efficacement à empêcher.

Ces adoptions à la naissance ne seraient pas exclusives d'autres modalités, tardives, d'adoption d'enfants devenus orphelins ou élevés depuis leur naissance par des parents nourriciers, entretenus par la banque de natalité, dans les cas où ces enfants, mis au courant de leur statut légal, à partir de six à sept ans, demanderaient à être adoptés.

Les propositions que je formule auraient comme effet, si le législateur les acceptait, de donner à tous les enfants les moyens d'une structure symbolique saine, dès leur conception et tout au long de son élaboration, au cours des six premières années de leur vie.

Table des matières

Cet ouvrage a été réalisé sur
Système Cameron
par la SOCIÉTÉ NOUVELLE FIRMIN-DIDOT
Mesnil-sur-l'Estrée
pour le compte des Éditions CARRERE
le 7 septembre 1988

Directeur de production : Alex MARCO
Directeur technique : Claude FAGNET
Attachées de presse : Dominique FABER
Suzanna de BOKAY

Imprimé en France
Dépôt légal : novembre 1987
N° d'édition : 8946 – N° d'impression : 10304